GW01606447

Simona

ANNA KAMIŃSKA

Simona

OPOWIEŚĆ
O NIEZWYCZAJNYM ŻYCIU
Simony Kossak

WYDAWNICTWO LITERACKIE

Wydanie pierwsze

Wydawnictwo Literackie bardzo dziękuje wszystkim osobom, które wypowiadają się w książce, za ich opowieści i prywatne wspomnienia — ocalają one od zapomnienia wyjątkową postać Simony Kossak. Dzięki nim jej portret jest tak wyrazisty, bogaty i wielobarwny.

Szczególne podziękowania składamy Panu Lechowi Wilczkowi za jego cenne uwagi, spostrzeżenia i piękne zdjęcia przywołujące białowieski świat Simony Kossak.

ISBN 978-83-08-05523-6

Kossaków postrzega się retro,
jak epokę, która minęła,
a ona nie minęła, o nie, nie, nie.
Wszystko zaczyna się od nas.

Simona Kossak

Kraków

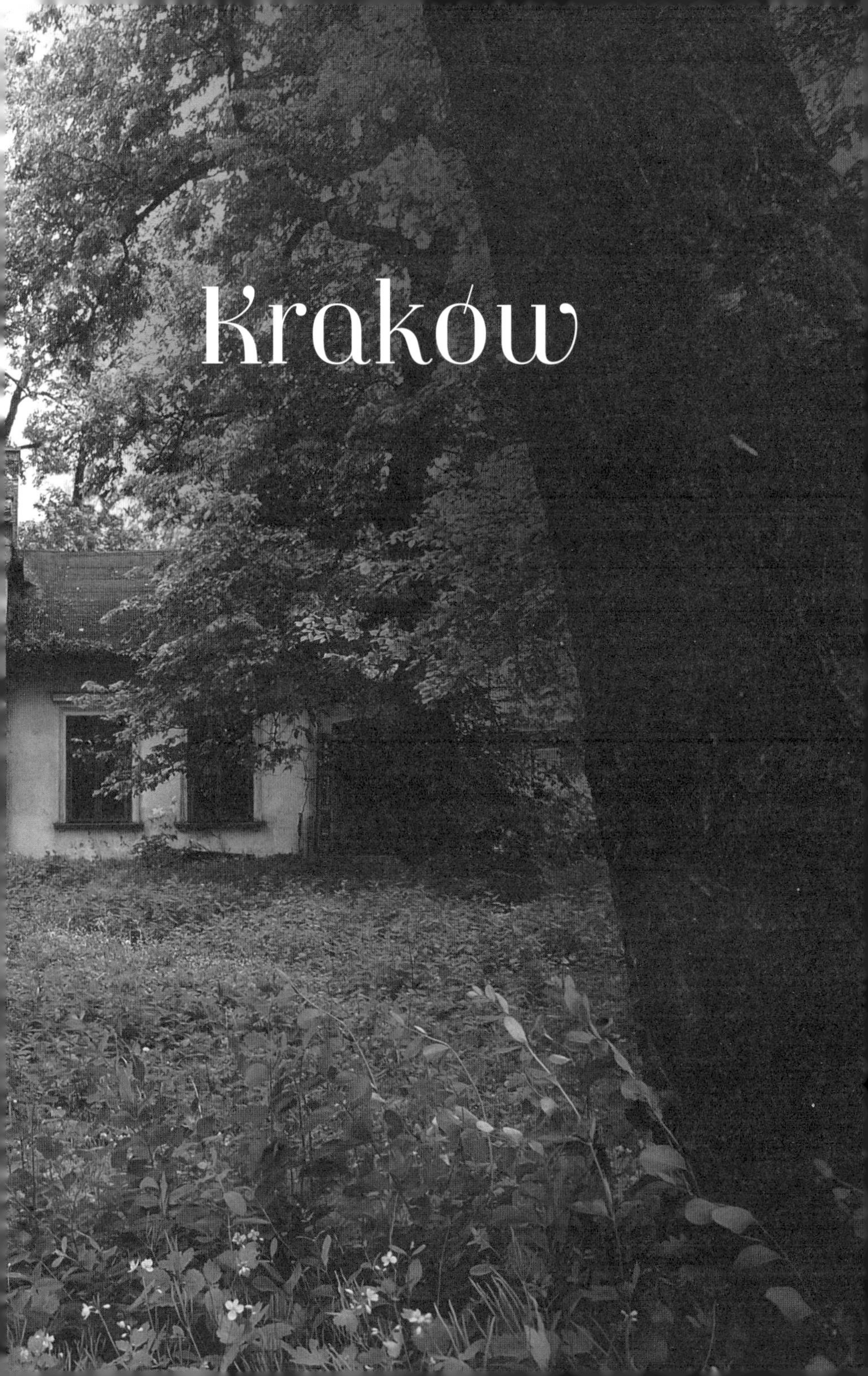

Ryngraf

To miał być czwarty Kossak.

To miał być syn Jerzego, wnuk Wojciecha i prawnuk Juliusza, który miał odziedziczyć po nich talent, pędzle i paletę z farbami. To miał być męski potomek, dziedzic, który miał przejąć rodzinną pracownię przy placu Juliusza Kossaka 4 w Krakowie, miał dźwigać sztalugi i znane nazwisko oraz przedłużyć dynastię Kossaków, malarzy koni i batalistów. To miał być chłopiec, na którego czekała cała rodzina.

W Kossakówce, posiadłości Kossaków w pobliżu Wawelu, tuż obok placu Kossaka i Alei Trzech Wieszczów, wszyscy liczyli na to, że Elżbieta Kossak, żona Jerzego, trzeciego Kossaka malującego konie, urodzi chłopca. Jerzy miał już dwie córki: Marię z pierwszego małżeństwa z Ewą Kaplińską i Glorię z drugą żoną Elżbietą Dzięciołowską-Śmiałowską. Nie miał ani syna, ani brata, dlatego tak bardzo zależało mu na męskim potomku.

30 maja 1943 roku okazało się, że nie będzie czwartego Kossaka.

W Jerzówce, willi Jerzego, stojącej na terenie Kossakówki, pojawiła się trzecia Kossakówna. Simona Kossak przyszła na świat w niedzielę.

W „Gońcu Krakowskim" w wydaniu niedzielnym (30/31 maja) opublikowano na drugiej stronie listę zidentyfikowanych zwłok sześćdziesięciu pięciu polskich oficerów zamordowanych w Katyniu. Zapowiadano też koncert Haliny

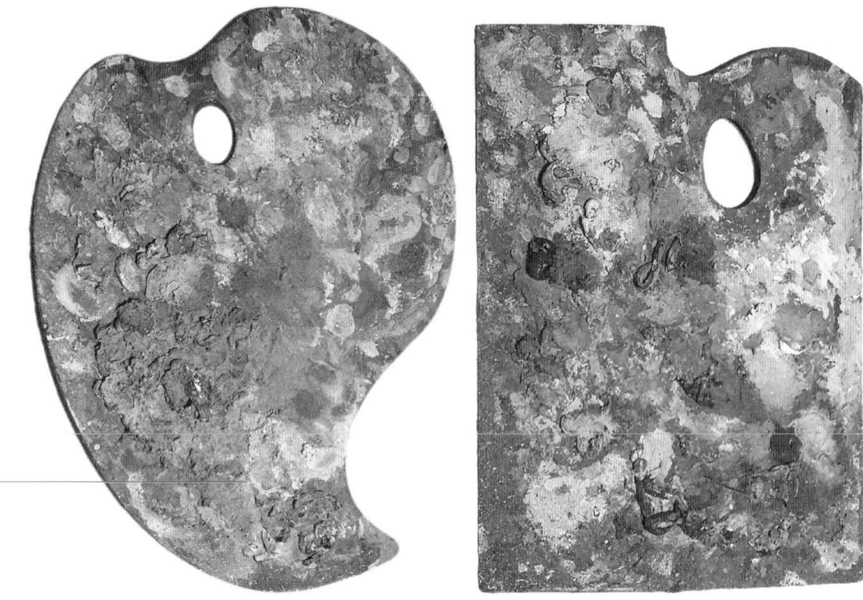

Palety Kossaków, ze zbiorów Archiwum Narodowego w Krakowie.

Schwarzenberg-Czerny-Stefańskiej 2 czerwca o godzinie 15.45 w Starym Teatrze. Z gazety można się też było dowiedzieć, że zioła Urosa magistra Wolskiego uśmierzają ból nerek i pęcherza, a Darmol najlepiej przeczyszcza. Frankowska Sabina, położna krakowska z ulicy Czarneckiego 8/1, informowała, że udziela porad w godzinach 9–19. Ktoś chciał sprzedać samochód: „Auto FIAT na gaz drzewny z kotłem, 3 tonowe, Imberta na chodzie, 6 gum w bardzo dobrym stanie. Zgłoszenia — Kraków, telefon 238-39". W „gadzinówce" ogłaszała się tak zwana dobra partia: „Mgr praw, kawaler, lat 33, pensja 1000 zł i deputat, własny majątek, na kierowniczym stanowisku, energiczny, przedsiębiorczy, poszukuje w celu matrymonialnym panny młodej, inteligentnej, przystojnej, dobrze zbudowanej i gospodarnej. Majątek dla wspólnego dobra pożądany, lecz niekonieczny. Zgłoszenia z fotografią: poste restante Przemyśl 1 pod «Magister»". Ktoś prosił o pomoc: „Doga Tygrys zaginęła, wabi się «Aza», za wskazanie, gdzie się znajduje, wynagrodzenie 1000 zł. Stanküsch Franz, Kraków, ul. Zabłocie 20".

Tego dnia, wypadającego w kalendarzu między Dniem Matki a Dniem Dziecka, w ogrodzie Kossaków kwitły obsypane kwiatem jabłonie. I prawdopodobnie tego dnia Jerzy Kossak na wieść o tym, że ma córkę, strzelił do ryngrafu z Matką Boską[1*].

Dziunia

Kiedy Elżbieta Kossak szła w latach czterdziestych w otoczeniu dwóch dogów niemieckich ulicami Krakowa, z bransoletką w kształcie węża na ręku, musieli oglądać się za nią wszyscy przechodnie. Dziunia[2], jak nazywano ją w rodzinie, miała klasę, urodę i to coś, co mężczyznom podoba się w kobietach. Jerzową Kossakową, szczupłą, długonogą blondynkę z ładnym biustem i wciętą talią, spacerującą z psami, do dziś pamiętają jej krewni i starsi mieszkańcy Krakowa.

Matka Simony, Elżbieta Kossak, z domu Dzięciołowska-Śmiałowska, była kobietą o wyjątkowej urodzie, a na dodatek bardzo o siebie dbała — w Krakowie w tym ostatnim zresztą nie była wyjątkiem. Krakowianki podczas okupacji chodziły do kapelusznika, odświeżały szafy i przerabiały ubrania u krawca, pielęgnowały fryzury, kopiując modę okupanta na berlińskie fale. Zakręcały włosy z tyłu głowy na wałki z miękkiego drutu,

* Przypisy oraz źródła cytatów podane na stronach 315–324.

wzorem niemieckich kobiet, mimo że polskie podziemie przekonywało je, by nie „małpowały" okupanta. Nosiły oficerki, opalały się na brązowo, co było ostatnim krzykiem mody, i uczyły się angielskiego, który był trendy. Urządzały seanse spirytystyczne, potańcówki przy patefonie, grały w brydża i hodowały psy, co też było na czasie. Chodziły do Starego Teatru, na przykład na *Rozkoszną dziewczynę* Benatzky'ego, i żeby uciec od hałasu okupowanego Krakowa, jeździły w niedzielę do Lasu Wolskiego. Sypały dowcipami, tańczyły tango, chodziły do wróżki, przesiadywały w kawiarni, a czasami chciały się kochać więcej niż przed wojną. Wychodziły za mąż i kupowały suknie ślubne, zamawiane (z wyprzedzeniem) w sklepie Paryżanka. Wypożyczały welony w punkcie przy Starowiślnej. Farbowały włosy w zakładzie fryzjerskim Alba na Szczepańskiej. Kupowały kwiaty w kwiaciarni przy Siennej. I może w pieleszach domowych wściekały się, że ich randki, potańcówki, śluby, porody, chrzty, spacery z wózkiem na Błoniach czy Plantach przypadły na czas okupacji. I może te wrażliwsze zapadały na choroby, nie tylko nerwowe, i nie spały po nocach, a do szczęścia zamiast dzieci bardziej potrzebowały psychiatry.

Na ulicy udawały jednak, że nic je nie wzrusza, i wyśmiewały po cichu legendę stworzoną pod niemiecką publikę o tym, że osadę Krakau założył wódz wikingów Krakus. Jak trzeba było, histeryzowały z talentem aktorskim na posterunku gestapo przy ulicy Pomorskiej i ściągały z palców pierścionki, przekupując funkcjonariuszy, by uwolnić kogoś bliskiego. Gestapo w Krakowie za wypuszczenie więźnia żądało najczęściej biżuterii, złota, dzieł sztuki, a powodzeniem cieszyły się zwłaszcza obrazy Juliusza Kossaka[3].

Krakowianki plotkowały też o warszawiankach, które mówiły o nich, że we wrześniu 1939 roku przyjęły Niemców w Krakowie z otwartymi ramionami. Denerwowały się, gdy jesienią 1944 roku słyszały wierszyk: „Warszawskie kobiety chwyciły za bagnety, a krakowskie szmaty lecą do łopaty".

W sierpniu 1944 roku krakowianki, skuszone przez Hansa Franka propozycjami przydziałów kartek żywnościowych, papierosów, wódki itd., podobnie zresztą jak mężczyźni, zgłaszały się dobrowolnie do budowy wałów — umocnień dla armii niemieckiej.

Polskie podziemie grzmiało. Andrzej Chwalba pisze: „Złość mieszała się z poczuciem bezsilności, pogarda wobec tzw. kawalerów łopaty z ich potępieniem. Uznano ich za «małych ludzi» podszytych tchórzem, wygodnickich, widziano w nich «krakowskiego kołtuna»"[4].

Niezależnie od sytuacji okupacyjnej w Warszawie i Krakowie, krakowianki, podobnie jak mieszkanki stolicy, żyły takim samym podwójnym życiem. Pierwszym — na niby, na ulicy, pełnej niemieckich mundurów i terroru, oraz drugim — domowym.

Matka Simony, tak jak inne młode kobiety w Krakowie, ubrana ze smakiem, z głową podniesioną do góry i aprobatą życia, takiego jakie jest, trzymała fason w tych schizofrenicznych czasach.

Elżbieta Dzięciołowska-Śmiałowska, zanim została Jerzową Kossakową, była jego flamą. Nie żoną, nie narzeczoną, nie dziewczyną, tylko kochanką. Jej romans z Jerzym Kossakiem rozwijał się latami. Kossak, żonaty z Ewą Kossakową z domu Kaplińską, związał się z młodszą od siebie o dwadzieścia cztery lata Elżbietą prawdopodobnie w połowie lat trzydziestych. Był to, jak można domniemywać, związek nauczyciela i uczennicy. Romans szefa i asystentki. Miłość kobiety, która miała urodę, i mężczyzny, który miał nazwisko. A do tego żonę i córkę.

Historię tego romansu zdradzają obrazy Jerzego Kossaka. W 1935 roku przyszły ojciec Simony namalował portret ojca Elżbiety, Wiktora Dzięciołowskiego. Swój obraz podpisał: „Najmilszej Elusieńce, na pamiątkę jej Kochanego Ojca". Napisał właśnie „Elusieńce" albo „Elżunience", co nie jest dziś łatwe do rozszyfrowania. W połowie lat trzydziestych Jerzy i Elżbieta najwyraźniej nie tylko się już znali, lecz także lubili. W 1937 roku Kossak namalował z kolei obraz na motywie ballady Adama Mickiewicza *Ucieczka*. Jeździec trzyma na nim nagą dziewczynę o rysach Elżbiety, a u dołu widnieje dedykacja: „Bardzo kochanemu Bubusiowi w dzień imienin"[5]. Bubusiem (i Bobusiem) Jerzy nazywał Elżbietę, gdy już była jego żoną.

W tym samym roku Maria Pawlikowska-Jasnorzewska, siostra Jerzego, pisała w liście do przyjaciela Kossaków, Rudolfa Jędrzejowskiego: „A Jurek oszalał znowu z miłości, a wtedy gotów byłby tuczyć taką gęś nawet kluskami zrobionymi z własnej rodziny. Trzeba go unieszkodliwić jakoś... Ewa też jest w położeniu fatalnym, prosi, aby Pan wpłynął na Jurka, aby choć coś jej dawał na córkę i jej potrzeby"[6].

Jak wynika ze wspomnień Glorii Kossak, starszej siostry Simony, ich ojciec i jego pierwsza żona Ewa żyli już wówczas jakiś czas w separacji. Jerzy zajmował parter, Ewa piętro Jerzówki.

Wojciech Kossak, ojciec Jerzego, który również miewał liczne flamy, też chciał, by syn powiedział swojej kochance: „Idź z Bogiem". W 1938 roku w liście do żony pisał: „Co do Jurka — to chociaż on tę Dziunię uważa za ostatnie słowo «porządnej kobiety», to ja jestem pewny, że cała ta komedia z zamążpójściem to groźba: jak ty ze mną nie, to ja za innego. Żeby on chciał raz zmądrzeć i powiedzieć jej: «szczęśliwej drogi»"[7].

Mama Simony, Elżbieta Kossak, była kobietą o wyjątkowej urodzie i ubierała się ze smakiem.

Być może rodzice Simony poznali się na zawodach jeździeckich. Konie to była wspólna pasja Elżbiety i Jerzego Kossaków.

Gdzie mogli się poznać rodzice Simony? Antoni Woźniakowski, wnuk Jerzego i Ewy Kossaków, dokładnie tego nie wie, ale podobno ktoś w rodzinie mówił, że Dziunia była sekretarką jego dziadka. Idąc tym tropem i wertując korespondencję Wojciecha Kossaka, można natrafić na kolejny ślad. W 1938 roku w liście do Jerzego prosi on syna: „Posyłam na ręce Mamy cztery, jak zobaczysz, kapitalne obrazy dla Horowitzów. Poproś ich, aby Ci po jednym egzemplarzu dali do skopiowania, ja bym Ci po 100 zł za dobre przysłane do Juraty (tylko nie podmalówki Bubusia) z góry potrącił”[8].

Jeśli Elżbieta robiła podmalówki w pracowni Kossaków lub była sekretarką, to mogli się poznać właśnie tam. Albo na zawodach jeździeckich, w których Elżbieta startowała przed wojną. Albo na polowaniu, ulubionym zajęciu Jerzego. Mogli także zawrzeć znajomość przez matkę Elżbiety, która, jak wspomina Gloria Kossak, malowała. Nikt z rodziny nie wie tego jednak na pewno. Za to nie ulega wątpliwości, że ze względów obyczajowych („nie ma rozwodów w porządnych rodzinach") o rozwodzie Jerzego i Ewy nie mogło być mowy. W 1940 roku Ewa Kossak, jak wynika z korespondencji sióstr Jerzego, Magdaleny Samozwaniec i Marii Pawlikowskiej-Jasnorzewskiej, była już nieuleczalnie chora, a jej mąż, jeszcze za jej życia, nazywał ją nieboszczką[9].

Czym Elżbiecie zaimponował Jerzy? Nazwiskiem? Czy może w starszym od siebie mężczyźnie szukała ojca? Na pewno nie oczarował jej pieniędzmi — Kossakowie mieli wtedy spore długi — ani urodą. Jerzy był niski i krępy, nie za wiele odziedziczył po swoim przystojnym ojcu. Ale ona „kochała go na zabój", twierdzi ich wnuczka Joanna Kossak, córka Glorii, siostrzenica Simony.

Elżbieta, wiążąc się z Kossakiem, chciała przejść do historii — to tajemnica poliszynela w Krakowie. Natomiast Simona o małżeństwie rodziców mówiła: „Moja mama tak się zakochała w ojcu, że wszystko, co było jego, stało się automatycznie jej. (...) Znali się długo, matka miała czas poznać ojca gusty i przyjęła je jako swoje. Była całym domem i tradycją, jaka panuje w Kossakówce"[10].

O rodzinie Elżbiety nie za wiele dziś wiadomo. Najbardziej poruszającą postacią wśród jej najbliższych jest ojciec, Wiktor Dzięciołowski, który podobno lubił „schodzić z portretu". Stawał wtedy przed krewnymi i zarządzał. Kiedy na świecie pojawiła się druga córka Elżbiety, Simona, zszedł z portretu — jak głosi rodzinna legenda — stanął za plecami Jerzego, poklepał go po ramieniu i szepnął mu do ucha: „Si-mo-na. Masz ją nazwać: Si-mo-na". Jak mówi dziś Joanna Kossak, Jerzy Kossak nie ośmielił się nazwać drugiej córki inaczej.

Portret Wiktora Dzięciołowskiego wisiał w Jerzówce w sypialni Elżbiety i Jerzego. Zdaniem Glorii Kossak był namalowany przez babcię na podstawie zdjęć, fragmentów włosów i wąsów przechowywanych w saszetkach. „Osobliwością tego portretu jest to, że dziadek często zmieniał wyraz twarzy, był też zawsze barometrem sytuacyjnym dla matki i dla mnie"[11].

Dziadek Simony był pierwszym mężem jej babki Anny Dzięciołowskiej-Śmiałowskiej z domu Biesiadeckiej i nie zdążył wychować Elżbiety. Zmarł, gdy matka Simony miała rok. A potem już tylko schodził z obrazu. Tak, jakby chciał nadrabiać zaległości z zaświatów, wychować córki, poznać wnuczki.

21 lipca 1940 roku zmarła na raka Ewa Kossak. Dwa tygodnie później, 5 sierpnia 1940 roku, świeżo upieczony wdowiec Jerzy Kossak wziął ślub. W krakowskim kościele św. Anny w obecności swojego przyjaciela i sąsiada, Adama Żeleńskiego, ostatniego właściciela Krakowskiego Zakładu Witraży, bratanka Tadeusza Żeleńskiego-Boya, ożenił się z Elżbietą, która tym samym przestała być flamą.

Kompleks

Elżbieta Kossak nie była kobietą, którą interesowałby puder dla niemowląt Vasenol tak reklamowany w 1943 roku[12]: „Wesołość na twarzach matki i dziecka — to oznaka zadowolenia. Nie ma już ran od odleżenia". Nowo narodzoną Simoną zajęła się więc niańka, Elżbieta nie chciała nawet karmić dziecka. Nie wiadomo, czy jęknęła „Samiczka", tak jak w 1941 roku przy narodzinach pierwszej córki Glorii. W każdym razie, gdy

Elżbieta Kossak z córkami: Simoną (z lewej) i Glorią, lata 40. XX w.

służba przynosiła jej niemowlę w pierwszych dniach po porodzie, mówiła: „Nie będę tego karmić. Zabierzcie to"[13].

Gdy Jerzy Kossak doszedł już do siebie po tym, jak usłyszał, że to znów córka, prosił żonę, by choć na chwilę przystawiła dziecko do piersi. Podchodził do niej i mówił: „Nakarm, Bobuś, bo to piszczy".

Wieloletnia przyjaciółka Simony wspomina, że Elżbieta nie miała instynktu macierzyńskiego. Uważała, że dzieciom nie należy okazywać uczuć, bo jak dorosną, to i tak odejdą. „Wychowywała obie córki pod stołem jak psy"[14].

Simona w wywiadzie z 1991 roku, jakiego udzieliła Annie Balickiej z Polskiego Radia Kraków, przyznała, że matka tuż po porodzie obie je odrzuciła. Tłumaczyła to jednak tym, że matka miała kompleksy, bo nie potrafiła dać Kossakowi syna.

W 1943 roku kompleks Elżbiety, niczym królowej na monarszym dworze, rozwijał się wraz z angielską chorobą nowo narodzonej córki. Simona miała krzywicę, miejską chorobę zadymionej dziewiętnastowiecznej Anglii, oraz rozszczep podniebienia. Dziecko było tak słabe, że obawiano się, czy w ogóle przeżyje.

Kiedy Simona walczyła o przeżycie, a jej matka zmagała się z *gender disappointment*[15], na ustach mieszkańców okupowanego Krakowa oraz na pierwszych stronach prasy konspiracyjnej pojawiało się często nazwisko wyższego oficera SS Friedricha Wilhelma Krügera. Kilka tygodni przed narodzinami Simony, w dzień pięćdziesiątych czwartych urodzin Hitlera (20 kwietnia 1943), dwucylindrowy szary mercedes SS-Obergruppenführera Krügera został obrzucony granatami w Alejach Trzech Wieszczów, tuż przy Kossakówce. W wyniku akcji Armii Krajowej, wymyślonej przez Organizację Specjalnych Akcji Bojowych „Osa-Kosa", Krüger, urzędujący na co dzień razem z gubernatorem Hansem Frankiem na Wawelu, został ranny. Po hospitalizacji wracał do pracy i, jak donosił konspiracyjny „Dziennik Polski", po zamachu wpadł w manię prześladowczą. „Wydał zarządzenie mieszkającym w budynkach wokoło zamku Niemcom zakazujące wyglądania na wewnętrzną stronę dziedzińca, gdyż tam wychodzą jego okna. Wśród wszystkich Niemców, mieszkających w obrębie Wawelu oraz policji tam stacjonującej, Krüger uważany jest za wariata"[16]. Według prasy konspiracyjnej, która była spóźniona w stosunku do szmatławca „Gońca" i docierała tylko do nielicznych, w Krakowie mieszkało wtedy ponad 251 tysięcy Polaków, około 2 tysięcy Ukraińców, już tylko ponad 8 tysięcy Żydów i około 21 tysięcy nieumundurowanych Niemców[17].

Rynek Główny nazywał się teraz oficjalnie Adolf Hitler Platz, a za wymówienie słowa „Wawel" (zamiast Krakauer Burg), gdzie pływał w basenie i pił szampana jeden z największych zbrodniarzy nazistowskich Hans Frank, można było trafić do więzienia.

Po zamachu na „obermordercę" Krügera[18] zaczęły się łapanki, przesłuchania w więzieniu przy ulicy Montelupich, śledztwa w katowni gestapo przy ulicy Pomorskiej i publiczne egzekucje, które miały osiągnąć swoje apogeum w okresie jesiennego „dzikiego terroru".

Za murami Kossakówki życie rodzinne toczyło się w tym czasie swoim rytmem. Jerzy Kossak stał od siódmej rano przed sztalugami, jak przed wojną, ale teraz zamiast scen batalistycznych malował marnej jakości końskie łby. W czasie okupacji były one towarem wymiennym, Kossak płacił nimi za jajka, salceson czy słoninę i cała rodzina mówiła, że Jerzy maluje pieniądze. Jego żona zaś, mimo że chorowita Simona przysparzała jej problemów, wciąż miała idée fixe, by urodzić syna; razem z mężem nie ustawali więc w staraniach o czwartego Kossaka.

Kompleks braku męskiego potomka ujawnił się nawet w związku ze chrztem Simony. Kossakowie długo nie zakładali córce krzyżma[19] i czepka, przystrojonych koronkową kołderką. Mijały letnie miesiące 1943 roku: czerwiec, lipiec i sierpień, a dziecko wciąż było nieochrzczone. Simonę przyniesiono przed ołtarz dopiero, gdy miała trzy i pół miesiąca. Chrzest odbył się 15 września 1943 roku w kościele św. Anny — jak wskazywałby na to wpis w księgach parafii.

Jeśli Kossakowie szli do kościoła z wózkiem, na przykład wzdłuż Plant, mogli spotkać po drodze pana polującego tam na gołębie albo panią z budki z wodą sodową wyczesującą z włosów wszy, w dzień nie spotkali raczej bezdomnych, śpiących czasem na ławkach z napisem: *Nur für Deutsche*[20]. Mogli też nie oglądać takich scen, lecz kupić na Plantach lody, wystawiać twarze do słońca, a po drodze żartować: „Podobno Hitler ze Stalinem podpisali układ w sprawie podziału GG (Generalne Gubernatorstwo) między siebie? — Tak, Hitler dostanie jedno «g», a Stalin drugie"[21].

W księgach parafialnych uniwersyteckiej kolegiaty św. Anny z 1943 roku łacińska informacja o chrzcie córki Elisabeth Marii (bin) i Georgiusa Mathiasa Stephanusa (trin) Kossaków widnieje pod numerem 38. W pierwszej rubryce znajduje się jednak wpis „Lazari". A to oznacza, że chrzest ich córki odbył się nie w kościele, lecz w Szpitalu św. Łazarza przy ulicy Kopernika.

Dlaczego nie w kościele, oddalonym zaledwie o dziesięć minut drogi pieszo od placu Kossaka 4, domu rodzinnego Simony? Ksiądz z parafii św. Anny, gdzie trafiały dokumenty ze Szpitala św. Łazarza, przypuszcza dziś, że niemowlę, podobnie jak inne dzieci, które były wtedy chrzczone przez kapelanów kliniki, musiało być umierające.

To w Szpitalu św. Łazarza, wtedy częściowo niemieckim, lekarze uratowali życie chorowitej dziewczynki. Kossakowie ochrzcili córkę w obecności rodziców chrzestnych: Antoniego Chudoby, lekarza z ulicy Starowiślnej (może pracował w szpitalu przy Kopernika?), oraz Marii Zakrzewskiej, żony Tadeusza, mieszkanki Kossakówki.

Nie wiadomo, kiedy dokładnie Simona trafiła na oddział, ale pewne jest, że zabrał ją tam pediatra, który pojawił się u Kossaków (być może Antoni Chudoba) i zobaczył słabe, zaniedbane niemowlę z biegunką. Kossakowie powiedzieli kapelanowi szpitala, księdzu Edmundowi Nowakowi, aby chrzcząc ich córkę, nadał jej imię Simona. Jednak ten nie znał takiego imienia, dlatego jako pierwsze wpisał w księdze Gabriela, które w takiej sytuacji podsunął mu Jerzy, a dopiero jako drugie Simona. (W Kossakówce Gabriela Simona będzie jednak zawsze nazywana Simoną). Jerzy pamiętał, że archanioł Gabriel zwiastował Maryi Pannie, że będzie miała syna. Uznał więc, że jeśli nazwie córkę Gabriela, będzie to dla niego i dla żony dobry znak na przyszłość. Jak pokaże historia, imię archanioła Jerzemu i Elżbiecie Kossakom nieraz miało pomóc w staraniach o męskiego potomka. I nieraz miało być jego zwiastunem.

Fabryczka

W pracowni Jerzego Kossaka na pierwszym planie stały sztalugi i parawany, szafki na pędzle, tapczan i taborety dla klientów, wisiały szare zasłony. W głębi znajdowały się mundury wojskowe, kostiumy, broń, kaski, siodła, stało biurko i skrzynie z szeleszczącymi kalkami, z których odrysowywało się kontury obrazów. Wzrok wchodzących przykuwał naturalnych rozmiarów skórzany model konia z ruchomą głową i skręcanymi nogami, przywieziona z Wiednia przez Wojciecha Kossaka — malarza cesarzy — końska atrapa.

W powojennej pracowni Jerzego Kossaka błyszczały jeszcze hełmy, które „pozowały" do *Palenia sztandarów pod Berezyną*, i leżały palety, służące twórcom *Panoramy Racławickiej*. Ale na jego obrazach nie pędziły tabuny koni, nie toczyły się walki i nie przelewano za ojczyznę krwi. Minął już czas, kiedy jego dziadek Juliusz malował w tej samej pracowni *Bitwę pod Parkanami*. Minął też czas, kiedy jego ojciec malował tu *Pobojowisko pod Iganiami*. Minął nawet czas, kiedy on sam tworzył *Odwrót Napoleona spod Moskwy*. To były czasy trzeciego Kossaka, który „malował pieniądze", czyli masówkę.

Jerzy zatrudniał zawsze kilku uczniów, którzy pod okiem „profesora", jak na niego mówili, wytwarzali portrety koni, sceny typu „ułan z dziewczyną", wesela góralskie i krakowskie czy sceny z polowań, malowane, to znaczy produkowane taśmowo, tak by wszyscy zatrudnieni w tej pracowni, a przede wszystkim rodzina Kossaków, mieli za co żyć.

Dzień w pracowni zaczynał się od ćwiartki wódki. „«Ćwiartka», po którą jako najmłodszy biegałem do pobliskiego sklepu koło placu Kossaka, była swoistą «muzą» profesora — wspominał jego uczeń Juliusz Solecki — który dzięki niej znacznie łaskawiej patrzył na podmalówki produkowane seryjnie przez jego uczniów na czele z Leszkiem Piaseckim, Mieciem Krzyżakiem, Władysławem Bieńkowskim. Była także — szczególnie zimą — rozgrzewką w zimnej pracowni malarza, mieszczącej się w skromnym budynku z drewna tuż obok jego domu, gdzie stare hełmy napoleońskie łapały deszczówkę z przeciekającego dachu, na którego remont brakowało pieniędzy. I gdzie trzeba było stąpać po ruchomych deskach podłogi, która

Jerzy Kossak zaczynał pracę punktualnie o dziewiątej rano.

miała już swoje lata i aż prosiła się, by ją zamienić na nową, tak samo jak szklany sufit"[22].

Jerzy Kossak zaczynał pracę punktualnie o dziewiątej rano. Jego obrazy powstawały w koprodukcji uczniowsko-kupieckiej. Uczniowie gruntowali płótna i robili tak zwane podmalówki — tło, kontury konia i postaci ułana. Kossak, mistrz szczegółu, skupiał się natomiast na wykończeniówce, czyli nanosił na podmalówkę detale: guziki i naszywki u munduru, połysk końskiej sierści, lśniące końskie zady, ostrogi albo brzózki, które pojawiały się na szarym tle. W „fabryczce obrazów" Kossak, podobnie jak to się działo w fabryce obrazów Rubensa czy Rembrandta, na koniec sygnował płótna swoim nazwiskiem. Gdy gotowe dzieło wyschło, na rewersie przybijał pieczątkę: „Stwierdzam autentyczność tego obrazu — Jerzy Kossak".

Zdarzało się, że poranek zaczynał się od rozmów z handlarzami, którzy z wyłożonych na biurku zdjęć i pocztówek wybierali sobie obraz, narzucając malarzowi jego wymiary. „Dyktowali je zresztą nie tylko handlarze, dobijający niezły procent na każdym z tych «napoleonów», «św. Hubertów» i «wesel krakowskich». Zdarzyło się, że wymiary przyszłego obrazka dyktowali również... kominiarz, bezskutecznie upominający się o regulację zadłużenia z tytułu wykonanej przez siebie pracy,

Polowanie należało do ulubionych zajęć Jerzego Kossaka.

lub blacharz łatający szklany dach nad pracownią"[23], wspominał Solecki.

Jerzy Kossak malował każdego dnia przez cały tydzień, od rana do obiadu. W porze obiadu porzucał roboczy drelich, odpoczywał od zapachu terpentyny, wychodził z pracowni i szedł do domu. Popołudniowy posiłek jadł zawsze z żoną. Gdy odpoczywał, nie wolno było biegać ani trzaskać drzwiami. Cała rodzina była podporządkowana Jerzemu.

Po drzemce układał swojego psa myśliwskiego — seterkę irlandzką, spotykał się z myśliwymi albo zakładał swoje nieśmiertelne pumpy, poprawiał wąs i szedł na spacer. Idąc w stronę Rynku Głównego, odwiedzał sklep z przyborami łowieckimi przy ulicy Grodzkiej, a w drodze powrotnej zatrzymywał się u aptekarza przy Zwierzynieckiej, który przyrządzał mu specjalne mikstury i zioła na wątrobę. Wchodził do sklepów przy Wiślnej, do punktu oprawy obrazów Słotołowicza i odwiedzał sklepy z antykami. Do jednego z nich mógł zabrać kiedyś Simonę. „Kupiłam w sklepie z ramami do obrazów (...) klatkę na papużki, którą ktoś kiedyś tam przyniósł i ona sobie smętnie stała w kącie, może stała tam pół roku, może rok. Ja dość długo zbierałam na nią grosiki, to jeszcze było w szkole. Przywiozłam tę klatkę do domu i po miesiącu miałam uciechę, ponieważ znalazłam zwierzątko, o którym nie wiedziałam, jak się nazywa. I dopiero trzeba było sięgnąć do autorytetów rodzinnych, żeby powiedzieli: «Dziecko kochane, przecież to jest pluskwa!»"[24].

W czasie wolnym od pracy Jerzy Kossak stawał często na stołeczku obok wysokiego muru Kossakówki od strony Alej Trzech Wieszczów i rozmawiał ze znajomymi przechodniami. Udoskonalał też obuwie myśliwskie, przygotowywał naboje i jeździł na polowania. Po wojnie już nie jeździł konno jak wcześniej, jedynie polował. Lubił sport i ruch na świeżym powietrzu. Jako sześćdziesięcioparolatek kupił sobie rower Favorit.

Wieczorami siadał na werandzie w fotelu i przy kawie, paląc papierosa, przyjmował gości. „Należał do ludzi szalenie towarzyskich. Był przeciwieństwem artysty samotnika. Znajomi wprost przepadali za nim. Jego błyskotliwy dowcip, duża inteligencja, bogate doświadczenie i zawsze zaskakujące pomysły zjednywały mu przyjaciół i wielbicieli"[25], pisał Zygmunt Niewidowski, jego szwagier, mąż Magdaleny Samozwaniec.

Kobiety go uwielbiały. „Jest przemiły, ma w sobie coś z Kmicica, dobroć i rycerskość, bez chełpliwości wrodzonej przeciętnym ludziom, a przede wszystkim artysta w każdym calu — pisała urzeczona nim dziennikarka Ewa Müllerowa. I dodawała: — Odczuwam doskonale jego położenie jako syna: jest dumny z chwały ojca, z tradycji dziadka, a za skromny, by o sobie mówić. O Jerzym śmiało można powiedzieć, że jest godnym spadkobiercą talentu obu tych wielkich artystów"[26].

Mniej natomiast wielbiła go własna rodzina — ojciec i siostry. Wojciech Kossak opisywał „Dżerego" w *Listach do żony i przyjaciół* jako „śmierdzącego opoja i złodzieja", „łajdaka", „cymbała", „opasłą chłopczynę", a rzadziej jako „mądre chłopię". Maria Pawlikowska-Jasnorzewska, zwana Lilką, w listach do rodziny pisząc o bracie, używała takich określeń, jak „głupi Jurek", „nieinteligentny facet po prostu". Magdalena

Samozwaniec zaś ubolewała, iż „Jurek Kossak i my z Lilką — oto najlepszy przykład, że nawet te same geny rodziców nic nie znaczą!”[27]. I obie zazwyczaj w swojej korespondencji i twórczości pomijały brata, jakby go wcale nie było[28].

Tymczasem był tuż obok, w sąsiadującej z Kossakówką willi Jerzówka, i wieczorem, do kolacji, bez względu na to, czy byli w domu goście, czy do stołu zasiadał tylko z żoną, zawsze przebierał się w czarne smokingowe spodnie, białą koszulę ze sztywnym gorsem, czarną muszkę starannie zawiązaną pod szyją, a do tego czerwony fraczek[29], jak wspominał Niewidowski.

Z gośćmi grał w karty, zabawiał towarzystwo i żonę, a następnego dnia rano szedł, jak zwykle, do pracowni. Nie był zadowolony z tego, co maluje i produkuje jego fabryczka. Ciskał paletą i pędzlami i ubolewał nad tym, że rzadko już tworzy coś na miarę Kossaka. „Nieraz załamywał się — opowiadała jego córka Gloria — gdy w jeden dzień przyszło mu namalować piętnaście jednakowych «główek końskich», płakał prawdziwymi łzami nad rozmienianiem talentu na takie marne, wstyd przynoszące malunki”[30].

„Miejsce przedwojennych Żydów — pisała Gloria — kupujących obrazki i łatających pożyczkami dziury w domowym budżecie zajęła nowa generacja, już na mniejszą skalę handlarzy, jak Leicht i Klupa, też dobre mąciwody”[31]. Kossak był u nich bez przerwy zadłużony. Goniły go terminy, malował coraz więcej obrazów marnej jakości. „Byłby się wyrwał z tych pazernych szponów tałatajstwa z ich wekslami, rachunkami i całym tym podcinającym mu skrzydła przyziemnym egzystowaniem — twierdziła Gloria — gdyby nie miał u szyi kamienia młyńskiego w postaci żony i dzieci”[32].

Dzień w dzień Jerzy dźwigał swój „krzyż”, sztalugi i palety z farbami i wypełniał przeznaczenie trzeciego Kossaka. I dzień w dzień twórca wyklętego przez powojenną cenzurę obrazu *Cud nad Wisłą*, malarz, o którym milczała prasa, a środowiska twórcze przykleiły mu etykietkę epigona ojcowskiej tematyki i łatkę rzemieślnika, wstawał rano, nie poddawał się i żeby zarobić na utrzymanie rodziny oraz służby, malował.

„Nocniki"

Zapach perfum Antylopa, szelest przymierzanych sukien i dźwięk dobieranej biżuterii wypełniały dom, gdy Elżbieta Kossak szykowała się na bal. Dziunia odsłaniała wtedy dekolt, eksponowała biust i podkreślała wąską talię. W futrzanej etoli, z lekko zakręconymi blond włosami, z czerwoną szminką na ustach i w mieniącej się biżuterii wyglądała jak gwiazda przedwojennego kina.

Jerzy i Elżbieta Kossakowie lubili się bawić: przed wojną, w czasie wojny i po wojnie. „Życie towarzyskie w czasie okupacji było o wiele bujniejsze niż po wojnie — wspominała Gloria Kossak. — Dom był otwarty dla wszystkich. Koczowały tu często zmieniające się watahy krewnych, zmuszonych do opuszczenia dotychczasowych swoich siedlisk. (...) Godziny policyjne sprzyjały przeciągającym się do świtu przyjęciom, tak zwanym nocnikom"[33].

Kossakowie nie byli wyjątkiem. W innych krakowskich domach też odbywały się „nocniki". Ze względu na wczesną godzinę policyjną goście przychodzili z własnymi kocami, piżamami, szczoteczkami do zębów i nocowali u gospodarzy.

W czasie „nocników" Jerzy Kossak lubił występować w żupanie, kontuszu i z karabelą. W domu Kossaków bawiono się z fantazją, a biesiadników nigdy nie brakowało: „Sarmackie stroje, okna otwarte na oścież, matka przy pianinie i śpiewy polskie na całego, aż echo niosło przez ogród"[34], wspominała Gloria Kossak. Na pianinie grano polskie melodie od Chopina przez kolędy aż do Mazurka Dąbrowskiego. „Żandarmi nieraz zwabieni hałasem zaglądali do ogrodu i nic nie kojarząc, wracali na swój nocny ront"[35].

Jerzy i Elżbieta Kossakowie mieli bowiem glejt bezpieczeństwa, na który składała się ich czysta aryjskość i międzynarodowa renoma malarzy Kossaków. Na obrazach tej rodziny zależało niejednemu naziście. „Kossaka" na ścianie chciał mieć nawet Hans Frank, który proponował Wojciechowi pracownię na Wawelu. Według przekazów rodzinnych Wojciech Kossak w 1941 roku, na rok przed śmiercią, udał przed oficerami gestapo, przysłanymi przez Franka, stetryczałego wariata. Trzęsącymi rękami pokazał im, że już nie maluje, a jedynie odświeża swoje stare obrazy. O dzieła dopominał się też inny nazista w rządzie Franka, Theodor Bauder, który w lipcu 1941 roku, po agresji Niemiec na ZSRR, złożył Jerzemu Kossakowi propozycję malowania portretów na froncie. Jerzy odmówił.

Na glejt Kossaków składało się coś jeszcze. To coś miała Elżbieta, której wujkiem był sam żelazny kanclerz Otto von Bismarck, mający wypowiedzieć słowa: „Bijcie Polaków, ażeby aż o życiu zwątpili". Ze wspomnień Glorii Kossak wynika, że żona Bismarcka, Joanna Puttkamer, i babcia Elżbiety Kossak ze strony ojca, Olga Puttkamer, były siostrami. Pokrewieństwo z rodziną Puttkamerów potwierdza akt chrztu Elżbiety Kossak, który zachował się w księgach kancelarii parafii św. Mikołaja w Bochni[36].

Elżbieta mówiła bardzo dobrze po niemiecku i podczas okupacji cieszyła się opinią kobiety ze stali, dla której nie ma spraw nie do załatwienia. „Platynowa blondynka, spokrewniona z junkrami pruskimi w randze książęcej, której mężem był Georg Ritter[37] von Kossak — opisywała ją najstarsza córka — miała wszelkie warunki po temu, by pomagać ludziom. Chodziła na Pomorską do gestapo i wyciągała osoby umieszczone na listach egzekucyjnych"[38]. Jerzy Kossak też nie uniknął aresztowania i — jak twierdzą jego potomkowie — uratowała go żona.

W Kossakówce wszyscy kochali zwierzęta, mama Simony Elżbieta Kossak.

Kiedy sytuacja tego wymagała, Elżbieta ruszała do boju, a potem znów, młoda i elegancka, o wyglądzie Marleny Dietrich, się bawiła. Wojna zabrała rodzicom Simony wiele, ale nie odebrała im chęci zabawy. I nic tego nie zmieniło. Ani krakowska „czarna niedziela" 6 sierpnia 1944 roku, po której urządzono w Kossakówce kocioł, ale nie znaleziono żadnych zakazanych rzeczy i trzydzieści aresztowanych wtedy osób szybko zostało zwolnionych. Ani powstanie warszawskie, po którym dom Jerzego wypełnił się uciekinierami. Hans Frank, któremu dziadek Simony odmówił namalowania portretu, spędzał czas w swoim gabinecie na Wawelu, a pięćset metrów dalej, przy placu Kossaka, najczęściej trwała zabawa albo właśnie się do niej szykowano.

Z przygotowań na fajfy, rauty, bale i przyjęcia Simona zapamiętała zapach matki. I nie był to wyłącznie zapach perfum Antylopa. To była wreszcie matka, którą można było zobaczyć, dotknąć i przez jakiś czas mieć przy sobie. Nie niańka, nie bona, nie kucharka, nie guwernantka, nie służąca, tylko

Pamiątka po matce, bransoletka w kształcie węża, którą Simona Kossak podarowała w Białowieży Ewie Wysmułek.

matka. Simona nie od razu mogła przyglądać się jej przygotowaniom do balu. Może była zbyt mała i przeszkadzałaby matce? Nie to co starsza siostra Gloria, której Simona zazdrościła tego przywileju.

Była też zbyt mała, by przyglądać się swemu ojcu, gdy siadał w pracowni przed sztalugami. Dzieci nie miały prawa zawracać mu głowy. Elżbieta pilnowała, by jej mąż miał spokój i ich córki nie wchodziły do jego pracowni. „Ojca z bliska widywałyśmy raz do roku z okazji Bożego Narodzenia — wspominała Gloria. — Był obcym panem, mieszkającym z drugiej strony domu, któremu lepiej było nie przebiegać drogi”[39].

Zapach matki to jedno ze wspomnień Simony z jej dzieciństwa, którym podzieliła się z innymi. O tym, jak cieszyła się matką, dotykając rąbka jej sukni, opowiadała m.in. koleżankom ze studiów, które pytały o kufry z sukniami w Jerzówce. „Jeden z wielu kufrów, które stały w holu, był pełen wachlarzy i tiulowych szali boa z piór. Simona nie zaglądała do środka tych kufrów. Niczego nie wolno było jej tknąć” — wspomina Jolanta Wątek, jej koleżanka ze studiów, która przez dwa lata mieszkała w Kossakówce.

Matka wchodziła do pokoju córek tylko wtedy, gdy Gloria lub Simona były chore albo trzeba było je ukarać. Kiedy w Jerzówce odbywały się przyjęcia, pilnowała, by nie wychodziły do gości. Miały też zakaz korzystania z łazienki. Na czas balu w ich pokoju guwernantka stawiała nocnik.

Bale odbywały się w Jerzówce wtedy, gdy nastąpił przypływ gotówki, czyli gdy Kossak sprzedał obraz. W salonie lał się wtedy szampan, Jerzy bawił się ze swoją pachnącą Antylopą żoną, a w tym czasie Simona najczęściej płakała w swoim pokoju. Może dlatego dzieliła się wspomnieniami krótko, prędko, niechętnie. Jakby chciała od nich uciec szybko jak antylopa.

Kindersztuba

Nie kłaść się na stole. Nie zakładać nogi na nogę. Nie bujać się na krześle. Nie garbić się. Nie przechylać głowy do tyłu. Nie wieszać ręki na oparciu krzesła. Nie mówić smacznego. Nie rozwalać się na siedzeniu. Nie trzymać łokci na stole. Nie gadać. Nie mlaskać. Nie rzucać się do talerza. Nie jeść szybko. Nie chrząkać. Nie śpiewać. Nie śmiać się do rozpuku. Nie grymasić. Nie chlupać. Nie żuć — słyszała na lekcjach domowej kindersztuby.

Sztućce środka stołu to: nóż i widelec do pieczeni — musiała zapamiętać. Łyżka do szparagów, łopatka do kawioru, czerpak do sosu, szufelka do cukru, widelec do homarów, łyżka do ponczu, czerpak do śmietanki. Mosiężna miseczka z ciepłą wodą, stojąca na stole, służy do mycia rąk; gdy służąca przyniesie i poda owoce, na przykład czereśnie, należy umyć w niej ręce i dopiero wtedy schwytać czereśnię za ogonek i włożyć do ust, rzecz jasna bez ogonka.

O tym, by nie trzymać łokci na stole, nie dało się zapomnieć. W domu Kossaków były przy tym pomocne: *Meyers Konversations-Lexikon*, encyklopedia Brockhausa albo francuski *Larousse illustré*. Tomy encyklopedii wkładano kilkuletniej Simonie pod pachy i musiała trzymać łokcie przy sobie. (Wszystko odbywało się oczywiście pod czujnym okiem Elżbiety, *hausgestapo* — jak nazywa dziś swoją babcię Joanna Kossak, reprezentantka piątego pokolenia Kossaków).

W domu Elżbiety i Jerzego Kossaków ściśle przestrzegano reguł zachowania się przy stole i w towarzystwie. Tu trzeba było wiedzieć, że wszystko ma swój czas i miejsce. I wszystko miało być zrobione na rozkaz, szybko i pod linijkę — klasyczny pruski dryl. „Simona to, Simona tamto — wspominała młodsza Kossakówna. — Córkom nie było wolno nic albo prawie nic. Miały być tylko dobrze wychowane i dobrze się uczyć"[40]. W razie łamania zasad o dobrym wychowaniu przypominał wiszący na ścianie pejcz.

Simona była bita szpicrutą po całym ciele, także po głowie, gdzie popadnie. Za to, że się spóźniła albo czegoś nie zjadła, za to, że czegoś nie zrobiła. Trudno powiedzieć, czy była przywiązywana do krzesła, żeby nie uciekała od stołu i zjadała wszystko, co dostała na talerzu, jak to czasem bywało w dobrych ziemiańskich domach przed wojną, ale wiadomo, że jak nie mogła zjeść, ukrywała jedzenie za kredensem, za co też dostawała od matki lanie.

Zgodnie z przedwojenną zasadą panującą w tak zwanych dobrych domach córki siadały do stołu w wieku siedmiu, ośmiu lat i wtedy zaczynały się uczyć dobrych manier. Wcześniej natomiast na hasło Jerzego „Dzieci, buda!", Simona wraz z siostrą wchodziły pod stół albo znikały ojcu z pola widzenia. Obiad jadły w dziecinnym pokoju z guwernantką. Kiedy już dorosły i usiadły z rodzicami w jadalni, na środku stołu stał mosiężny dzwonek z rączką, którym ich matka przywoływała służącą w białym fartuszku.

„U szczytu stołu rezydowała mama z ogromną zieloną papugą na oparciu krzesła — wspominała Gloria. — Po prawej ręce mamy siedział tata, a na stole stał dzwonek na służbę. Machnięcie dzwonkiem — wjeżdża na stół zupa, następne — drugie danie, trzecie — deser, jak w bajce *Stoliczku, nakryj się*. Przy obiedzie nie wolno było nam, dzieciom, odezwać się ni jednym słowem, ani jeden też kąsek nie mógł pozostać na talerzu — i w tym pomagały nam opatrznościowe leżące pod stołem psy”[41].

Nie wiadomo, czy to właśnie w jadalni, czy też w jakichś innych sytuacjach, Elżbieta z mężem rozmawiali ze sobą tak, by córki nic nie rozumiały, czyli po niemiecku, zgodnie z zasadą: *Pas devant les enfants!* (Nie przy dzieciach!). Simona została wychowana w domu, w którym świat dzieci był oddzielony od świata dorosłych żelazną kurtyną. Miała być dzieckiem zahartowanym w rygorze, pozbawionym zachcianek, które ma wykazać się wytrzymałością i odwagą. W dzieciństwie słyszała: „Co wolno wojewodzie, to nie tobie, smrodzie”, „Dzieci i ryby głosu nie mają”. To ostatnie powiedzenie sprawdzi za kilkanaście lat w swojej pracy magisterskiej na temat głosu ryb.

Z dzieciństwa, które toczyło się całkiem innym rytmem niż świat dorosłych, Simona zapamięta też lęk. „W dzieciństwie i młodości bardzo często przeżywałam strach przed innymi ludźmi i chyba dorastając, doszłam do wniosku, że jest to najbardziej upokarzające uczucie, jakie można przeżywać, ale się z tego strachu wyzwoliłam”[42], wspominała po latach.

Kilkuletnia Simona, zgodnie z hasłem: *An Englishmans home is his castle!*[43], do domu przy placu Kossaka 4 nie mogła zapraszać żadnych koleżanek. Dziecko z dobrego domu nie mogło spotykać się z byle kim i byle kogo u siebie gościć.

Wnętrze Kossakówki zdobiły lampy Tiffany'ego, rzeźbione lustra, kolekcje porcelany i lwie skóry.

To było *mauvais genre*. W złym stylu. Kontakty z rówieśnikami były możliwe jedynie w czasie wizyt z rodzicami u znajomych albo babci Anny Śmiałowskiej w ściśle wyselekcjonowanym gronie. „A to herbatka u księżnej Lubomirskiej przy ulicy św. Marka lub u Dudy hrabiny Łubieńskiej przy ulicy Sobieskiego, czasem kinderbal u Berdziakiewiczów, w najlepszym wypadku tylko spacer w niedzielę na Planty — koniecznie pod «Drobnerówkę», gdzie za parę złotych wypożyczało się drewniane, zielono malowane, składane krzesła ogrodowe, w dodatku bardzo niewygodne, i siedziało się godnie i sztywno, od czasu do czasu odpowiadając grzecznie na bezmyślne pytania zatrzymujących się na krótkie, zdawkowe rozmowy znajomych babci"[44], opowiadała Gloria.

Kinderbale odbywały się w bawialniach małych panienek z dobrych domów. Rówieśnice Simony były wyfiokowane i ubrane w muśliny. Młodsza Kossakówna, zgodnie z przedwojennymi zasadami: „Skromnie, wygodnie, swobodnie, zdrowo!", „na klejnoty przyjdzie czas", nosiła zwykle jedną szarą sukienkę i jedną parę tenisówek. Było bowiem nieprzyzwoitością przyciągać uwagę ubraniem. W szafie Kossakówien królowała wełna. „Wełna, wełna i jeszcze raz wełna. Ona jest zawsze ostatnim krzykiem mody i dystynkcji"[45] — głosiły podręczniki przedwojennej kindersztuby, i do wełny Elżbieta Kossak miała stosunek szczególny. Z wczesnego dzieciństwa Simona zapamiętała wełniany, gryzący sweterek, uszyty z koca jeszcze w czasie wojny, a z czasów szkolnych wełnianą drapiącą kamizelkę, zakładaną obowiązkowo na gołe ciało, którą kazała jej nosić matka. Nie wiadomo, czy wynikało to bardziej z wyznawanej przez nią szkoły charakteru, czy z troski o zdrowie zapadającej na anginy córki. W wełnianej gryzącej kamizelce Simona musiała się jednak czuć jak w piecu hutniczym z kolcami. Wełniany serdak powodował rany na ciele. Nie chciała się nim „kłuć". Co rano ściągała go w drodze do szkoły i wkładała do tornistra. (W dorosłym życiu nie będzie mogła nosić nawet wełnianych skarpetek). Wpadała przez ten sweterek do klasy spóźniona, co było akurat gwałtem na podstawowej zasadzie punktualności wpisanej w żelazne reguły przedwojennej kindersztuby. W dorosłym życiu pozostanie wierna tej zasadzie i punktualności będzie wymagała także od innych.

Wśród reguł, według których została wychowana, były także: szacunek do rodziców, służby i zwierząt. Skromność, odpowiedzialność, rzetelność. Dyskrecja i troska o zachowanie intymności. Wiedza i praca. Izolacja. Pouczenia Marii z Colonna Walewskich Wielopolskiej, wyroczni w sprawach obyczajów towarzyskich, w rodzaju: „Obcuję z ludźmi jak najmniej, by zachować odrębność, odmienność swoją. To jedynie stanowi wartość. Kto dużo obcuje, z konieczności staje się w końcu podobnym do szarego ogółu", wbijano jej do głowy.

Wydaje się, że dla Elżbiety Kossak, która stała na straży wychowywania córek w przedwojennym stylu, kindersztuba była niczym religia. „W domu Simony, w którym zawsze panowały standardy zachowań jak w dobrych domach przed wojną, obowiązywała na przykład zasada nieuzewnętrzniania uczuć — wspomina Oskar Starzeński, krewny Elżbiety. — Szlochać można było w zamkniętym pokoju, nigdy publicznie. To, że działo się coś niedobrego, można było wyczytać z niedomówień, nigdy wprost. Na zewnątrz należało dbać o podtrzymywanie atmosfery entuzjazmu i radości życia".

Zaprawiona w kindersztubie mała Simona nie będzie więc nigdy płakała publicznie, będzie chciała żyć w izolacji, nie będzie się nikomu zwierzać, a już na pewno nie będzie mówiła o swoich słabościach. I tak już zostanie. Za dwadzieścia parę lat Simona zamieszka w środku puszczy, ale wbrew pozorom pozostanie wierna zasadom wpojonym w dzieciństwie przez matkę. I nie zmieni tego ani ucieczka z domu rodzinnego, ani nowy styl życia, którym wyprzedzi swoją epokę, ani konflikty z rodziną.

Zmora

W 1946 roku matka Simony czekała na kolejne rozwiązanie. Tym razem to już naprawdę miał być syn, który dźwigałby paletę z farbami, mył pędzle i przestawiał sztalugi. To miał być czwarty Kossak, który przejąłby rodzinną pracownię i przedłużył dynastię malarzy koni i ułanów, batalistów, bo jak mówiono na Kossakówce: „żadna panna nie przejmie przecież pędzla po Juliuszu, Wojciechu i Jerzym". To miał być męski potomek, którym Elżbieta wynagrodzi mężowi dwie córki, Glorię i Simonę, oraz udowodni, że potrafi dać Kossakowi syna.

Im bliżej porodu, tym atmosfera w domu stawała się gorętsza niż *Bitwa pod Raszynem* na płótnie Juliusza Kossaka. I mógł ją jeszcze bardziej rozpalić płacz radzieckiego chłopca, który przyszedł na świat w Kossakówce w styczniu 1945 roku, po wkroczeniu do Krakowa Armii Czerwonej. Wtedy bowiem dom Kossaków stał się na kilka dni kwaterą dla radzieckiego lejtnanta, a jego żona, towarzysząc na szlaku wojennym mężowi, powiła u Kossaków syna. Gloria Kossak wspominała: „Widok tego noworodka na długi czas zostawił w mojej pamięci obrazek męskiej nagości, tak dla mnie wtedy szokujący przez swoją inność, jednak nie na aż tak długo, bym w przyszłości nie miała korzystać z tego «dobrodziejstwa»"[46].

Gloria „cieszyła się" więc w te dni widokiem nagiego chłopca, a Kraków cieszył się z końca wojny. „Miasto ocalało! — radował się krakowianin Edward Kubalski. — Pękł wreszcie koszmar prawie pięć i pół letniej niewoli miasta pod rządami przewrotnego krzyżaka Franka i jego satelitów. (...) Rozwiała się zmora gestapo, Montelupich, Pomorskiej, Arbeitsamtu i łopaty"[47].

W domu przy placu Kossaka karmiono się jednak nadzieją na narodziny męskiego potomka Elżbiety i Jerzego. Tymczasem 5 września 1946 roku przyszła na świat ich trzecia córka. Urodziła się jako wcześniak. Być może spieszyła się do sióstr Glorii i Simony, a one do niej — Kossakówny dobrze zapamiętały pojawienie się w rodzinie noworodka. Jerzy i Elżbieta nazwali trzecią córkę Gabriela Elżbieta. Dziewczynka od razu trafiła do Szpitala Dziecięcego im. św. Ludwika w Krakowie, lecz cztery doby po narodzinach zmarła. „Tak jakby sama uznała — twierdziła po latach Gloria — że jest dzieckiem nieproszonym i po kilku dniach odeszła z tego świata"[48].

Czwarty Kossak

Simona, która od dziecka słyszała, że miała być chłopcem i czwartym Kossakiem, wychowywała się z psami — dogami arlekinami. Z żółwiem, kosem, drozdem, wróblem, gołębiem czy gawronem, których zawsze pełno było w Kossakówce, zawrze w dzieciństwie pakt o nieagresji na całe życie. Kiedy dorośnie, ucieknie z domu rodzinnego i zamieszka w drewnianej leśniczówce bez wody i prądu w środku Puszczy Białowieskiej, i jeszcze bardziej rozwinie empatię do zwierząt. Dzik będzie wchodził do jej łóżka, rysica spała w nogach, jamniczka jadła z talerza, a oślica wyjmowała z ust papierosy. Gadający kruk będzie skubał jej włosy, a popielice chodziły po jej domu jak ptaki, z którymi zamieszka: sowa, puchacz czy czarny bocian. W środku puszczy Simona znajdzie też towarzysza życia, ale wszyscy będą ją pamiętać głównie w duecie ze zwierzętami.

Z nikim z rodziny czy znajomych nie stworzy tak silnej relacji jak ze stadem hodowanych przez siebie saren. Ludziom, którym pozwoli się do siebie zbliżyć, nie będzie się zwierzać i do końca się przed nimi nie otworzy. Z czasem zerwie z nimi kontakt. Jeśli cokolwiek powie o sobie i swoich bliskich, to często tylko tyle, że od nich uciekła. „Zdegenerowała się rodzina Kossaków", rzuci w obecności znajomych. Świadomość upadku rodziny i ucieczka z rodzinnego gniazda nie przekreśli jednak jej związku z korzeniami i artystyczną tradycją Kossaków, której pamięć będzie pielęgnowała. I będzie to tylko jedna z jej cech w całej puszczy kontrastów w jej osobowości i lesie sprzeczności, jakie w sobie rozwinie i jakie zauważą w niej inni. Wszystko będzie w niej pełne przeciwności. „Zabiegała o akceptację". — „W ogóle takiej potrzeby nie miała". „Lubiła dzieci". — „Dzieci nie cierpiała". „Była bon ton" — „Konwenanse miała za nic", powiedzą inni po jej śmierci.

Simona będzie jedną nogą w przeszłości, a drugą wyprzedzi swoją epokę. Pół życia spędzi w mieście, pół w leśnej głuszy. Z jednej strony doceni swoje wychowanie, z drugiej zbuntuje się przeciw temu, co ją ukształtowało. I może dlatego będzie na wielu sprawiała wrażenie, jakby nie tylko prowadziła podwójne życie, lecz także sama była rozdarta na pół. Kochała ludzi i ich nie cierpiała. Pomagała innym i tej pomocy im odmawiała. Spędziła dzieciństwo w sławnej rodzinie i tak naprawdę dzieciństwa nie miała. „Mimo pozorów otwartości była zamknięta, a przez to intrygująca. Nie dopowiadała niczego do końca i trzymała ludzi na dystans", powiedzą po latach jej znajomi z Białowieży, Jan i Bożena Walencikowie. Mistrz tajemnicy — to była właśnie Simona.

„I dlatego pisząc o niej, chcąc ją zrozumieć, trzeba stale mówić, że była biała, a zarazem czarna, zimna, a równocześnie gorąca. Była bowiem i taka, i taka”[49] — powiedział ktoś o jej ciotce Marii Pawlikowskiej-Jasnorzewskiej. I o niej też trzeba będzie tak napisać, bo była taka sama.

Magdaleny Samozwaniec, siostry ojca, Simona nie znosiła, ale żyła zgodnie z jej zasadą: „Martwić się krótko, pracować i ruszać się dużo”[50]. Od niej zapożyczy też powiedzenie: „A dlaczego nie?”[51], którym w gorących dyskusjach zaskoczy albo zbije z tropu niejednego adwersarza. A pod koniec życia, ona, Simona, jak Elżbieta Kossak, zacznie narzucać swoją rację, czyli stanie się taka jak matka. Inni będą musieli jej słuchać, jak zawsze słuchali Elżbiety.

W Simonie znajdzie się odrobina tego, co w każdej kobiecie z jej rodziny. *Enfant terrible*[52], artystka i jeszcze to „coś”, co ma każda kobieta, która potrafi być żoną artysty. „Rusałka admirał” — określi naturę Simony towarzysz jej życia Lech Wilczek.

Simona pozostanie wojownikiem, toczącym batalię ze sobą i ze światem. Osobą, która będzie walczyła nawet o to, by pokochały ją kwiaty. Będzie odczuwała miłość ze strony zwierząt, ale na ludzi raczej nie będzie liczyć, z czym jako kobieta z husarskim duchem też sobie poradzi. Wymyśli zasadę, którą będzie się kierowała przez całe życie: czego nie mam, tego nie lubię. I ta reguła nieraz pomoże jej przetrwać. O miłości zaś, tej doznawanej nie od zwierząt czy kwiatów, lecz od ludzi, powie: „Uważam, że radość jest uczuciem większym i cenniejszym, gdyż radość możemy ze wszystkimi dzielić, a miłość jest zaborcza, bardzo często egoistyczna i bardzo często nieszczęśliwa”[53].

Niełatwo namalować portret „batalistki” i mistrzyni tajemnicy. Sceny z jej życia trzeba szkicować węglem i rysować cienkim ołówkiem, malować farbą i rozbielić akwarelą. Trzeba wycisnąć trochę czerwieni, zieleni oraz pasteli, ale też odrobinę kadmowej żółci i czarnej perły.

I trzeba wziąć dwa płótna. Po pierwsze, opowiedzieć o niej, malując pejzaż Krakowa, a po drugie — pokazać ją na tle Białowieży i puszczy. I należy oddzielić (i nie oddzielić) obie części grubą kreską, zaznaczając na tym drugim obrazie, że pierwszy był tylko zaprawą w bojach przed drugim. I trzeba przekonać tych, którzy ją znali, żeby opowiedzieli prawdziwą historię kobiety, która już za życia obrosła w mity. O swoim życiu w Krakowie Simona stworzy bowiem na potrzeby ciekawskich „ładnie opowiedzianą bajeczkę". O życiu w puszczy opowie z kolei tak, że uwiedzie dziennikarzy wizją raju. I trzeba będzie wszystkim tłumaczyć, że nie chodzi o to, by kogoś wybielać czy odbrązawiać, lecz zachować proporcje i napisać prawdę, bo to pozwoli dziś innym, czasem jej wrogom, zrozumieć Simonę.

Na szczęście, mimo że przyszła na świat w niedzielę, nie będzie „niedzielnym dzieckiem". Będzie tytanem pracy jak jej dziadek Wojciech i szkicując jej portret, będzie można uchwycić ją w ruchu, w pracy, w działaniu. W tym, co robiła i co po sobie pozostawi. Tak jak trzech Kossaków przed nią pracowała z pasją. Najpierw jako naukowiec, a gdy to jej nie wystarczy, zacznie popularyzować wiedzę w mediach, pisać książki i kręcić filmy. Z pasją będzie się też kłóciła. „Strzelała słowami jak z karabinu maszynowego, a strzępy jej przeciwnika leciały w górę", tak zapamiętą ją jej doktorant, Aleksander Rachwald, z białowieskiego Instytutu Badawczego Leśnictwa.

Kiedyś pod jej dom, leśniczówkę w sercu Puszczy Białowieskiej, podjechała wycieczka turystów z przewodnikiem. Mogło to wyglądać tak: „Widzieli już państwo w Rezerwacie Pokazowym Żubrów żubry i żubronie. Przeszliście się już Szlakiem

Dębów Królewskich. Naładowaliście swoją energię w Miejscu Mocy i przeszliście się kładką Żebra Żubra. Kupiliście stringi z napisem «Białowieża». Zobaczyliście wyjątkową, prawosławną, zbudowaną z cegły cerkiew św. Mikołaja Cudotwórcy i przejechaliście się po wsi dorożką. Zjedliście nawet pierogi z mięsem z żubra, no to teraz ona! Simona Kossak! Osiadła tu sześć kilometrów za Białowieżą w środku puszczy, tuż obok ścisłego rezerwatu przyrody. Przyjechała przed laty z gniazda rodzinnego Kossaków, tak, tak, tych słynnych malarzy z Krakowa! I proszę bardzo: mieszka tu w tej głuszy, w drewnianej chacie z bali, bez wody i prądu. O, już idzie do nas pani Simona!". A ona wyszła przed dom z dubeltówką i powiedziała: „Macie trzy minuty i zacznę strzelać". Ludzie będą płakali ze śmiechu lub ze wzruszenia, wspominając ją, albo powiedzą, że nie chcą w ogóle o niej rozmawiać. Użyją (i jedni, i drudzy) określenia: kontrowersyjna. Będą się w nich gotowały emocje. Tak jak za jej życia będą ją znowu kochać albo nienawidzić. I dlatego pisząc o niej, nie można chyba pominąć momentów, w których to ona będzie miała emocje na wierzchu i będzie budziła je w innych.

Nie można napisać o niej inaczej niż tak, jak żyła: z nerwem i dyscypliną, po żołniersku, bez pieszczot. I nie można udawać, że w jej słowniku nie było „kurwa" albo że nie lubiła dowcipów o seksie. Lubiła słuchać ich w góralskiej gwarze. Bo jej portret trzeba namalować właśnie po góralsku.

Góralszczyznę i przyrodę tatrzańską pokocha; powie też, że jest z pochodzenia krakowianką, ale z wyznania góralką i chce pracować i żyć w Tatrach[54]. Z góralską swadą: szybko, tak jak żyła, z umiłowaniem konkretu, prawdy i mocnych wrażeń (wojen — w przeciwieństwie do przodków nie będzie malowała, tylko będzie je toczyła).

I nie można przy tym zapomnieć, że gdy zacznie walczyć z każdym swoim wrogiem o to, co dla niej najważniejsze, nie będzie ani jagniątkiem, ani szarą myszką, będzie raczej drapieżnikiem.

Gdy po 1989 roku będzie walczyć o dobro przyrody i zwierząt, przysporzy sobie wielu wrogów i cały las nadelstichów[55], czyli zadziorów, jak mawiał jej dziadek Wojciech. „Walczę jak mądry dziki zwierz"[56] — powie o sobie, gdy jako profesor nauk leśnych — i znana na Podlasiu królowa puszczy, „gwiazda mediów przyrodniczych" czy, jak nazwą ją dziennikarze, „celebrytka w lesie" — zacznie udzielać wywiadów. Nie spali się w żadnej walce. Mimo że niejedna bitwa będzie tak zażarta jak *Starcie belwederczyków z kirasjerami rosyjskimi na moście w Łazienkach* czy inna batalia na obrazie ojca, dziadka lub pradziadka. I chyba nie przestanie walczyć nawet wtedy, gdy po stoczonym boju pod presją rodzinną trzech wielkich Kossaków udowodni sobie i światu, że z talentem i wdziękiem rusałki admirał potrafi „malować" swoje życie. I że zasługuje na miano czwartego Kossaka.

Amona

W ogrodzie pierwszego Kossaka był maliniak. W ogrodzie drugiego był ogrodnik, który przycinał krzewy malin. W ogrodzie trzeciego był dziki ogród z malinami. W ogrodzie czwartego, który okazał się córką, wnuczką i prawnuczką, nie będzie już prawie śladu malin.

Simona zdążyła spędzić dzieciństwo w rodzinnym ogrodzie przy placu Kossaka w Krakowie. Rosły tam jeszcze przez kilkanaście lat po wojnie gęste krzaki malin, w których kiedyś

„można się było ukryć i całować do utraty tchu”[57], pisała Magdalena Samozwaniec. W maju obok starej karety, w której trzymano rekwizyty malarskie, kwitły bzy. Były też mlecze, bratki i stokrotki, „krokusy i przebiśniegi, potem konwalie, potem orgia letniego kwiecia aż po jesienne astry” oraz truskawki i poziomki, a cień dawały „stare lipy, jesiony, kasztany, akacje, brzozy oraz rozłożysty dereń”[58], wspominał Zygmunt Niewidowski. Wokół figury Matki Boskiej rosły zaś lilie, jaśmin i paprocie. Helena Kołatkówna, kucharka Kossaków, zwana Kucharcią, co wieczór zapalała Matce Boskiej świeczkę w podziękowaniu za kolejny przeżyty dzień.

Gdy Simona miała już tyle lat, że nie musiała schodzić Jerzemu z drogi i mogła zaglądać do jego pracowni, kiedy tylko zobaczyła w ogrodzie nieznanego jej ptaka, leciała do ojca jak na skrzydłach i pytała: „Co to za ptak?!”. Jerzy, który miał dużą wiedzę na temat roślin i zwierząt, wyjaśniał córce, czy to kos, czy drozd, albo wyciągał Larousse'a, a może nawet przedwojenny niemiecki atlas ptaków *Die farbenpracht der Vogelwelt* i opowiadał, jakie ten ptak ma obyczaje. Dostrzegał, że córka chwyta wszystko w lot, i mówił do Elżbiety: „Z Amony będą ludzie”. Simona zaś powie po latach: „Mój ojciec znał się na zwierzętach i może dzięki temu ja jestem dzisiaj przyrodnikiem”.

Na środku trawnika przed domem rósł wtedy stary świerk kanadyjski, a w ogrodzie kwitła lipa, na którą w czasach swojego dzieciństwa wdrapywała się Maria Pawlikowska-Jasnorzewska, zwana Lilką. Na tej lipie kilkuletnia Simona bawiła się z siostrą w ptaki. „Budowałyśmy gniazdo na konarach — wspominała Gloria — i z wysokości piętnastu metrów patrzyłyśmy z wyższością ptaków na ludzi, przechodzących chodnikiem po drugiej stronie naszego ogrodzenia”[59].

Kiedy Simona była dzieckiem, z tyłu domu znajdował się jeszcze sad z jabłoniami, śliwami i mirabelką koło okna kuchni. Sad z gruszami bergamotami i ludwikami był pomysłem jej babci Wojciechowej Kossakowej, czyli babci Maniusi. Simona nie zdążyła poznać ani dziadka Wojciecha, ani babci Maniusi — ta zmarła dwa miesiące przed narodzinami wnuczki. Kilkuletnia Simona wiedziała jednak bardzo dobrze o zapędach ogrodniczych babci, bo nieraz musiała biec do „babcinego ogrodu".

„To było upiorne — opowiadała. — My byłyśmy małe, chciałyśmy się bawić w ogrodzie, a matka zaganiała nas do zbierania owoców"[60]. I to było chyba jej jedyne „upiorne" wspomnienie miejsca, w którym spędziła dzieciństwo. Ogród był jeszcze wtedy zadbanym, zielonym, tajemniczym miejscem w środku Krakowa, mimo że nie był to już ogród Juliusza Kossaka ze szparagarnią, agrestownikiem i liliami, sprowadzanymi z Włoch przez Juliuszową Kossakową. Nie był to też ogród Wojciecha Kossaka z różami ani ogród z czasów dzieciństwa Jerzego, z parkiem angielskim z prawdziwego zdarzenia.

W dzieciństwie Simony ten otoczony wysokim murem ogród wymagał porządków, po tym jak w 1945 roku na właściwą Kossakówkę zwaliła się akacja. I jak wspominała Gloria, ogród ten po wojnie leczył rany po tym, jak „pocięły go zygzakami rowy przeciwlotnicze i stanowisko zenitówki"[61].

W ogrodzie nie było już wówczas wielu rzeczy pamiętających czasy każdego z trzech Kossaków, lecz jak powiedziała Simona: „Za murem było miasto, ale w ogrodzie były wszystkie robaki, ślimaki, myszy. Wszystko było, co trzeba"[62].

„Wszystko, co trzeba" to też pierwsze emocje: pierwsza przyjaźń, pierwsza miłość i pierwszy podglądany seks. Tu tarzała się w krzakach i czołgała w trawie za żółwiem. Zaprzyjaźniała się z ćmą, żukiem i robakiem. Podpatrywała razem z siostrą, jak psy pokrywały suki. Tu biegła z gąbką z wodą, gdy rodziły się szczeniaki. Niańczyła wypadające z gniazd szpaki, wilgi i sroki. Poznawała, co to za ptaki i jakie mają obyczaje dzierzby gąsiorki i grubodzioby. Tu niechcący włożyła kiedyś wróbla do gniazda, w którym znajdowały się muchołówki. Odchowywała wypadające z gniazd małe gawronki. Najpierw dokarmiała grochem, a potem ratowała cukrówki. Tu niecierpliwiła się, że nie wie, co który ptak mówi. Dziwiła się, gdy ojciec brał procę i strzelał do wróbli. Przytulała, głaskała i tuliła wszystkie zwierzaki. I tu, dzięki suce, która wabiła się Misia, uciekała z siostrą w kryzysowych sytuacjach. „Jak byłyśmy niegrzeczne, matka nas lała — wspominała. — Kiedy wkraczała z pasem, Misia nas broniła — wyskakiwała spod łóżka i bardzo mocno mamuśkę gryzła. Potem, jak matka zamykała gdzieś psa, to wiadomo było, że będzie afera i lanie, ale my wtedy miałyśmy czas, żeby ewakuować się do ogrodu"[63].

W ogrodzie żył cały atlas zwierząt, ale jak to u Kossaków, nie brakowało ich też w domu. Simona oprócz psów, żółwia i papugi mogła na co dzień podglądać w akwarium matki skalary i gupiki.

A gdy skończyła dziesięć lat, zaczęła eksperymentować z „eksponatami" znalezionymi w ogrodzie. „Trafiało się zawsze każdego roku, że jakiś zdechły ptak leżał albo jakaś mysz. Ja to przywlekałam do domu i na kuchence normalnej, w której się gotuje obiady, w garczkach takich na sosik czy zupkę, wkładało się takiego trupka, podgotowywało i potem na deseczce (jak dziś pamiętam, do krojenia jarzyn) kładło takiego podgotowanego i się preparowało kościotrup, żeby drucikami zrobić z tego szkielecik"[64], wyznała po latach Simona. Zapamiętała też, że w pewnym momencie gawrony opanowały wszystkie stare drzewa w ogrodzie: „Placki białe niszczyły trawniki i kwietniki, ale z wysokości mojego okna, z mojego piętra, oglądanie tego, co się dzieje w kolonii gawronów, było rzeczą pasjonującą"[65].

Na kilka zaś lat przed zidentyfikowaniem w Krakowie synogarlic tureckich, czyli przed rokiem 1950, Simona dokarmiała te ptaki w swoim ogrodzie. Jerzy Kossak myślał, że to turkawki, i kazał małej Amonie przynieść kuwetę, wlać do niej wodę i nasypać grochu, bo był przekonany, że „gołąbki" chcą grochu. Tożsamość ptaków wyszła na jaw, gdy po deszczu ze śniegiem Amona zobaczyła te rzekome turkawki przyklejone lotkami do trawnika. Uratowała je, zanosząc osobniki bez lotek do spiżarni, gdzie je dokarmiała i gdzie spędziły resztę zimy, dopóki nie odrosły im pióra. I wkrótce okazało się, że to kolonizujące właśnie Kraków synogarlice tureckie — wtedy Jerzy Kossak dowiedział się, że to nie żadne gołąbki turkawki, lecz sierpówki, na które mówi się też cukrówki.

Kiedy Simona nie mogła wyjść do ogrodu i leżała w łóżku chora na anginę, czytała *Dziadka do orzechów* z ilustracjami Jana Marcina Szancera, baśń o tym, jak mała Klara w noc wigilijną widzi, że spod szafy wychodzi król szczurów; *Baśń o Stalowym Jeżu* i opowiadania o ludziach, którzy rozmawiają ze zwierzętami.

Preparatka

30 maja 1950 roku Simona kończyła siedem lat. W Małopolsce kolarze ścigali się w wyścigu „Dookoła Wawelu". Dziesięć kilometrów na wschód od Rynku Głównego, tak jak zakładał plan sześcioletni, rósł konglomerat kombinatu metalurgicznego Nowa Huta. W krakowskim Lesie Wolskim, donosił „Dziennik Polski", żubrobizon cierpiał w maju z powodu braku żony, bo międzynarodowa ustawa o ochronie żubra zabroniła mu mezaliansu z jakąkolwiek żubrzycą z Puszczy Białowieskiej.

W Wiśle można się było kąpać od godziny ósmej do dwudziestej przy stanie wody nieprzekraczającym dwóch i pół metra. Zarząd Miejski pozwolił się kąpać kobietom wzdłuż lewego brzegu od 73,600 kilometra do 73,800, na tak zwanej dzikiej plaży, a mężczyznom od 73,800 kilometra do 74,000. Dzień był pogodny i długi — słońce wzeszło o 3.23, w Krakowie było ciepło, temperatura dochodziła do dwudziestu stopni. Psy na Kossakówce na dobre się już pewnie „leniły" — jak mawiano w rodzinie Kossaków, gdy gubiły sierść.

Elżbieta Kossak mogła tego dnia upiec córce tort Sachera, piekła go zawsze na imieniny ojca. Elżbieta nie umiała wprawdzie sprzątać ani robić zakupów, to należało do służby, ale była równie oszczędna jak legendarna Lucyna Ćwierciakiewiczowa i umiała własnoręcznie przygotować płucka na kwaśno, frykadelki, móżdżek po francusku, a nawet upiec tort. Simona za kilka miesięcy, jesienią 1950 roku, miała pójść do szkoły, ale na razie z domu przy placu Kossaka do szkoły wychodziła tylko Gloria. I od kilku miesięcy Kossakówkę opuszczała służba: kamerdyner, kucharze, pokojówki i opiekunka do dzieci, panna Irena. Gloria Kossak wspominała: „Ojciec ogłosił upadłość domu. Ceny obrazków spadały na łeb na szyję, często nie pokrywając kosztów blejtramów, płótna i farb. Chętnych na obrazy było coraz mniej. Napływający do Krakowa zewsząd woleli mieć na ścianie makatkę z jeleniem lub świętą rodzinę karmiącą gołąbki niźli obraz Kossaka"[66].

W związku z tym rodzina Kossaków przestała żyć ze sprzedaży obrazów pędzla Jerzego i zaczęła utrzymywać się z impregnowania fartuchów pędzla całej rodziny. W ogrodzie stanęły ogromne beczki z benzyną i gumą. Na dębowym stole leżały fartuchy rzeźnickie, które cała rodzina „malowała" pędzlami umoczonymi w śmierdzącej białej mazi. Po pomalowaniu ubrania rzeźników przybierały na wadze i żółkły.

Suszyły się potem kilka dni w słońcu, aż gotowe szły w Polskę, a na dębowym stole przed Kossakówką lądował kolejny skład ubrań.

Na pomysł impregnowania rzeźnickich fartuchów wpadła Elżbieta, która, jak wyraziła się jej córka Gloria, przestała wtedy wieść „żywot pięknej lamparcicy rozpieszczanej aż do nieprzyzwoitości przez starszego o trzydzieści lat zakochanego ojca”[67] i zaczęła zarządzać domem. W impregnowanie fartuchów wciągnęła Aleksandra Kłaputa, sekretarza Jerzego Kossaka. Zaangażowała do pracy także obie córki. Zapach i widok fartuchów, poplamionych krwią i tłuszczem, Simona na długo zachowa w pamięci.

Na świeżym powietrzu, latem, w ogrodzie, udawało się jakoś całej rodzinie pracować. Kiedy trzeba było się przenieść na zimę do domu, zapach benzyny i kauczuku wywoływał wymioty i stawał się nie do wytrzymania.

Po roku matka Simony znalazła nowe źródła dochodu. Uzyskała licencję sędziowską, zamieniając hobby motocyklowe na stałe zajęcie — sędziowanie zawodów motocyklowych — i zaczęła w ten sposób utrzymywać rodzinę. Od 1951 roku pracowała jako sędzia Polskiego Związku Motorowego klasy I, a kilka lat później w Polskim Związku Motorowym jako sekretarka. Była też zatrudniona jako sekretarz Sekcji Motorowej „Kolejarz”, a w 1952 roku jako sekretarz Sekcji Motorowej PTTK Kraków. Zarabiała przepisywaniem na maszynie ekspertyz z wypadków motocyklowych i materiałów szkoleniowych. W 1953 roku została sekretarzem Okręgowej Komisji Turystycznej PZMot Kraków. W tym samym roku zaczęła też dorabiać chałupniczo w Spółdzielni Inwalidów „Naprzód”. Po godzinach pracy szyła rękawice.

Jej mąż malował coraz mniej i czuł się coraz gorzej, aż w końcu w ogóle przestał chwytać za pędzel. Lekarze postawili diagnozę: cukrzyca. W jadalni Jerzówki stanęła więc waga aptekarska i Elżbieta odmierzała na niej posiłki. Ze szpitala wojskowego przychodziła też codziennie pielęgniarka i robiła Kossakowi zastrzyki. Ojciec Simony nie skarżył się na dolegliwości i nikt długo nie wiedział, że cierpi też na marskość wątroby. „Nie chciał nikogo widzieć — wspominała Simona. — Z nikim nie chciał rozmawiać. Nie skarżył się nawet na bóle. (...) Kiedy czuł się lepiej, rozkładał na stole ukochaną broń myśliwską i zabierał się do jej czyszczenia lub udawał się na swój przedwieczorny spacer"[68]. „Niknął z dnia na dzień — relacjonowała z kolei Gloria. — Skracał do minimum siedzenie w pracowni (...). Całymi godzinami przesiadywał bez słowa w salonie na swoim uszatym fotelu i skubał wąsa".

Nie przyznawał się lekarzom do ataków bólu, a oni stawiali coraz to nowe diagnozy i przepisywali leki, za co brali pieniądze, których w Jerzówce zaczynało brakować.

Elżbieta walczyła o zdrowie męża jak lwica i sprowadzała do domu kolejnych lekarzy. Na dom zarabiała teraz już tylko ona. Wychodziła codziennie do pracy wypełniać swoje obowiązki jako sędzia i sekretarz Sekcji Motorowej „Kolejarz".

Simona zaś, od września 1950 roku, zaczęła chodzić do szkoły.

„Wpadała do klasy, siadała w ławce, a w tej samej chwili na parapecie za oknem lokowały się kruk i kos, które za nią i za Glorią przylatywały do szkoły", pamięta Zofia Janczak, koleżanka Simony z Żeńskiej Szkoły Miejskiej przy ulicy Bernardyńskiej 7 w Krakowie.

Budynek szkoły, dziewiętnastowieczna dwupiętrowa kamienica z czerwonej cegły, stoi do dziś. Obecnie mieści się tu Gimnazjum nr 1, tak zwana Podwawelska Jedynka. Nie ma w niej już skrzypiących schodów, jak za czasów Simony, nikt nie chodzi w granatowych chałatach z białym kołnierzykiem ani nie nosi szmacianego tornistra. Klasa Simony liczyła trzydzieści dziewięć dziewcząt, a w szkole uczyły same kobiety.

W klasie I A w kwestionariuszu uczennicy Simony Kossak znajduje się adnotacja: „Żywa, wypowiada się dobrze". Mówiła trochę niewyraźnie, szybko i sepleniła. Dalej: „Pisze niestarannie, niedbała, rysuje dobrze, liczy i czyta dobrze". W pierwszych trzech klasach była piątkową uczennicą i tylko z religii otrzymała stopień dostateczny. Natomiast w ostatnich miała tyle samo ocen bardzo dobrych, co dobrych i dostatecznych. W ostatniej, siódmej klasie ocenę bardzo dobrą otrzymała z biologii (z tego przedmiotu zresztą zawsze miała w podstawówce same piątki), ze sprawowania i z WF-u. Z matematyki, fizyki i chemii ocenę dostateczną. „Zawsze byłam dwójarą z przedmiotów ścisłych"[69], przyzna po latach, już jako profesor, na spotkaniu z uczniami szkół w Bielsku Podlaskim[70]. Ale z tego, że dostawała od matki lanie, gdy nie rozumiała czegoś z lekcji, zwierzy się tylko najbliższym.

Z lat szkolnych zapamięta też coś innego. „Byłam najgorzej ubrana w klasie. Bardzo często nie byłam tak karmiona jak moje koleżanki. Ślinka mi kapała na widok rzeczy, które miały inne dzieci"[71], powie w 1991 roku w wywiadzie dla Polskiego Radia Kraków. W tamtym czasie choroba Jerzego Kossaka musiała mocno obciążać budżet rodzinny. Simona z Glorią miały po jednej sukience i po jednej parze butów: na zimę i na lato. Glorię wyrzucono nawet kiedyś ze szkoły, bo zdjęła z okien zasłony i uszyła sobie sukienki.

Simona podzielała zdanie rodziców i siostry na temat szkoły, nauczycieli i wczesnej edukacji. Gloria Kossak mówiła na przykład: „Moja niechęć do szkoły znalazła, umotywowane niezbicie, zrozumienie u rodziców, którzy też byli indywidualnościami, gdy zasiadali w swoich szkolnych ławach. Oboje odznaczali się bezprzykładnym wstrętem do szkoły i ciał pedagogicznych"[72].

O perypetiach szkolnych Jerzego Kossaka świadczą jego świadectwa i dokumenty szkolne, przechowywane dziś w Archiwum Narodowym w Krakowie. Większość stopni na świadectwach szkolnych Jerzego to oceny dostateczne i niedostateczne, na wielu widnieje adnotacja: „uczeń prywatny", a na świadectwie z roku szkolnego 1901/1902 w rubryce pilność jest ocena „niejednostajna", a w rubryce obyczaje zapis: „naganne z powodu prostackiego zachowania się".

O szkole przy ulicy Bernardyńskiej Simona powie kiedyś przyjaciółce ze studiów Urszuli Batyckiej: „Nienawidziłam jej".

Depesza

W środę 11 maja 1955 roku, gdy na Plantach kwitły magnolie, Simona była uczennicą piątej klasy i za trzy tygodnie, 30 maja, miała obchodzić dwunaste urodziny. Tego dnia krakowski „Dziennik Polski" podał, że rozpoczyna się produkcja cynku w zakładach hutniczych „Bolesław".

W rubryce *Notujemy* donoszono: „Będą figi — oczywiście nie mówimy o tych, co rosną na drzewie, ale o tych, które poszukują kobiety na lato. Dystrybucją ich zajmuje się Centrala Odzieżowa i podaje nam do wiadomości, że produkcja fig damskich będzie zwiększona".

Tego dnia wieczorem w Domu Kultury o godzinie 19.00 zaczynał się odczyt doktora Smarzyńskiego zatytułowany „Wychowanie dzieci przez przykład". A o godzinie 20.00 w kinie Wolność rozpoczynała się impreza estradowa „Rozdzielnik wiosennych marzeń" (udział brali: T. Kuźmowa, A. Marszałkówna, W. Bednarczyk, W. Potempa, R. Stypa, W. Zakulski i jazz Kluczkiewicza).

Kino Wanda wyświetlało o 20.15 film *Miłość kobiety*.

Według Państwowego Instytutu Hydrologiczno-Meteorologicznego tego wieczoru nad Krakowem miały przechodzić burze.

Dyżur (najbliżej Kossakówki) pełniły tego dnia apteki przy ulicy Senackiej 5 i przy Rynku Głównym 42, a dyżur chirurgiczny szpital przy ulicy Kopernika.

Termometr za oknem według prognoz Państwowego Instytutu Hydrologiczno-Meteorologicznego wskazywał w nocy w Krakowie około ośmiu stopni Celsjusza.

Tej nocy, z 11 na 12 maja, w swoim domu przy placu Kossaka w wieku sześćdziesięciu dziewięciu lat zmarł Jerzy Kossak. W tej samej chwili, gdy odszedł, w jednym z okien Jerzówki pękła szyba — zapamiętała jego żona. — A do pokoju Simony i Glorii wszedł uczeń i przyjaciel Jerzego Kossaka Leszek Piasecki, zaświecił lampką nocną, poprosił, by obie wyszły z łóżek, kazał im klęknąć i zmówić *Wieczne odpoczywanie*.

12 maja w kronice żałobnej „Dziennika Polskiego" ukazał się nekrolog: „W Krakowie zmarł 11 bm. w wieku 69 lat znany artysta malarz Jerzy Kossak, syn Wojciecha. Dzieła Jerzego Kossaka wystawiane były swego czasu na wielu wystawach i zdobyły wysokie odznaczenia". Nekrolog zamieścił jego były uczeń, dziennikarz Juliusz Solecki, do którego wiadomość o śmierci profesora dotarła podczas nocnego dyżuru w redakcji „Dziennika Polskiego". Nekrolog zamieścił przed zamknięciem numeru, czyli przed godziną drugą po północy, w rubryce depeszowej. Dzień później, w piątek 13 maja, „Echo Krakowskie" podało na pierwszej stronie informację: *Zgon Jerzego Kossaka*, i dwa zdania o tym, że odszedł „ma-

larz batalista", bez żadnej wzmianki w kolejnych numerach gazety.

Dla Elżbiety, Glorii i Simony zakończyła się batalia o zdrowie trzeciego Kossaka i zaczęła się walka o przeżycie.

Jerzówka

Stypy nie było. W Jerzówce zaraz po pogrzebie Jerzego Kossaka, który przy melodii *Salve Regina* został pochowany w grobowcu rodzinnym na cmentarzu Rakowickim, pojawili się goście, ale nie usiedli przy suto zastawionym stole. „Ci współczujący, którzy uważali siebie za najbliższych przyjaciół, odprowadzili nas do domu, licząc prawdopodobnie na jakiś poczęstunek — wspominała Gloria. — Nic nie dostali. W domu nie było nawet jednej marnej złotówki. Ostatnie pieniądze zabrał ksiądz za odprawienie mszy i grabarze za zamurowanie grobowca"[73].

Stojąc na werandzie albo siedząc przy stole w jadalni umeblowanej według projektu Stanisława Wyspiańskiego, czy w salonie urządzonym w stylu Ludwika XVI, goście musieli się zdziwić, że nie zostali niczym poczęstowani. Gloria wspominała też, że po pogrzebie ci, którzy odprowadzili jej pogrążoną w żałobie matkę do placu Kossaka, „ściskali mamie ręce i mimochodem, jakby trochę zażenowani chwilą, wypaplali: «Wybacz mi, Bubusiu, no wiesz, w takiej chwili, ale Jurek obiecał mi kiedyś — tu wymieniali jakiś przedmiot — że mi go da przy następnej mojej wizycie, a tak się właśnie składa, że jestem, to może byś mi dała, ale naturalnie jeżeli nie chcesz dzisiaj, to może wpadnę innym razem»"[74].

Elżbieta Kossak niektóre wskazane przez nich rzeczy oddawała, ale sporządziła też listę tych, które mąż był dłużny

Kossakówka to był dom pełen antyków.

ludziom, i z pieniędzy, które zarobiła po jego śmierci, wypłacała znajomym równowartość obiecanych przez męża przedmiotów. Zdecydowała bowiem, że nie odda nikomu już nic więcej z tego, co zostało w domu.

W Jerzówce pozostało więc osiemnaście sztychów Ridingera, przedstawiających hiszpańską szkołę jazdy, i wiszące w holu akwarele Juliusza Kossaka, a na werandzie dziewiętnastowieczne wiedeńskie i angielskie sztychy kłusujących amazonek. Ocalał też mały obraz Jean-Honoré Fragonarda, portret Michała Kleofasa Ogińskiego i Zofii Gałczyńskiej, czyli Juliuszowej Kossakowej. W jadalni na parterze Jerzówki znajdowały się siedemnastowieczna porcelana i dębowy stół gdański na dwanaście osób. W saloniku obok jadalni, gdzie ustawiono popiersie Wojciecha Kossaka, pozostały czarne afrykańskie maty haftowane złotem i lampa haremowa z kolorowymi światłami. Na matach wisiały łuki i jatagany. Ocalał również wykonany z drewna zegar z tarczą, na której widniał lew trzymający w łapach antylopę. W salonie pozostał owalny stolik ze szklanym blatem, pod którym doskonale prezentowała się kolekcja fajek trzech Kossaków. Na stoliku stały bibeloty, między innymi miedziana święta krowa w łaty ze złota oraz przywiezione z Dalekiego Wschodu posążki bożka Śiwy. Pozostała też na swoim miejscu kolekcja wachlarzy ze strusich piór z chińskimi motywami z szylkretu, a w szufladach szaf wysokie buty z cholewami do stroju węgierskiego, w którym Wojciech Kossak brał ślub. W domu była też menora, na szczycie z orłem, który miał na głowie koronę ze złota. Ściany na parterze domu zdobiły szable, paradne szpady i wschodnia broń. Na dole wisiał portret Ireny Solskiej, a przy drzwiach wejściowych woreczek ze starymi monetami, do którego dawniej służąca po powrocie z zakupów wrzucała drobne „dla biednych". Pozostało też stare biedermeierowskie pianino, na którym w Kossakówce grał kiedyś Ignacy Paderewski; leżały lwie skóry i stał owalny stół z różnych gatunków drewna, a wnętrza zdobiły lampy Tiffany'ego oraz rzeźbiona dubeltówka ze scenami z polowań. Jadalnia była bogata w srebra i kolekcję angielskiej, francuskiej i niemieckiej porcelany, przedwojenne rzeźbione lustro, stolik z podobiznami Sfinksa i żelazko na duszę. Na kominku w salonie stały wciąż puchary z herbami, a w szufladach leżały puzderka z koralikami.

Elżbieta nie sprzedała z tych rzeczy niczego, nawet w najtrudniejszych chwilach. Zachowała wszystkie pamiątki po mężu i to samo nakazała córkom. Nie chciała zmieniać domu. Żyła w nim do śmierci i nigdy nie wyszła drugi raz za mąż.

Simona powie po latach: „To ja mam matce do zarzucenia, że dla legendy ojca (...) poświęciła może częściowo nas. (...) Przy domu pełnym antyków (...) można było spokojnie jedną czy drugą rzecz sprzedać"[75].

Elżbieta wypożyczała na przykład eksponaty z domu do filmów, wpadał więc do Kossakówki ktoś z wytwórni filmowej i dokładnie wiedział, gdzie stoi jaki sekretarzyk, filiżanka, i potem każdą rzecz, co do jednej, oddawał. Co jakiś czas zabierał meble, porcelanę i wytwórnia wszystko to zwracała, często naprawione i po renowacji. W *Lalce* (1968) Wojciecha Jerzego Hasa wykorzystano meble z Kossakówki. Tak samo w *Nocach i dniach* (1975) Jerzego Antczaka. Zdarzało się, że jak meble szły do filmu, dom był kompletnie pusty.

Inaczej było z ogrodem. Kilka dni po pogrzebie Kossaka do ogrodu, gdzie jeszcze niedawno Simona biegała do ojca, by spytać go o znalezionego ptaka, wjechały buldożery. W połowie maja 1955 roku siedziała więc w oknie sypialni matki i widziała, jak „drzewa owocowe z zawiązkami ukształtowanych gruszek, śliwek i jabłek padały jak trawa podcięta kosą. Głębokie jamy po wykarczowanych korzeniach budziły grozę totalnego zniszczenia. (...) Nie dało się losu odwrócić. W ogrodzie stanęła pięciopiętrowa kamienica zasłaniająca nam świat od zachodu"[76], wspominała Gloria Kossak.

A „życzliwi" byli wciąż nieusatysfakcjonowani. „Jak to być może — pytali oburzeni — taki piękny park i ogród ma pozostać w prywatnych rękach? Nie! Trzeba zburzyć te rudery, zwalić ogrodzenie i zrobić ogródek jordanowski dla zwierzynieckich andrusów. Na głównym klombie postawi się pomnik trzech malarzy, figurę Matki Boskiej wyrzeźbioną w piaskowcu da się jakimś zakonnikom. A rodzina? No właśnie, co z nimi?"[77]

Gdy w Radzie Narodowej toczyła się debata o przyszłości Jerzówki, Elżbieta wsiadała do pociągu do Warszawy, by spotkać się w stolicy z Włodzimierzem Sokorskim, ówczesnym ministrem kultury i sztuki. I, jak wspomina dziś rodzina Kossaków, Elżbieta wywalczyła, że Jerzówka została wpisana na listę zabytków (klasa IV)[78].

Jak przekonała do tego ministra Sokorskiego, promotora socrealizmu, pozostaje do dziś tajemnicą. W każdym razie po kilku latach od tego spotkania w Warszawie Jerzówka została za państwowe pieniądze wyremontowana. Nigdy jej nie zburzono i do dziś budynek stoi przy placu Juliusza Kossaka 4 w Krakowie.

Gwiazdka

„16 grudnia. Odkurzyć pokoje i kuchnię.

17 grudnia. Umyć okna i drzwi.

18 grudnia. Poczyścić klamki, zetrzeć szafy i obrazy.

(Zapewne w tym czasie): Kupić zająca.

20 grudnia. Zająca sprawić, zabejcować, mak zemleć.

21 grudnia. Tortownicę oczyścić, spody pod torty zrobić. Zająca pod pasztet nastawić, wątrobę smażyć, ser przygotować, serowiec upiec, zająca zemleć, pasztet przygotować, mak przyprawić.

22 grudnia. Ciasto drożdżowe robić, pasztet gotować, śledzie namoczyć.

23 grudnia. Ryby sprawić, groch ugotować, grzyby do uszek ugotować, gołąbki gotować, kapustę gotować, kompot, śledzie zamarynować.

24 grudnia. Smak na barszcz gotować, rybę w sosie, paluszki i uszka robić, rybę smażyć, paluszki i uszka gotować".

I — świętować — zabrakło tylko kropki nad i przy „podziale pracy na Boże Narodzenie" na końcu książki kucharskiej Kossaków. Musiał to być jednak podział pracy z czasów, gdy żył jeszcze Jerzy Kossak, bo po jego śmierci zajęcy, śledzi i gołąbków w Jerzówce już się raczej nie jadło.

Około 20 grudnia na Rynku Głównym Simona zwykle oglądała już stragany z bombkami, aniołkami i włosami anielskimi oraz lukrowane pierniki. Wcześniej, 6 grudnia rano, znajdowała w domu, jak zawsze, prezenty, najczęściej książki, na przykład *Baśnie* Andersena. Prezenty przynosił jej i siostrze Święty Mikołaj, a nie żaden, jak wtedy oficjalnie mówiono, Dziadek Mróz. Simona co roku odliczała dni do Wigilii. „Te chwile, które ja z dzieciństwa pamiętam, spędzone przy stole wigilijnym z rodzicami i krewnymi — powie za kilkadziesiąt lat — do dzisiaj są najpiękniejszymi, świetlanymi wspomnieniami"[79]. Nie podzieli się jednak żadnym konkretnym obrazem.

Po śmierci Jerzego wiele w domu Kossaków się zmieniło, a na pewno — Gwiazdka. W grudniu 1955 roku w Jerzówce było zimno. Nie wystarczyło pieniędzy na węgiel, a zapas z zeszłego roku się kończył. Elżbieta paliła więc tylko w jednym piecu. Simona z Glorią przeniosły się do sypialni na górze

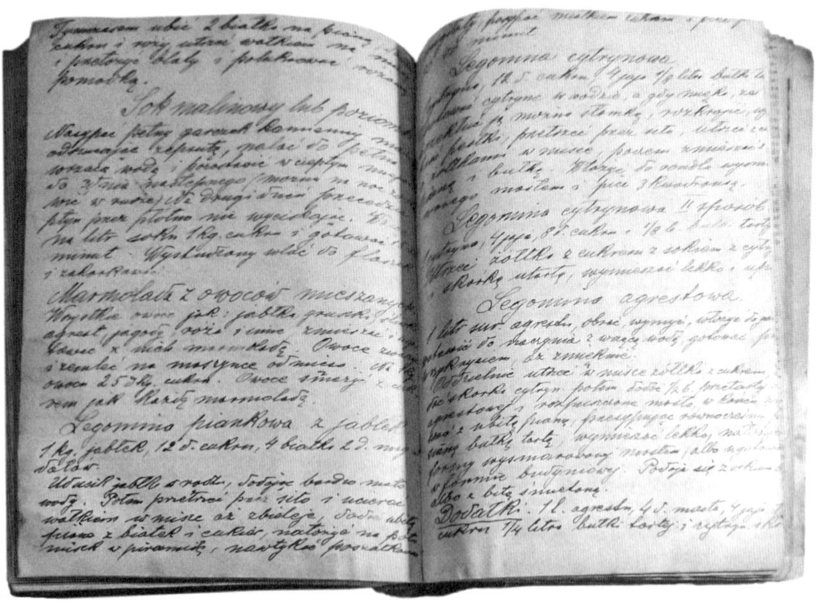

Książka kucharska Kossaków, która z Simoną przyjechała do Białowieży.

i spały w jednym łóżku razem z matką. Czy zima 1955 roku wpłynęła na relacje Elżbiety z córkami i wzajemny stosunek Glorii i Simony? Wszyscy, którzy je znali i odwiedzali Jerzówkę, ten dom kobiet, powtarzają, że Simona zawsze miała złe stosunki z siostrą, że Gloria od dzieciństwa była przez matkę faworyzowana i zajmowała wyjątkowe miejsce w rodzinie.

W grudniu 1955 roku w domu Kossaków zabrakło nie tylko węgla, lecz także pieniędzy na drzewko, prezenty, barszcz z uszkami. Elżbieta jednak się nie poddała. Żeby nie jeść w Wigilię chleba z margaryną i marmoladą, tak jak odżywiała się z córkami na co dzień, po ciepłą kolację stanęła w kolejce z najbiedniejszymi u sercanek w Caritasie. „W menażkach przyniosła mama czerwony barszcz z uszkami, smażonego karpia, kutię i trochę kompotu z suszonych śliwek — wspominała Gloria. — Złamałyśmy się opłatkiem i zasiadłyśmy do stołu. Pod symboliczną gałązką jodełki, bo na całą choinkę nie było pieniędzy, nie było żadnego prezentu od aniołka. Nawet on o nas zapomniał. Mama, żeby jakoś nawiązać do przeszłości, usiadła do pianina. Spod jej palców popłynęła melodia *Gdy się Chrystus rodzi*. Próbowała śpiewać, ale nic z tego nie wychodziło. (...) Mama płakała, myśmy jej wtórowały"[80].

Gwiazdka w rodzinie Kossaków zawsze była wydarzeniem i na przykład w grudniu 1931 roku kosztowała więcej niż prowadzenie domu. Nie wyniosła tyle ani pensja służących Joasi i Marysi, ani kasa chorych, ani pranie, naprawy, telefon, fiakry, posłańcy, pisma, książki, gazety, kino, szycie czy wydatki na dobroczynność.

Po śmierci męża Elżbieta nadal pracowała chałupniczo. Kupiła prasę do bakelitu i w jednym z pomieszczeń na parterze produkowała komplety do mycia zębów. W październiku 1955 roku zatrudniła się jako pracownik fizyczny, chałupnik preser, w Spółdzielni Pracy „Pe-Te-Es", a potem znalazła pomysł na zarobienie większych pieniędzy — uruchomiła w domu produkcję szkieł odblaskowych. Zanim jednak zaczęła zarabiać na „światełkach", Simona, uczennica szóstej, potem siódmej klasy szkoły podstawowej, była wiecznie niedożywiona. W Jerzówce jadły z siostrą i matką tylko po jednym jajku na tydzień, chleb, kupowane na kilogramy bloki marmolady i margarynę. Tylko dwa razy w roku — 19 listopada na imieniny Elżbiety i na Boże Narodzenie — na ich stole pojawiało się masło.

Kiedy więc Simona jako studentka zacznie wyrywać się z domu, będzie prosiła kolegów na obozach studenckich, by pieczarki zbierane na łące czy pstrągi łapane w strumieniach smażyli nie na margarynie, lecz zawsze na maśle.

W 1958 roku, trzy lata po śmierci męża, Elżbieta wpadła na pomysł, żeby kupić matryce i produkować w domu odblaski drogowe. Jeździła do fabryki plastiku w Oświęcimiu, przywoziła stamtąd materiał i metodą chałupniczą produkowała „światełka", które oddawała później do krakowskiej Chemicznej Spółdzielni Inwalidów „Hejnał".

W „zespole chałupniczym" przy placu Kossaka zaczęło się od odblasków, a potem, gdy pojawiła się farba odblaskowa, skończyły się „światełka" i na wtryskarkach były wykonywane inne przedmioty z plastiku, na przykład zabawki. W Jerzówce „pachniało" plastikiem. Wtryskarki stały w jednym z pomieszczeń na parterze domu. Antoni Woźniakowski, wnuk Jerzego Kossaka, który dorabiał tam jako młody chłopak, pamięta strzykawkę z podgrzewaczem, lejek, formę, do której wsypywało się granulki plastiku, i metalową sztangę, którą naciskało się ciężarem ciała, co powodowało wstrzykiwanie w formę roztopionego plastiku. „To, wbrew pozorom, nie było łatwe — mówi Woźniakowski — żeby uzyskać plastikowy przedmiot, to albo się przegrzało gorący plastik i się go spaliło, albo się go nie dogrzało i wtedy plastik nie wypełnił wszystkich naroży formy. Pamiętam, że w «zakładzie Elżbiety» pracował brat pana Aleksandra Kłaputa i kilka innych osób".

Elżbieta miała nosa do interesów. Inwestując w matrycę, zobaczyła światełko w tunelu i intuicja jej nie zawiodła. Dzięki „światełkom" w Kossakówce się „rozjaśniło". „Od czasu tych odblasków mogłam pójść na studia — opowiadała po latach Simona — mogłam normalnie się odżywiać, dom nie był bogaty, ale stać nas było na porządniejsze ubranie"[81].

Simona i Gloria pomagały matce w pracy. Jak wspomina dziś Marta Giżyńska-Matecka, jedna z koleżanek szkolnych

Glorii, obie Kossakówny miały codziennie do wykonania w zakładzie matki określoną normę i bez jej wyrobienia nie mogły wyjść z domu: „Nie chodziły — mówi Marta Giżyńska-Matecka — lecz biegały po schodach Kossakówki. Wszystko robiły na rozkaz matki. Gdy chciały wyjść z domu, na spacer z psem nad Rudawę czy wyjechać za Kraków, musiały zapytać matkę o zgodę. Chodziły jak w zegarku".

Kiedy Elżbieta pracowała na wtryskarkach, ujawniła się jej choroba. „Nagle zaczęło ją boleć w stawie, zaczęła utykać, leczono ją na korzonki, na kręgosłup, w końcu jeden z lekarzy powiedział: kaczy chód, robimy rentgen biodra"[82], wspominała Simona. Okazało się, że kilka lat wcześniej Elżbieta miała wypadek na motocyklu, złamała biodro, nie poszła do lekarza i biodro źle się zrosło. Kontuzja odezwała się po latach. Elżbieta zaciskała zęby i nie skarżyła się na bóle, gdyż wyznawała zasadę: boli, to widocznie ma boleć. I to była zasada wszystkich kobiet z jej rodziny: „To było żelazne plemię kobiet"[83].

Przeszła trzy operacje biodra w Wojskowym Szpitalu Klinicznym w Krakowie, ale nie mogła już normalnie chodzić. Miała usztywniony staw, poruszała się o kulach. „Wykazała bohaterstwo, że się w ogóle przystosowała do roli osoby, która chodzi o kulach i żyje, siedzi głównie na fotelu — mówiła po latach Simona o chorobie matki — bo wydawało się, że matkę zabije [to], że osobiście nie pójdzie do ogrodu, nie dopilnuje, nie narzuci. Była zdana na osoby trzecie i bardzo szybko się dostosowała do tego"[84].

Mimo choroby Elżbieta wykonywała pracę chałupniczą, a później, gdy dostała rentę, zajęła się tym, czym bardzo lubiła zajmować się w młodości, czyli haftowała. Z przyjemnością szyła dla siebie, rodziny i znajomych koronkowe serwety, firanki i obrusy: „Jako kilkuletnie dziecko siedziałam pod krosnami u stóp babci i patrzyłam, jak ona robi orły w koronie i inne cuda — wspomina siostrzenica Simony, Joanna Kossak. — Zawsze miała pomalowane paznokcie u stóp. To była prawdziwa dama".

„Zawsze była elegancka — dodaje ktoś z rodziny — i dbała o makijaż: oko i obowiązkowo kredka na ustach. Nie miała łatwego charakteru, ale wyglądała naprawdę świetnie, być może dlatego z każdym mężczyzną potrafiła załatwić sprawy nie do załatwienia".

„Pamiętam ją jeszcze sprzed wypadku — wspomina Ryszard Przewłocki, przyjaciel domu. — Piękna kobieta. Z klasą. Trzymała fason. Organizowała bale z tańcami, z alkoholem i pięknymi kobietami w sukniach. Na co dzień widać było jej zmęczenie, kiedy pracowała przy «światełkach», ale nigdy na to nie narzekała. Chowała ten zakład, był jakby ukryty z tyłu domu. Nie było tego widać, gdy tam się przychodziło. Nie chwaliła się tym".

„Nigdy Elżbieta nie chwaliła się też swoją metryką. Czy już ktoś pani powiedział — pyta koleżanka Simony ze studiów — że miała w dowodzie osobistym dziesięć lat mniej? Tak! Odmładzała się!". W życiorysie do podania o pracę napisała własnoręcznie: „Urodziłam się w Bochni dnia 5 XI 1920 r.". Ale jej akt chrztu z parafii św. Mikołaja w Bochni tego nie potwierdza.

Simona też odejmowała matce dziesięć lat. W jej teczce z Archiwum UJ w jednym z kwestionariuszy pojawia się informacja, że Elżbieta urodziła się w 1920 roku; w innym dokumencie czytamy, że w 1964 roku Elżbieta liczyła czterdzieści cztery lata, a więc dziesięć lat mniej niż w rzeczywistości.

Elżbieta do dziś wzbudza wśród znajomych Simony i gości Kossakówki skrajne emocje. „To była kobieta o dwóch twarzach, taki doktor Jekyll i pan Hyde"[85]. „Była apodyktyczna, gadatliwa i nieprzystępna — opisywała ją jedna z koleżanek Simony — niby na zewnątrz sympatyczna, ale było w niej coś niepokojącego". Nie traktowała Simony, jak matka traktuje córkę. Simona była do obsługi.

„Waliła kulą w podłogę, wrzeszczała piskliwym i drażniącym głosem: «Simonaaa!». Simona pędziła z najbardziej odległego miejsca ogrodu czy domu i stawała przed matką na baczność — opowiada koleżanka Simony ze studiów. — Robiła wszystko, co matka kazała. Trzeba było przynieść gazetę, podać herbatę, zrobić zakupy, przesunąć telewizor i należało to zrobić natychmiast. Musztrowała Simonę także przy stole: miała się prostować, podawać i sprzątać. Ponadto zajmować się psami, bo zwierzęta były w domu na pierwszym miejscu.

Kiedy Elżbieta została unieruchomiona przez biodro, dręczyła Simonę wymaganiami, dziewczyna była wiecznie blada i zmęczona. Jej koleżanki uważały, że biegała ona wokół matki z obowiązku, ale tak naprawdę jej nie lubiła. Matka była pępkiem świata. Ciągle powtarzała: «Bo ja, bo ja, bo ja». Zabrała Simonie całą młodość. Brała od niej wszystko, a niewiele z siebie dawała".

„Elżbieta miała ciepłe relacje z Glorią, ale nie z Simoną — twierdzi kolega młodszej Kossakówny. — Simona nie pasowała do tego domu. Nie była piękna, ubierała się w obdarty sweter i swoim zachowaniem i sarkazmem wychodziła poza tradycję Kossaków, chyba dlatego gorzej ją traktowano od Glorii".

„Gloria była podobna do matki, odziedziczyła po niej urodę, zgrabne nogi i coś, co obie miały w sobie — mówi jedna z koleżanek Simony. — Simona tego nie miała, to był wykapany ojciec. Od matki nie dostała w życiu ciepła i ani z nią, ani z siostrą nie miała dobrych stosunków. To stąd brała się jej miłość do zwierząt. W świecie zwierząt znalazła akceptację, której nie otrzymała od najbliższych".

Jak komentuje to dzisiaj rodzina Simony, jej matka kochała bardziej raz jedną córkę, raz drugą. I przypominała obu przez całe życie, że chciała dać ich ojcu męskiego potomka. Simona powie po śmierci matki: „Właściwie do śmierci nie akceptowała tego, że ma córki, że nie ma syna"[86].

Joteyczanka

Zapach taniego wina roznosił się po dziedzińcu i wdzierał do żeńskiego IX Liceum Ogólnokształcącego im. Józefy Joteyko. Na parterze kamienicy przy ulicy Podwale 6 znajdowała się wytwórnia wina, a na górze sale lekcyjne. Ale czy był to aromat „Jabłkowego Gula", „Spermy Szatana" czy „Lipy z miodem", żadna z byłych uczennic Joteyki dokładnie dziś nie pamięta. Niektóre joteyczanki potwierdzają jednak, że do klas docierał jakiś owocowy zapach: Châteaux de Yabeaulle czy Alpage de la'patik. „To była szkoła, do której chodziły dziewczęta z zamożnych albo znanych krakowskich rodzin — mówi Barbara Niemiec, absolwentka tego liceum, z tego samego rocznika co Simona. — Nie było łatwo się do niej dostać, szkoła miała wysoki poziom, a po maturze dziewczyny bez problemu dostawały się na studia. Głupio było być ignorantem, panował tu kult wiedzy".

Dziewczyny musiały się więc uczyć, ale ani w szkole, ani poza jej murami nie żyły jak w klasztorze, pod szkołą czekała na nie zawsze chmara chłopaków. Na przerwach wymieniały się opowieściami o pierwszych męsko-damskich doświadczeniach, ale jak twierdzą: „Joteyczanki pod każdym względem się szanowały. I nie pozwalały w swoim towarzystwie rzucać kurwami".

W liceum Simona Kossak nie czuła się dobrze, ze strachu obgryzała paznokcie, początek lat 60. XX w.

Simona zaczęła naukę u Joteyki 2 września 1957 roku i trafiła do klasy, której wychowawczynią była Helena Habsda, nauczycielka WF-u. W szkole tej uczyli byli sybiracy, lwowiacy, powstańcy warszawscy, czerwoni, katolicy i ateiści. Simona chodziła do klasy z językiem niemieckim i rosyjskim, a biologię wykładał dyrektor szkoły, profesor Szymański. Nie był on jednak pasjonatem swojego przedmiotu, z pewnością uczniów za sobą „nie porywał".

W liceum Joteyki ważna była wiedza, punktualność i ubiór. „Nosiłyśmy obowiązkowo chałaty albo granatową spódnicę i białą bluzkę — relacjonuje Barbara Niemiec. — Do tego granatowy beret, a na kurtce musiała być przyszyta tarcza i belki pod tarczą, żeby było wiadomo, która klasa. W stroju «świeckim» nie wolno nam było paradować po mieście".

Simona często chodziła w poplamionym, niewyprasowanym chałacie, przy którym brakowało guzików. W teczce nie zawsze miała kanapkę na drugie śniadanie. Mimo pozornej wesołości wyglądała na przygnębioną, zaniedbaną, ale nigdy na nic się nie skarżyła.

W liceum nie czuła się dobrze, ze strachu obgryzała paznokcie. Mogła odreagować po skończonych lekcjach, opuszczając z koleżanką mury szkoły: „To było wyjście z niewoli, ponieważ ja niektórych przedmiotów okropnie się bałam.

Nie uczyłam się wcale dobrze. I stres szkolny nagle znikał po wyjściu przez bramę. Na zewnątrz piękne Planty krakowskie, słoneczko, zieleń i wpadałyśmy obie w jakiś radosny nastrój, który polegał na tym, że szłyśmy ze dwadzieścia minut, bo żeśmy blisko siebie mieszkały, chichocząc, śmiejąc się bez przyczyny. Wystarczyło palcem kiwnąć, a myśmy się zarykiwały ze śmiechu"[87].

Anna Stengl, uczennica tej samej klasy, wspomina: „Simona siedziała zawsze w pierwszej ławce, może dlatego, że była drobna. Była lubiana, ale do wszystkich trzymała dystans. Zdziwiłam się, gdy się dowiedziałam, że została naukowcem, bo nie była dziewczyną skupioną, raczej rozproszoną i wszędobylską. Żyła w swoim świecie, była ekscentryczna, ale w dobrym tego słowa znaczeniu. Na pewno była indywidualistką. Miała smutne oczy".

W Joteyce panował rygor, ale na maturze nie było już polowania na czarownice. „Pisz, od Zośki, masz!", profesorowie przekazywali uczennicom ściągi, a gdy którejś nie szedł egzamin ustny, nauczyciel pod pozorem złego samopoczucia wyprowadzał ją na korytarz i tam uczennica otrzymywała pomoc.

Simona na maturze zdawała dwa egzaminy pisemne — z języka polskiego i matematyki — oraz cztery ustne. 17 maja 1961 roku maturę pisało w Krakowie tysiąc czterysta trzydzieści dwoje uczniów. Na maturze ustnej zdawali o jeden egzamin więcej od maturzystów z poprzedniego roku, z przedmiotu zwanego wiedzą o Polsce i świecie współczesnym. Kiedy w końcu w IX LO zostały ogłoszone wyniki matur pisemnych, okazało się, że Simona oba egzaminy pisemne zdała na dostateczny. Egzaminy ustne zdawała 6 czerwca. Z geografii mówiła na temat transportu wodnego i lądowego w ZSRR, z historii trafiła się jej kampania wrześniowa. Po jej wypowiedziach egzaminator napisał: „Odpowiedzi zadowalające, lecz

...nokształcące

...OLNOKSZTAŁCĄCE ...w Krakowie

266-07

Protokół egzaminu dojrzałości Nr 13/XI c

...briela, Simona

Kossak

...nia 30 maja ... roku 1943

...lanie ... powiat ... województwo

...go zamieszkania Kraków Pl. Kossaka 4

...n po raz pierwszy

ZESTAWIENIE OCEN

...nauczania	Sprawowanie	Język polski	Język ros.	Język niem.	Historia	Wiadomości o Polsce i świecie współczesn.	Biologia	Geografia	Astronomia	Matematyka	Logika	Fizyka	Chemia	Rysunek	Wych. fizyczne	Przysposobienie wojskowe
... z kl. X ... kl. IX)	bd	bd	dt	dt	dt	–	dt	dt	–	dt	–	dt	dt	dt	db	db
... z kl. XI	bd	dt	dt	dt	dt	db	dt	–	db	dt	db	dt	dt	–	db	dt
...mny	–	dst	–	–	–	–	–	–	–	dst	–	–	–	–	–	–
...y	–	db	–	–	dst	db	–	db	–	dst	–	–	–	–	–	–
...czna	bd	db	dt	dt	dt	db	dt	db	db	dst	db	dt	dt	dt	db	dt

Uchwałą Państwowej Komisji Egzaminacyjnej

— zdał a egzamin — dojrzałości

...aków, dnia 6. czerwca 1961 r.

...ejscowość)

...E PAŃSTWOWEJ ...ZAMINACYJNEJ

PRZEWODNICZĄCY PAŃSTWOWEJ KOMISJI EGZAMINACYJNEJ

LICEUM OGÓLNOKSZTAŁCĄCE W KRAKOWIE

...n. Ośw. II/120. Zam. 5596/P6 ...af. 6011-60 A4 40.000 p. pism. 7 kl 60 g

Protokół z matury Simony Kossak, z dokumentów przechowywanych w zbiorach VII Liceum im. Zofii Nałkowskiej w Krakowie.

pobieżne". Na egzaminie z języka polskiego popisywała się wiedzą o neologizmach i prawdzie życiowej *Ślubów panieńskich*, a na egzaminie z wiedzy o Polsce i świecie współczesnym musiała powiedzieć, jaką rolę w kraju odgrywa PZPR. Większość tych egzaminów Simona zdała na czwórki i w rezultacie na świadectwie maturalnym otrzymała dziewięć ocen dostatecznych, w tym z biologii, i sześć ocen dobrych — z języka polskiego, z wiadomości o Polsce i świecie współczesnym, geografii, astronomii, logiki i WF-u.

Absolwentki Joteyki cenią sobie zwłaszcza umiejętność opowiadania, która była w tym liceum często ćwiczona. „Nie jest wcale łatwo zmieścić się w kilku minutach ze skondensowaną opowieścią — przyznaje Barbara Niemiec. — A nasza szkoła uczyła zdyscyplinowanego mówienia i pisania".

Nie wiadomo, czy IX LO nauczyło Simonę sztuki opowiadania, ale wiadomo, że po kilkudziesięciu latach od matury będzie miała szansę wykazać się nią przed radiowym mikrofonem prawie dwa tysiące razy.

Po maturze Simona poprosiła o urzędowe przestawienie imion. W protokole egzaminu dojrzałości będzie jeszcze figurowała jako Gabriela Simona, z dorysowaną u góry cyfrą jeden nad imieniem Simona i małą dwójką nad Gabrielą, ale już w kolejnych dokumentach występuje jako Simona, *secundo* Gabriela.

Artystka

20 czerwca 1961 roku, dwa tygodnie po egzaminach maturalnych, Simona stanęła przed komisją egzaminacyjną Wydziału Aktorskiego Państwowej Wyższej Szkoły Teatralnej im. Ludwika Solskiego w Krakowie.

(Załącznik do akt)

ŚWIADECTWO DOJRZAŁOŚCI LICEUM OGÓLNOKSZTAŁCĄCEGO

Simona Gabriela Kossak
(imię i nazwisko)

urodzona dnia 30 maja 1943 r.
w Krakowie powiat —

po ukończeniu nauki w — Liceum Ogólnokształcącym Nr IX im. J. Joteyko w Krakowie zdała egzamin dojrzałości przed Państwową Komisją Egzaminacyjną, powołaną przez Kuratorium Okręgu Szkolnego Krakowskiego w Krakowie pismem z dnia 6 kwietnia 1961 nr Kr. OS.-II-10-3/61

Świadectwo niniejsze uprawnia do ubiegania się o przyjęcie na studia w szkołach wyższych w myśl art. 45 ustawy z dnia 5 listopada 1958 r. o szkołach wyższych (Dz. U. nr 68, poz. 336).

— Liceum Ogólnokształcące Nr IX
im. J. Joteyko
w Krakowie
(miejscowość, powiat)

Kraków, dnia 6 czerwca 1961 r.

Nr 13/XI c

CZŁONKOWIE PAŃSTWOWEJ KOMISJI EGZAMINACYJNEJ
W. Gajewska
Mgr. J. Strzyżowska
[illegible]
Dr. Fr. Lewarowicz

(pieczęć) LICEUM OGÓLNOKSZTAŁCĄCE IX W KRAKOWIE

PRZEWODNICZĄCY PAŃSTWOWEJ KOMISJI EGZAMINACYJNEJ
mgr E. [illegible]

PW-HDA—Poznań. Symbol Min. Ośw. II/52 a. Zam. nr 5631/Pń
Szczec. Zakł. Graf. 32 28.XII.60 50.000+10 A4 p. p. kl. III 80 g

Świadectwo maturalne Simony, przechowywane w zbiorach VII Liceum im. Zofii Nałkowskiej w Krakowie.

Chęć zdawania do szkoły teatralnej zadeklarowała oficjalnie 31 marca 1961 roku. Zanim pojawiła się na egzaminie, musiała udowodnić w gabinecie lekarskim, że jako kandydatka do wykonywania zawodu aktora ma końskie zdrowie.

Uzębienie uporządkowane, OB 6, ciepłota normalna, jama ustna bez zmian, wzrost 160 centymetrów, waga 52,5 kilograma, budowa ciała średnia, skóra zdrowa — ustalił lekarz. Zrobił też rentgen i zmierzył objętość klatki piersiowej przy wdechu (80) i wydechu (73), tętno w spoczynku (64) i po wysiłku (74), sprawdził węzły chłonne, kończyny („zdrowe"), zbadał słuch, wzrok i wymowę (wszystko: „dobre"). I wypełnił kartę zdrowia Simony Kossak, kandydatki do PWST.

Dwa miesiące później, 13 maja 1961 roku, czyli kilka dni przed maturą, Szkolna Komisja Rekrutacyjna IX LO w ankiecie kandydatki Simony Kossak na studia aktorskie wystawiła opinię: „Przygotowanie ogólne dostateczne, uzdolnienia artystyczne bez specjalnych zainteresowań, zdolna, chętna, mało zdyscyplinowana". W czerwcu, po pierwszym etapie egzaminów na Wydział Aktorski PWST, komisja uczelniana stwierdziła, że kandydatka Kossak w części praktycznej egzaminu wstępnego „nie wykazała odpowiednich uzdolnień artystycznych uzasadniających dopuszczenie do dalszych części egzaminów". Kandydatka Kossak, po ogłoszeniu wyników wstępnych pierwszego etapu, postanowiła zdawać na Wydział Filologii Polskiej UJ i przeniosła swoją ankietę z dziekanatu z ulicy Straszewskiego do dziekanatu przy ulicy Gołębiej.

Chętni na polonistykę zdawali w 1961 roku egzamin ustny i pisemny z literatury, historii i pisali dyktando. Barbara Niemiec podchodziła do egzaminów razem z Simoną: „Egzamin ustny z literatury trwał czasami godzinę, jeden z profesorów lubił przelatywać przez całą literaturę. Była więc dyskusja o książkach i był sprawdzany osobisty stosunek do literatury.

Czy było się w kinie na *Krzyżakach*, czy widziało w teatrze *Zemstę*? Egzamin z historii odbywał się u Wacława Felczaka (później profesora), który był w czasie wojny kurierem rządu RP na uchodźstwie między Londynem a krajem przez Tatry. Na polonistykę zdawało wtedy pięćset osób, a tylko dwieście zostało przyjętych".

W teczce Simony w archiwum UJ zachował się dokładny opis jej egzaminu. Egzaminator z historii wykazał się wyrozumiałością. Simona, córka twórcy namalowanego w 1945 roku obrazu *Fragment z Olszynki Grochowskiej*, dostała na egzaminie ustnym pytanie właśnie o Olszynkę Grochowską.

O swoim egzaminie ustnym z literatury opowiedziała kiedyś w Białowieży zaprzyjaźnionemu z nią Stanisławowi Myślińskiemu. „Miała recytować wybrany przez siebie wiersz Tuwima — wspomina Myśliński. — Przypomniała sobie tylko *Lokomotywę*, ale recytowała ją z taką pasją, że wszyscy w komisji pokładali się ze śmiechu".

Z historii otrzymała czwórkę, z literatury na egzaminie ustnym i pisemnym ocenę dostateczną i w ten sposób dostała się na studia.

Dlaczego zdecydowała się zdawać na filologię polską? Czy dlatego, że lubiła dużo czytać — literaturę polską, francuską, skandynawską, rosyjską, amerykańską, całą klasykę od Balzaca po Tołstoja? Czy miała na to wpływ tradycja rodzinna i presja ze strony matki, by jeśli nie umie malować jak Gloria, to przynajmniej żeby pisała jak jej dziadek i ciotki literatki?

Od dzieciństwa było wiadomo, że Simona nie ma zdolności plastycznych. W pracowni ojca przeszły z Glorią test, który miał pokazać, czy któraś z nich potrafi „trzymać" pędzel, ma w rękach talent i może być chociaż damską namiastką czwartego Kossaka.

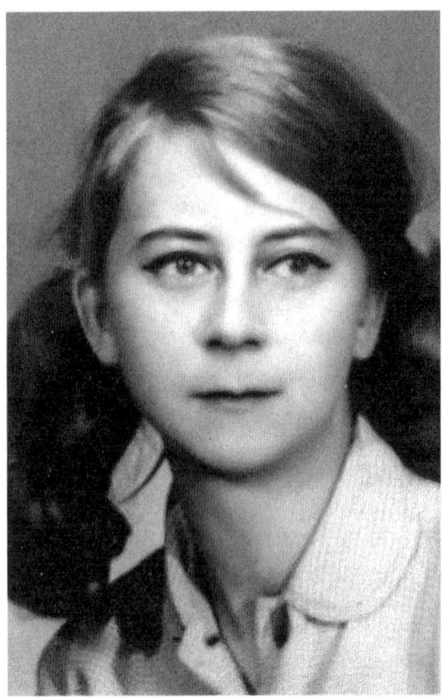

Czy dlatego, że lubiła czytać, zdecydowała się zdawać na filologię polską? Simona Kossak w czasach studenckich.

„Dostałyśmy takie zadanie bojowe popołudniami w pracowni, najzdolniejszy uczeń ojca zaczął nas zaprawiać do malarstwa (...) — wspominała Simona. — Pamiętam te swoje upojne piękne wrażenia, jak namalowałam las (...) dodałam kilka drzew, no i jak ta farba już miała pół centymetra, to ulitował się nade mną uczeń mojego taty i powiedział: Ty wiesz, dziecko, daj ty sobie spokój"[88].

Gloria Kossak mogła po tym teście pomagać ojcu i robić podmalówki. Simonę ojciec wypraszał z pracowni. Została uznana w rodzinie za malarskie beztalencie. „Wszyscy malowali, mieli talent, a Simona co? No, jakiś wyrodek! Nie ukrywał tego nikt z rodziny" — wspomina Joanna Kossak.

Czy Simona odziedziczyła talent literacki po dziadku Wojciechu, który wydawał wspomnienia, i po piszących ciotkach?

Spośród tych drugich (Zofia Kossak-Szczucka, Magdalena Samozwaniec i Maria Pawlikowska-Jasnorzewska) fascynowała ją ciotka Lilka. I może dlatego wybrała polonistykę. „Wychowałam się w micie Pawlikowskiej — wspominała później — miałam pokój wytapetowany jej obrazkami. Zaczytywałam się w jej wierszach. I nawet miałam takie momenty, że się z nią utożsamiałam. (...) Wszyscy w rodzinie o niej dobrze mówili, ojciec żarł się z siostrami, ale o Lilce mówił: jędza, ale inteligentna”[89]. „Na pewno bym była zakochana w Pawlikowskiej — wyznała przy innej okazji. — Jako osobowości, inteligencji, ciętym języku i w wadach też. A ciocia Madzia, no to była ciocia Madzia, to nie jest osoba, którą ja bym darzyła wielką atencją”[90]. „Znałam ją jako taką rozkojarzoną, aj, aj, aj, aj, aj... — wspominała Magdalenę Samozwaniec innym razem. — Ja byłam w dzieciństwie bardzo podobna do Pawlikowskiej. Ciocia Madzia lubiła mieć pieniądze, ale nie lubiła ich rozdawać. Zresztą to żadna wada. Kiedyś Madzia przyjechała do Krakowa i ja się jej nawinęłam i miałam na sobie niebieski blezerek. Miałam chyba dwanaście lat wtedy. I ona: «Aj, aj, aj, jaka ty jesteś podobna do Lilki!». Stówę mi dała, co było wtedy majątkiem, tak mnie to oszołomiło, że do dziś tę stówę pamiętam, i jak potem przyjeżdżała, to czyhałam — dzieci też mają głowę do interesów — i się pojawiałam na niebiesko. Niestety, jak się okazało, ze strony ciotki to był tylko jednorazowy występ”[91].

Z Zofią Kossak-Szczucką spotkała się jako dziewiętnastolatka w jej dworku w Górkach Wielkich: „Była fascynująca, miała męski sposób bycia. Imponowała mi. Była kimś tak wielkim, tak wysoko, że czułam się zaszczycona, że w ogóle (...) się do mnie odzywała”[92].

Z Marią Pawlikowską-Jasnorzewską (nigdy nie poznała tej ciotki, która zmarła w 1945 roku w Anglii) i jej poezją, na której Simona się wychowała i próbowała nawet pisać „jak każda panienka”, pierwszy rok studiów polonistyki nie miał jednak nic wspólnego. W programie były zajęcia z gramatyki opisowej, język staro-cerkiewno-słowiański, literatura staropolska, WF, język rosyjski i łacina.

Barbara Niemiec zapamiętała, jak pewnego razu Simona przyszła na kolokwium w czarnym golfie, a nie jak wszyscy w białej bluzce: „Widać było od razu, że to nieodrodne dziecko

Kossaków. Miała rude włosy do ramion i wyglądała jak artystka, była taka rozwichrzona, artystyczna. Na zewnątrz dynamiczna, dużo gestykulowała, ale jej twarz pozostawała nieprzenikniona, oszczędna. Widać było, że tkwi w niej jakaś tajemnica".

Na pierwszym roku polonistyki, który był, jak mówi Barbara Niemiec, ciężką rzemieślniczą pracą, a nie artystycznymi uniesieniami, Simona zdała egzaminy w sesji zimowej, ale po drugim semestrze, po wakacjach, nie wróciła na studia, tylko poszła do pracy w Instytucie Zootechniki w Balicach. Kilka lat później napisała: „Po roku doszłam do przekonania, że ten kierunek studiów mi nie odpowiada, i złożyłam rezygnację".

W 1962 roku, jak zapamiętała Marta Giżyńska-Matecka, historyk sztuki, Simona zdawała też na historię sztuki (historykiem sztuki była notabene pierwsza córka Jerzego Kossaka, Maria Woźniakowska), ale się nie dostała. Oszczędnie jak zwykle wyjaśniała: „Młodość była taka, że się szarpałam"[93]. Zachowała odpowiedź dla najbliższej rodziny, która dzisiaj to potwierdza. Daje ją też wypowiedź Glorii, która w 1988 roku wspominała: „Rodzice zdecydowali, że ja będę malarką, a moja siostra pisarką i poetką"[94].

Pęd do zwierząt

W parku pałacowym lądowali spadochroniarze, którzy ćwiczyli skoki obok pobliskiego lotniska, słychać było samoloty, a jak panowała ładna pogoda, widać było Tatry. Na pastwisku przy pałacu, który przed wojną należał do Radziwiłłów, pasły się byki, bo w inwentarzu instytutu były byki, kozły oraz barany (pełna obsada samców, badano tu ich zdolność rozrodczą).

Ogród warzywny z grządkami założonymi jeszcze przez poprzednich właścicieli znajdował się po lewej stronie od głównego wejścia i tam się biegało kupować pomidory, ogórki, paprykę. Z tyłu pałacu ziała zaś dziura w ogrodzeniu, przez którą chodziło się na grandę: na jabłka albo czereśnie, albo po prostu przelecieć się po okolicznych polach. Krótko mówiąc — to, co było najciekawsze dla Simony w pałacu w podkrakowskich Balicach, rozpościerało się za oknem.

„Pani Simona Kossak rozpoczęła pracę w IZZD Balice w październiku 1962 roku jako telefonistka" — informuje Instytut w Balicach w oficjalnym mailu. „1.03.1963 została zatrudniona w Zespole Maszyn Analityczno-Statystycznych na stanowisku starszego technika". Instytut Zootechniki Państwowy Instytut Badawczy mieścił się, podobnie jak dzisiaj, w piętnastowiecznym pałacu Radziwiłłów.

Anna Kleszczyńska-Lenda, koleżanka Simony z Instytutu Zootechniki, przypomina sobie, że poznała Simonę w autobusie, jadąc do pracy z Krakowa do Balic. „Autobus zatrzymywał się na przystanku Balice Rynek i ze wsi szło się do pałacu kawałek pieszo. W sklepie GS-u kupowało się po drodze drugie śniadanie, czyli bułki, a przy stróżówce mleko. Simona to była taka cudna wariatka. Kiedy się poznałyśmy, pracowała w Balicach jako telefonistka. Miała sepleniący głos. Później awansowała i pracowałyśmy razem w Zespole Maszyn.

Zaczynałyśmy pracę o siódmej, czyli trzeba było rano wcześnie wstać, żeby tu dojechać. Pracowałyśmy siedem godzin, nie osiem, bo miałyśmy doliczany dojazd do pracy. W soboty miałyśmy wolne, co bardzo psuło atmosferę w Instytucie. Tę część Instytutu, która miała wolne soboty — czyli mnie i Simonę — uważano za nędzną arystokrację. Nie zarabiałyśmy dużo, raczej marnie, liczył się więc każdy grosz.

Żyłyśmy skromnie. Chodziłyśmy w białych niedrogich tenisówkach. Jak robiły się szare, malowałyśmy je różnymi farbami, w kwiatki albo jakąś kolorową kratkę, żeby pokryć tę szarość i wyróżnić się z tłumu. Dla Simony ubranie nie było ważne, nie stroiła się. Nieważne były też chyba sympatie, nie kojarzę jej tu z żadnym chłopakiem. Mam wrażenie, że to, co było dla niej wtedy naprawdę ważne, to dostać się na studia i się usamodzielnić (...). W korytarzu Instytutu siedziałyśmy przy maszynach czeskiej firmy Optima — kontynuuje Anna Kleszczyńska-Lenda. — To były nowoczesne maszyny przetwarzające dane, taki prototyp komputerów. Wpisywałyśmy do nich cyferki z zakodowanych kart z różnych ankiet. Karty z cyframi zawierały dane dotyczące hodowli zwierząt i dane statystyczne do badań naukowych. To była praca nudna do obłędu, tylko cyfry i cyfry. 127, 56, 875, 20, 784, 23, 56. Cyferki i cyferki, zwariować można. Nie wykonywałam normy i mnie stamtąd w końcu wyrzucili, przenosząc razem z Simoną do innego działu. Całe szczęście, Anioł Stróż nade mną czuwał". Dziś korytarz pałacu jest oszklony, a półokrągłe okna wychodzą na park.

„Wtedy okna były tak nieszczelne — wspomina dalej Anna Kleszczyńska-Lenda — że śnieg leżał na podłodze. Siedziałyśmy w tym korytarzu, a na końcu szefowa, która nas pilnowała jak przełożona sióstr w klasztorze. Ciągnęło nas na zewnątrz i często uciekałyśmy do parku. Za oknem kusiły nas akacje, jesiony i klony. Byłyśmy młode, chude, nie mogłyśmy usiedzieć w miejscu. W parku Simona zbierała chore zwierzęta, na przykład kawki czy inne ptaki, które wypadły z gniazd. Przynoszono jej też różne kulawe zwierzęta, które zabierała do domu. Park w Balicach jest duży, ma pięć hektarów, i tych zwierząt ludzie przynosili jej naprawdę mnóstwo. W swoim pokoju w Kossakówce Simona organizowała dla tych zwierząt szpital. Nastawiała im skrzydełka, pielęgnowała, a potem wypuszczała na wolność. Kiedyś ją w tej Kossakówce odwiedziłam i gdy zobaczyłam w małym pokoju ilość hospitalizowanych zwierząt, zapytałam przerażona: «Simona, czy ty możesz tu jeszcze mieszkać?». A ona na to: «No właśnie chyba się wyprowadzę»".

„Simona miała ogromny pęd do zwierząt — kontynuuje Anna Kleszczyńska-Lenda. — Wszyscy wiedzieliśmy, że powinna zajmować się zwierzętami. To, że po jakimś czasie wybrała biologię, to było coś najlepszego, na co wpadła. Myślę, że to pod wpływem pracy w Instytucie wybrała takie studia. W Balicach odkryła to, co w niej tkwiło. To była dziewczyna wychowana w ogrodzie wśród ptaków i kwiatów, a nie miejskie dziecko. O zwierzętach chciała wiedzieć wszystko. Była dociekliwa i do skutku szukała odpowiedzi na każde pytanie, przy czym nie były to naiwne pytania, ale takie, jakie stawia sobie niejeden naukowiec. W pewnym momencie biologia i studia stały się jej celem. Uczyła się po pracy do egzaminów, wszystkich nas zaangażowała w sprawę swoich studiów. Koledzy przynosili jej książki. Wciągnęła nas w to!"

Anna Kleszczyńska-Lenda nie pamięta, czy było to wtedy, gdy Simona zdawała na biologię po raz pierwszy w 1963 roku, czy w 1964, kiedy udało się jej dostać, za drugim podejściem.

„O, tędy wychodziłyśmy do sadu — Anna Kleszczyńska-Lenda pokazuje miejsce po dawnej dziurze w płocie. — Chodziłyśmy tu na czereśnie albo kupowałyśmy je od kobiet, które sprzedawały je pod pałacem za bezcen. Simona w ogóle jadała niewiele, ja też, bo obie byłyśmy z pokolenia wojennego, które nadrabia powietrzem, ale czereśniami to się objadałyśmy. Simona miała okrągłą buźkę, szpiczastą bródkę na chudej, długiej szyi przy okrągłych policzuszkach i rozbiegane roześmiane oczy plus to seplenienie, wszystko to dawało wrażenie wyjątkowo wesołej osóbki. Była życzliwa i chętna do pomocy i ludziom, i zwierzętom. Nigdy nie narzekała, nie okazywała, że czegoś nie lubi, nie skarżyła się. Wszyscy ją tu lubiliśmy. W związku z tym, że ona się cały czas śmiała i żartowała, to wszystkim się wydawało, że ona jest przystępna. W rzeczywistości tak nie było, to nie była osoba, która się wypłakiwała. Tak naprawdę nie była otwarta, nigdy nie mówiła o swoich słabościach, nie wyżalała się. Simona była dyskretna i zachowywała dystans".

W PRL-u Instytut Zootechniki w Balicach był przechowalnią ludzi z przedwojennych inteligenckich krakowskich domów, którzy nie mogli znaleźć pracy i trafiali tu, by przetrwać do lepszych czasów. „Atmosfera w pracy zawsze była dobra, bo pracowali tu dobrze wychowani ludzie — mówi pół żartem, pół serio Piotr Hanczakowski, kolega Simony z Instytutu. — Wszyscy się tu znali, wiedzieli, z jakich domów pochodzą".

Piotr Hanczakowski wspomina, że Simona była tak chuda, że kiedyś podszedł do niej jeden z dyrektorów Instytutu i powiedział: „Skóra, kości i nazwisko". Zachował w pamięci jeszcze jedno zdarzenie: „Kiedyś, już po wyjeździe do Białowieży, Simona zagadnęła mnie, żebym jej załatwił królika z Instytutu. W Balicach mamy różne króliki, na przykład nowozelandzkie. Załatwić królika żadna szuka, ale jak go przetransportować? Simona chciała, żeby jej tego królika wysłać, ale w latach siedemdziesiątych z Krakowa do Białowieży były cztery przesiadki pociągiem. Odpisałem jej więc żartem, że dobrze, ale królika z żoną upieczemy, moja Ewa go zawekuje i poślemy go pocztą. I to był koniec naszej znajomości z Simoną".

Diabeł

— Waćpanna życzy sobie herbatę zwykłą, czarną czy earl greya? — pyta pan Bezet[95], czyli Były Ziemianin w swoim mieszkaniu w kamienicy przy Plantach. Pan Bezet jest osiemdziesięciolatkiem w świetnej formie. Mężczyzna z gatunku tych, przez których niejedna kobieta musiała obrazić się na cały męski rodzaj. Czaruje anegdotami o Krakowie, mówi po francusku, raczy dobrą herbatą, puszcza oko.

Gościł w Kossakówce w czasach studenckich Simony Kossak. (To tragiczna historia miłosna — mówi kilka kobiet w 2013 roku o relacji pana Bezeta z Simoną). Nie trzeba go ciągnąć za język. Lubi mówić o sobie.

„Byłem diabeł — przyznaje otwarcie. — Dzisiaj tego może nie widać, ale byłem niezły. Miałem setki kobiet. To był skandal w rodzinie, straszne się rzeczy działy, prawie się wżeniłem w Kossaków. Elżbieta, matka Simony i Glorki, chciała mnie wydać za jedną z córek. O tym skandalu mówił cały Kraków".

Pan Bezet robi dziwną minę i uśmiecha się tajemniczo. „Elżbieta organizowała raz w miesiącu w domu przy placu Kossaka eleganckie przyjęcia dla bezetów. Nie bywało tam wiele osób, około dwudziestu–trzydziestu, z najlepszych krakowskich rodzin. Kawka, herbatka. Nie serwowano tylko alkoholu, sami przynosiliśmy, bo Elżbieta uważała, że nie jest w dobrym tonie, by młodzież piła alkohol. Bywali tam młodzi dwudziestoletni ludzie, ale nie tylko. Ciotki oraz starsi przyglądali się w tym czasie, kogo z kim ewentualnie wyswatać, który kawaler rokuje nadzieje. No, ja nie rokowałem nigdy. Byłem jednak zwierzyną łowną. Wolny mężczyzna, z zupełnie przyzwoitego domu".

Kossakówka wyglądała wtedy mniej więcej tak: „Dwa wnętrza były na dole. Na piętrze sypialnie pań, a obok na parterze dwie pracownie malarzy, którzy je wynajmowali i pomagali utrzymać się Elżbiecie. Elżbieta miała zawsze problem finansowy, dom na głowie, dwie córki, a nie pracowała, nie miała stałych dochodów. Widać tam było brak forsy. Dziury w ścianach zakrywało się obrazami. Dom wymagał remontu, ale Elżbieta chciała w tych kiepskich czasach za wszelką cenę utrzymać dom na poziomie i zachować klasę. Wtedy w ogóle było ciężko, a co dopiero prowadzić dom otwarty i organizować przyjęcia".

„Simona i Gloria były zupełnie różne — opowiada dalej pan Bezet. — Przyjaźniłem się z obiema. Wpadałem po jedną albo drugą i szliśmy gdzieś. W Krakowie były wtedy trzy knajpy, gdzie można było czegoś zażyć. Szło się do Teatralnej naprzeciwko Teatru Słowackiego, zwanej potem Cyganerią. Do Adrii, teraz nazywa się Bunkier Artystyczny, naprzeciwko Pałacu Sztuki, na rogu Plant, która była wtedy tancbudą. Zbierali się tam młodzi artyści, plastycy, poeci, wódkę się przynosiło ze sobą, a oficjalnie popijało wodę mineralną. A trzecia knajpa to Trzy Rybki, gdzie się zbierało towarzystwo z Empiku. Chodziłem wszędzie tylko z Glorią, Simona nie chodziła po knajpach. Piliśmy więc z Glorią tak, że co trzeci kieliszek zabieraliśmy dla siostry, kelner nam zakorkowywał butelkę i wynosiliśmy z knajpy. Simona nie trzymała się nigdy z ferajną. Wolała być sama, źle się czuła w towarzystwie, nie siadała ze wszystkimi przy stole. Miała jakieś kompleksy. Nie była śliczna, ale szalenie urokliwa. Wesoła, rozmowna, ale nie w większym gronie, tylko na indywidualnych spotkaniach, jak kogoś lubiła. Mnie chyba lubiła.

No, jak potrafiliśmy trzymać się za rękę i rozmawiać jak człowiek z człowiekiem, przepraszam, jak mężczyzna z kobietą, to chyba to jest fajne, nie? Takie ciepłe fluidy dobra od niej biły. Emanowało od niej ciepło, dobro, bezpieczeństwo. To są takie rzeczy niewytłumaczalne, dusza kobiety.

Simona lubiła zwierzęta i czuła zwierzynę. Miała w sobie coś takiego, że zwierzęta do niej lgnęły, akceptowały ją i ona wiele mogła o nich powiedzieć. Gdy podchodziła do zwierzęcia, roztaczała taką dobrą aurę. To jest tak jak z chemią między kobietą a mężczyzną. Ja Simonkę bardzo lubiłem, szalenie delikatna dziewczyna. Wrażliwa. Nawet bardzo wrażliwa. Miała duży dystans do świata, który uważała za nie najlepszy. No i miała rację, bo rzeczywistość PRL-u to nie był miły świat.

Czy miała kompleksy? Przede wszystkim kompleks Glorii. Gloria była dynamiczna, rozrabiara, przebojowa. Z temperamentem. Do tego zgrabna, urodziwa. Spotykałem się z jedną i z drugą, bo one były, jak mówię, szalenie różne: Simona studiowała i uciekała w naukę, a Gloria w używanie życia. Fizycznie bardziej odpowiadała mi Gloria, ale ona była mężatką, mimo że chyba miała męża w nosie. I Simona była o nią zazdrosna — pan Bezet znowu milknie. — Zaproszę je kiedyś obie, jak się tam kiedyś spotkamy, na wódkę. — Patrzy w górę i się uśmiecha".

Raz podczas przyjęcia Elżbieta publicznie ogłosiła, że pan Bezet będzie się żenić z jedną z jej córek. „Przyszedłem do nich jak co miesiąc i słyszę od różnych znajomych:

«— Gratulacje, gratulacje. — A z jakiego powodu — pytam. — Z powodu zaręczyn. — A czyich zaręczyn? — No twoich!». I dowiedziałem się wtedy od Elżbiety, że mam się podczas przyjęcia zdeklarować. I się oświadczyć jednej z jej córek. «A której to niby, bo obie uwielbiam» — zapytałem. Wiadomo było jednak, że Gloria była już mężatką i chodziło o Simonkę. Simona mądra, zacna kobita, strasznie fajna baba, ale żenić się nie zamierzałem. Jak się dowiedziałem, że to moje zaręczyny, to frak do góry i wziąłem dupę w troki. Powiedziałem im jeszcze na koniec: «Drogie panie, polowanie się nie udało». Byłem diabeł. Byłem przystojny i miałem pochodzenie. Upolować diabła nie jest łatwo. Wiem, że dla Simonki to było duże przeżycie, żeśmy się wtedy wszyscy rozstali (...). Nie wiedziałem, że jest nagonka na mnie. Próbowałem wyjaśnić Elżbiecie, że Simona może być moją dziewczyną, tak samo Gloria, bo obie bardzo lubię, ale z żadną się nie żenię. Ja w ogóle nie lubię się żenić. Nie był to pierwszy przypadek w rodach krakowskich, że tak zrobiłem. W przypadku Kossaków nie było jednak łatwo, byli jeszcze negocjatorzy — wujkowie, stryjkowie, rodzina. Namawiali mnie, ale ja nie chciałem. Nie można zresztą nikogo do niczego zmuszać. To są bardzo trudne sprawy. Waćpanna pyta o takie intymne rzeczy. Ja musiałem w życiu podejmować wiele decyzji, niektóre były bardzo trudne. Żadnej się jednak nie wstydzę, jak mówią Francuzi: *Je ne regrette rien*. Niczego nie żałuję".

Historię Simony Kossak i pana Bezeta w roli głównej zna kilka osób. Z ich opowieści wynika, że pan Bezet zapomniał dodać, iż wcześniej, przed przyjęciem, z którego uciekł, zawarł zakład. Mianowicie założył się z Glorią i znajomymi, że zdobędzie serce Simony i ją uwiedzie. Zakład wygrał, ale dopiero po tym, jak poprosił o rękę Simony jej matkę, która prawdopodobnie dlatego ogłosiła później publicznie zaręczyny. Simona dowiedziała się o zakładzie na przyjęciu, z którego pan Bezet, jak przyznaje, „wziął dupę w troki".

Kariera

Z pracy w Instytucie Zootechniki Simona zwolniła się 30 września 1964 roku, gdyż za kilka dni miała rozpocząć studia na Wydziale Biologii i Nauk o Ziemi Uniwersytetu Jagiellońskiego.

„W ubiegłym roku starałam się na Wydział Biologii — pisała w maju 1964 roku w życiorysie załączonym do podania na studia. — Niestety, nie zdałam egzaminu z chemii.

Od najmłodszych lat pasjonowało mnie życie zwierząt. Ojciec i matka bardzo lubiący zwierzęta pozwalali mi hodować każde zwierzę, co było tym łatwiejsze, że mamy duży ogród. Ojciec posiadał duży zasób wiadomości i był dla mnie autorytetem w określaniu gatunków, sposobu wychowania, żywienia itp.

Do dzisiejszego dnia zostały mi zainteresowania hodowlane. Obecnie posiadam myszy, świnki morskie, psy, papugi i sokoły pustułki. Prócz tego każdej wiosny wychowuję pisklęta różnych ptaków, które wypadają z gniazd, nieraz z bardzo dobrym wynikiem (zdolność do życia na wolności w stanie dzikim).

Niestety, zajęcia te traktowałam jako dodatkową przyjemność. O studiowaniu biologii nie myślałam, znając wysoki poziom nauki i trudności zdania egzaminu wstępnego.

Obecnie decyzja moja jest ugruntowana. Chciałabym jako specjalność wybrać psychologię zwierząt, a potem pracować w ogrodzie zoologicznym".

Z protokołu z egzaminów wstępnych na biologię, który leży dzisiaj w białej teczce z napisem „Archiwum UJ BNZ-149 Kossak Simona", wynika, że Simona zdawała egzaminy pisemne z biologii i języka rosyjskiego oraz ustne z biologii i chemii. Najlepiej poradziła sobie z rosyjskim. „Słowo «Grenlandia» w tłumaczeniu na język rosyjski znaczy «Zielony kraj»" — napisała w wypracowaniu ocenionym na czwórkę. I jeszcze wtedy nie przypuszczała, że kiedyś, już jako profesor, zobaczy Grenlandię, będąc tam na konferencji naukowej, i że od tej podróży zacznie się jej przygoda z filmem. Z egzaminu ustnego z biologii otrzymała ocenę dostateczną. Taką samą ocenę dostała z chemii, którą oblała rok wcześniej. Nie zdała za to egzaminu pisemnego z biologii. „Pomylono pantofelka z eugleną" — czytamy w protokole. Simona nie pogodziła się jednak z oceną niedostateczną i napisała do władz uczelni odwołanie. Praca pisemna z biologii, jak wskazuje podpis na jej wypracowaniu, trafiła w ręce innego egzaminatora, ocena niedostateczna została przekreślona i zmieniona na dostateczną. 10 sierpnia 1964 roku prorektor profesor Jacek Szarski podpisał się pod dokumentem: „W związku z wniesionym odwołaniem w sprawie przyjęcia na studia, zawiadamiam, że wyrażam zgodę na przyjęcie Pani na I rok studiów Biologii i Nauk o Ziemi UJ na rok szkolny 1964/65".

Dwa lata po złożeniu rezygnacji ze studiów na polonistyce Simona znów była studentką. Nie należała jednak do orłów. W karcie egzaminacyjnej Simony, studentki pierwszego roku biologii, w sesji zimowej pod koniec stycznia widać niezdaną chemię u profesora Bronisława Zapióra i dwóję z zoologii u profesora Stanisława Smreczyńskiego. Na wiosnę poprawiła te oceny na dostateczne. W sesji letniej otrzymała ocenę niedostateczną z botaniki u docent Eugenii Pogan i dostateczną z matematyki. Podczas wakacji w 1965 roku musiała uczyć się botaniki, żeby studiować na drugim roku. Udało się. W połowie września poprawiła botanikę na trójkę. Na drugim roku w sesji zimowej egzaminy poszły jej jeszcze gorzej niż ubiegłej zimy — trzy dwóje: z fizyki dla biologów u doktora Lucjana Jarczyka, chemii analitycznej i organicznej u profesora Zapióra, ale już mikrobiologię zdała na czwórkę. Po tej sesji, której w trzech czwartych nie zaliczyła, nie mogła dalej uczęszczać na zajęcia i od października musiała powtarzać drugi rok.

Znowu jednak dostała dwóję z fizyki u doktora Jarczyka. Urszula Batycka, jej przyjaciółka, zdawała ten egzamin razem z Simoną: „Przygotowywałyśmy się do fizyki razem, uczyłyśmy się w Kossakówce. I poszłyśmy razem zdawać. Tego dnia egzaminy u doktora Jarczyka ciągnęły się i ciągnęły, czekałyśmy na swoją kolej od rana, wykończone, biegając non stop do toalety. Weszłyśmy indywidualnie, o siedemnastej czy o osiemnastej. Simona nie odpowiedziała na pytanie o plamy na słońcu, nie wiem dlaczego, bo przecież to umiała. I po tym niezdanym egzaminie groziło jej wyrzucenie ze studiów".

Za trzecim razem udało się jej wreszcie zdać fizykę w sesji poprawkowej, doktor Jarczyk wpisał więc w końcu do indeksu studentki Kossak ocenę dostateczną. Zrobił to podobno po rozmowie z matką Simony, która złożyła wizytę Jarczykowi na UJ.

Większość zajęć z biologii odbywała się w budynkach przy ulicach Kopernika oraz Krupniczej 50 w Collegium Zoologicum. Zajęcia trwały od poniedziałku do soboty, tylko niedziela była wolna. Simona nie miała na Krupniczą daleko, dwadzieścia minut pieszo, kilometr drogi z Kossakówki, idąc Aleją Trzech Wieszczów, albo krócej spokojniejszą ulicą Retoryka.

Z uczelni szła prosto do domu, nie szwendała się po kawiarniach. „Biegła po zajęciach na Kossakówkę — wspomina jedna z koleżanek — żeby pomóc matce, która była już wtedy po wypadku, miała kłopoty z biodrem i z poruszaniem się".

W domu czekały na nią zwierzęta. „Jak już byłam na studiach (...) miałam a to świnkę morską, a to chomika, miałam już swoje akwarium i dwie papużki faliste, których ktoś chciał się pozbyć, więc je wzięłam — opowiadała po latach. — I kanarka, którego znalazłam na ulicy w kałuży zmarzniętego, ledwo żywego. Kanarek był, sądząc z wyglądu, okropnie wiekowy, pożył u mnie kilka lat i w naturalny sposób zakończył żywot. Natomiast papużki zakończyły żywot w sposób trochę bardziej dramatyczny: w tym czasie był u mnie szczeniak, rozkoszny Troll, który przeżył ze mną całe swoje długie życie, ale karierę zaczął od tego, że któregoś dnia — jak Troll miał sześć tygodni — gdy wróciłam z zajęć na uczelni, nie zastałam papużek. Zdradziło go tylko jedno — takie niebieskie piórko przylepione do wargi. I tak się skończyło hodowanie zwierząt w domu”[96].

Z miejsc, które Simona odwiedzała w mieście, jej znajomi potrafią wymienić dziś tylko jedno: cukiernię przy Krupniczej. „Wstępowaliśmy tam z Simoną na najlepsze pączki w Krakowie”, mówi jej kolega z czasów studenckich, Jerzy Szumilas.

„Nie siedziała w podręcznikach, oglądała raczej albumy ze zwierzętami i filmy przyrodnicze”, przypomina sobie Jolanta Wątek, koleżanka Simony ze studiów, wynajmująca w tym czasie pokój w Kossakówce.

Nie siedziała w podręcznikach, ale od trzeciego roku z semestru na semestr miała coraz lepsze oceny. Na czwartym roku wszystkie egzaminy zdała na piątkę, na ostatnim roku miała dwa egzaminy, ewolucjonizm u docent Haliny Krzanowskiej i ochronę przyrody u profesor Jadwigi Dyjakowskiej, z których też otrzymała oceny bardzo dobre.

W indeksie studentki Simony Kossak wzeszło słońce.

Dzicz

„Plecak, flanelowa koszula, gitara i szła w góry — opowiada Andrzej Wojtusiak o studenckich wakacjach Simony. — Nosiła w tamtym czasie fryzurę z grzywką, postrzępione dżinsy dzwony, koński ogon, była dziewczyną pełną ikry (...). Jeździliśmy z Simoną w Bieszczady na obozy z namiotami i wędrowaliśmy przez tydzień po mało uczęszczanych szlakach: Kalnica, Chryszczata i tym podobne. Nie było nas wiele: osiem, dziesięć osób. Wieczorami Simona grała na gitarze, śpiewaliśmy piosenki bieszczadzkie, harcerskie, ballady, dumki ukraińskie oraz góralskie, na przykład *Pasą się, pasą barany wełniane*".

Andrzej Wojtusiak to najprawdopodobniej ten kolega Simony, o którym wspominała, już jako profesor, w jednej z radiowych opowieści, mówiąc o bluszczyku kurdybanku: „Za każdym razem jak mam powiedzieć tę drugą nazwę «kurdybanek», to się przez moment waham, żeby się nie pomylić. Miałam koleżankę na roku, która była osobą bardzo naiwną. I nie bardzo się przykładała do nauki. Zdawaliśmy egzamin z botaniki, oczywiście podpowiadając sobie to i owo. Zdawaliśmy trójkami. Profesor pokazał tę roślinę zasuszoną i zapytał moją koleżankę, co to za roślina, i ona powiedziała pewnym głosem: «Bluszczyk». A pan profesor poprosił: «druga nazwa?» A kolega, który zawsze był dowcipny, podpowiedział jej tę drugą nazwę: «skurczybyczek». I moja koleżanka powiedziała pewnym głosem: «Bluszczyk skurczybyczek». I pan profesor jej ten egzamin zaliczył, ale po jego twarzy było widać, że przeżywa męki, żeby nie wybuchnąć śmiechem"[97].

Andrzej Wojtusiak przypomina sobie, że Simona śpiewała piosenkę o jakiejś pani Wiśniewskiej, ale dokładnie tej piosenki nie pamięta.

A może to była ballada *O jednej Wiśniewskiej*?

Żyli w pałacu hrabia z hrabiną,
On zwał się Rodryg, ona Francesca,
A w drugim domku za ich meliną
Mieszkała sobie jedna Wiśniewska.

Niewinne serce miała hrabina
I takąż duszę pieską, niebieską,
A on był gałgan i straszna świnia,
Bo pitigrilił się z tą Wiśniewską.

Simona mogła znać tę piosenkę, bo na Kossakówce śpiewał ją Elżbiecie, przygrywając na pianinie, jeden z aktorów krakowskich teatrów.

„Z plecakami i namiotami złaziliśmy najdziksze kąty Bieszczadów — kontynuuje Andrzej Wojtusiak. — Byliśmy chyba wszędzie, i to ona nas w różne miejsca wyciągała. Simona była kipiącą energią, nie mogła usiedzieć w miejscu. To była taka trubadurka. Mówiła, że uwielbia dzicz i spokój dokoła, i powtarzała, że jej celem jest biologia".

Przyjaciółka Urszula Batycka wspomina: „Wyjeżdżaliśmy latem w Bieszczady, by pochodzić po górach, a zimą na narty do Zubrzycy. W Bieszczadach zaczynaliśmy od Stuposian, gdzie była baza i mieliśmy znajomego leśnika. Przeszliśmy przez połoniny, od Komańczy przez całe Bieszczady, wszystko. W tamtych czasach w Bieszczadach chleb pieczony można było kupić w sklepie tylko raz na tydzień. Jedliśmy chleb z dżemem i makaron, zwykle z konserwą turystyczną. W Zubrzycy były narty, grzane wino z goździkami i śpiew. Śpiewaliśmy góralskie przyśpiewki, na przykład «Ach muzyka, muzyka, goralsko muzyka, cały świat obesedł, nie ma takiej nika». Simona grała na gitarze. Wcześniej uczyliśmy się tych góralskich piosenek u niej w domu, a potem śpiewaliśmy je przy góralach. Górale, Indianie... Simonka lubiła takie klimaty. Nasze wyprawy były dofinansowywane ze Związku Studentów Polskich, a Simona załatwiała resztę z góralami.

Z Krakowa w góry jeździli też biolodzy i chemicy, a z Warszawy studenci weterynarii. O, proszę bardzo, tu na zdjęciu jest Simona ze swoim narzeczonym z weterynarii. Na tym zdjęciu ona spogląda w stronę aparatu, a on patrzy na nią i trzyma ją za długi warkocz. Spotykali się, ale na odległość — nie wyszło".

Wyjazdy w Bieszczady czy na Podhale wspomina też profesor Antonina Cebulska-Wasilewska, koleżanka Simony, w tamtym czasie studentka Wydziału Chemii UJ. Pamięta, jak Simona śpiewała piosenkę *Idzie Janko lasem*: „Mozes robić w zyciu, co fces. Kochać musis honorowo, sercem, dusom, ale z głową". „W tej piosence śpiewa cała dusza Simony", mówi.

Andrzej Wojtusiak, Urszula Batycka i Antonina Cebulska-Wasilewska zgodnie powtarzają, że Simona uwielbiała wyjazdy w Bieszczady, miejsca typu Berehy Górne. — Imponowała wszystkim zaradnością, intelektem, poczuciem humoru. — Mówiła, że kocha dzicz. Ktoś inny dodaje — „Simona uwielbiała studenckie wyjazdy, bo wyrywała się z domu. Nienawidziła Krakowa, nie znosiła atmosfery tego miasta. Dobrze czuła się tylko w lesie, w górach, ze zwierzętami. W Krakowie i w swoim domu czuła się źle. Nie cierpiała Kossakówki i nie znosiła wszystkiego, co wiązało się z nazwiskiem Kossak. Marzyła, by wyjechać jak najdalej. W miejsce, gdzie czułaby się od tego wszystkiego wolna".

Cocktail

W stronę aparatu fotograficznego zwraca się śmiało, ale w ciemnych okularach. Stoi w środku grupy studentów obok skąpo ubranej koleżanki i opiera się o transparent Zrzeszenia Studentów Polskich. Ma na sobie tradycyjny strój żaka — krótką, przewiązaną w pasie tunikę, ale na głowie zamiast czapki

Na szczęście ktoś wymyślił juwenalia; Simona (szósta z lewej), jej koleżanka ze studiów Urszula Batycka (pierwsza z prawej), Kraków, maj 1965.

żakowskiej ma wysoko upiętą fryzurę *à la* kok; w tamtym czasie tak czesała się Brigitte Bardot, symbol seksu lat sześćdziesiątych. Urszula Batycka mówi, że to był maj 1965 roku, kiedy razem z kolegami z ZSP pozwolili się sfotografować na ulicach Krakowa. Czarne okulary Simony i rajtki jej koleżanek, niczym nieosłonięte prawie do pępka, wskazują, że tego dnia była ładna, słoneczna pogoda.

„Kto nie był w maju w Krakowie, ten nie wie, co to jest maj — pisał Jarosław Iwaszkiewicz. — Liście i kwiaty kasztanu powpinane wszędzie w tej starej architekturze działają upajająco. Ja nie rozumiem, jak można być krakowskim studentem, jak można się tutaj uczyć, w tym pejzażu, w tej naturze"[98].

Trudno to zrozumieć. Na szczęście ktoś wymyślił juwenalia. Kilka dni studenckiego święta, które zawsze organizowano w środku maja, mogło przynajmniej na chwilę odciągnąć studentów od uczelni i dać im zauważyć, że kwitną bzy.

W maju 1965 roku koledzy Simony, którzy stanęli z nią do zdjęcia, wykazali się inwencją, ubierając się w strój żaka. To nie była klasyka gatunku: widać było różne czapki, berety, mycki i buty, ale przecież chodziło o studenckie igrce, a nie o to, by kopiować kolegów żaków z szesnastego wieku. O myckach, serdakach, germakach i topieniakach musiała co nieco wiedzieć Gloria. Simona poprosiła siostrę, by uszyła niebiesko-żółte stroje dla braci zebranej w Bractwie Żakowskim, czuwającym nad przebiegiem juwenaliów. Simona była pierwszą kobietą w historii UJ wybraną na mistrza Bractwa Żakowskiego. W maju 1965 roku ten jej strój żakowski nie był może jeszcze aż tak ważny, ale później, od tej wiosny, Simona została wybrana przedstawicielką wszystkich żaków, ich mistrzynią.

Musiało to nastąpić po wyborach 14 maja o godzinie 23.00 w Collegium Nowodworskiego przy ulicy św. Anny 12. Czy po tajnym głosowaniu były mistrz, jak zwykle, w blasku pochodni i przy śpiewach hymnu *Breve Regnum* na dziedzińcu Collegium przekazywał nowemu, a w tym wypadku nowej i pierwszej w bractwie mistrzyni, insygnia władzy? Czy odbierała od prezydenta Krakowa symboliczne klucze do miasta, którym przez kilka dni mieli rządzić żacy? Czy zezwoliła po wyborach braciom, uczestnikom tajemniczego misterium, wypić lampkę miodu? Pewnie tak było.

Niektórzy znajomi Simony pamiętają wrzucane do worka czarne i białe kule, których liczba decydowała o wyborze nowego mistrza, i opary wonnych dymów (zioła indyjskie), przy których wszystko to się odbywało. I to, że do czasów Simony żadna kobieta nie mogła uczestniczyć w tajnej naradzie. Inni zapamiętali korowód z pochodniami o północy po Krakowie. Jeszcze inni, może z powodu mocy miodu, zupełnie nic nie pamiętają. Zabawa była w każdym razie przednia. Pamiętają nocne igrce, a następnego dnia imprezy z toczeniem beczki piwa po Krakowie i śpiewami żaków na ulicach.

„Gazeta Krakowska" o juwenaliach wspominała lakonicznie, między innymi, że w hali Wisły będzie koronowana Najmilsza

Zabawa podczas juwenaliów była przednia, Kraków, lata 60. XX w.

Studentka Krakowa Anno Domini 1965. Ale o Simonie, która koronowała Najmilszą, zarówno w „Krakowskiej", jak i w „Dzienniku Polskim", brak choćby najkrótszej wzmianki.

Profesor Ryszard Przewłocki, kolega Simony z czasów studenckich, zachował do dzisiaj dwa zdjęcia Bractwa Żakowskiego. Widać na nich Simonę w gronie studentów, przebraną w tunikę i żakowską czapkę. „Nie wiem, czy to jest przed Żaczkiem, domem studenckim UJ — mówi Przewłocki o pierwszym zdjęciu. — Tu z kolei siedzimy na wyborach Najmilszej w hali Wisły — pokazuje zdjęcie, na którym widać Simonę z przypiętym do tuniki kotylionem i mycką na głowie, jak siedzi na trybunach. — Inspiracją do powstania Bractwa był ZSP, a jego «siedzibą» Kossakówka, bo tam się spotykaliśmy. Bractwo powoływano na czas juwenaliów, wracaliśmy wtedy do starych tradycji żakowskich. Odbieraliśmy w magistracie klucze do miasta i otwieraliśmy juwenalia. Kraków był wtedy szary i smutny, o dziesiątej wieczorem na Rynku panowała cisza, snuły się tylko pojedyncze osoby. W czasie juwenaliów miasto rozkwitało, stawało się wesołe i kolorowe, tętniło życiem. Piliśmy alkohol, bawiliśmy się w Jaszczurach, ale nie było chuligaństwa i agresji, mimo że nocami na ulicach było głośno. Zachowywaliśmy się swobodnie, nosiliśmy się kolorowo, ale władza to rozumiała. W tej biedzie i szarej komunie dla nas i dla mieszkańców miasta juwenalia to był czas wolności".

W 1967 roku Simona po raz ostatni została wybrana mistrzynią na juwenaliach. „Przez trzy dni i trzy noce mieli za swoje czcigodni krakowianie! Trwały zabawy, figle, pląsy" — pisano 15 maja 1967 roku w „Gazecie Krakowskiej".

Leszek Mazan w *Cenzurce dla żaków*, jaką wystawił im w „Dzienniku Polskim" (15.05.1967), podsumował Juwenalia '67: „Nieśmiałym próbom błyśnięcia dowcipem towarzyszyła ekstrawagancja, budząca niejednokrotnie tylko niesmak.

I wydaje się co najmniej dziwne, że uczelniane komitety juwenaliowe nie interweniowały stanowczo i skutecznie wobec chłopaka, który wymalował sobie na plecach napis «Wracam z burdelu» lub wobec dziewczyny, która na dolnych partiach swego odzianego w kolorowe skąpe szatki ciała wymalowała hasła, świadczące już nie o jej bezmiernej głupocie, ale braku odpowiedzialności życiowej". Niestety Mazan nie napisał, co to były za straszne hasła. Ale cenzurka, jaką ostatecznie wystawił żakom, nie była jednak taka zła: „W sumie — były tegoroczne juwenalia imprezą sympatyczną, ciekawą, miłą dla oka i ucha". I jak zauważył, nie ma co krytykować organizatorów i porównywać juwenaliów z innymi studenckimi imprezami, bo: „Nie znalazł się jeszcze nikt, kto by sporządził uniwersalny przepis na juwenaliowy cocktail".

Z czasów, gdy Simona była mistrzynią, pozostały jedynie jej zdjęcia, które zachowały się w archiwum Antoniny Cebulskiej-Wasilewskiej — Simona w gronie braci żaków na krakowskim Rynku. Trzyma kolegę pod rękę, pali papierosa. Z Antoniną Cebulską-Wasilewską i Ireną Ronikier ustawia się do zdjęcia pod pomnikiem Mickiewicza. To mogły być jej ostatnie juwenalia. Ma na tych zdjęciach grzywkę. W 1970 roku w podobnej fryzurze Simona pojedzie do Białowieży.

MAMUT

Kiedy mówił o tańcu pszczół, widzeniu kolorów u żółwi, aktywności mrówek, wędrówkach ważek, migracjach chrząszczy, orientacji przestrzennej u gąsienic, reakcjach węgorzy na światło albo o zachowaniu zwierząt w czasie zaćmienia słońca, wszyscy studenci zebrani w auli Wydziału Biologii i Nauk o Ziemi UJ słuchali tego z otwartą gębą i nie mogli się doczekać kolejnego wykładu.

Profesor Roman Wojtusiak, prowadzący zajęcia z zoopsychologii, mówił językiem zrozumiałym dla każdego studenta. To był pasjonat i człowiek instytucja, między innymi retronurek i pionier polskiej fotografii podwodnej. W 1937 roku wykonał pierwsze podwodne zdjęcia w wodach Adriatyku, a jeszcze wcześniej, w 1935 roku, wynalazł, zanim zrobił to francuski oceanograf Jacques-Yves Cousteau, hełm do nurkowania. 6 listopada 1939 roku został aresztowany przez gestapo w gmachu Collegium Novum UJ w ramach Sonderaktion Krakau, a potem uwięziony na Montelupich i wywieziony do obozu koncentracyjnego Sachsenhausen. W 1941 roku, dzięki interwencji austriackiego biologa i zoologa Karla von Frischa, późniejszego noblisty, wrócił do Krakowa i od 1945 roku kierował Zakładem Zoopsychologii na Wydziale Biologii i Nauk o Ziemi.

Wojtusiak był przyrodnikiem z humanistycznym zacięciem i człowiekiem o otwartym umyśle. Znał się na architekturze, mówił w trzech językach, przyjaźnił się z badaczem gęsi Konradem Lorenzem, który, podobnie jak von Frisch, był laureatem Nagrody Nobla. Przed wojną i po wojnie podróżował po całym świecie i przyglądał się zakładom naukowym, gdzie badano zwierzęta, pisał książki, pracował na uczelni, a studenci do niego lgnęli — około trzystu osób napisało pod jego okiem pracę magisterską, a trzydziestu obroniło doktorat.

„Simona była w moim ojcu wręcz zakochana — mówi Andrzej Wojtusiak, syn profesora. — Uwielbiała jego wykłady z zoopsychologii, kiedy opowiadał o zwierzętach, o tym, jak się uczą, co pamiętają i jak rozumieć ich zachowanie".

Na wykładach Simona dowiadywała się o zachowaniu zwierząt obserwowanych przez zoopsychologów, którzy nie ingerując w ich środowisko, opisywali reakcje i interpretowali je, wykorzystując zdobycze psychologii. I porównywali z zachowaniem ludzi. Simona spostrzegła, że uczestnicy tych wykładów, między innymi psychiatrzy, często sięgają do przykładów zachowań ze świata zoologii, bo znajdują tam odpowiedzi na różne ludzkie reakcje i kłopoty, które mają swoje źródło w naszej naturze. Dzięki wykładom profesora Wojtusiaka zrozumiała, że w zwierzęcych instynktach można odnaleźć prawdę o człowieku, że obserwując zwierzęta, można się od nich wiele nauczyć i dzięki temu lepiej zrozumieć i pomóc sobie samemu. Odtąd będzie zafascynowana zoopsychologią, a za kilkadziesiąt lat podzieli się tą wiedzą z innymi.

Andrzej Wojtusiak pamięta, że Simona, oprócz prelekcji jego ojca, lubiła także wykłady profesora Ferensa. Bronisław Ferens był ornitologiem i prowadził badania w Tatrach. Obaj profesorowie ze sobą współpracowali przy badaniu na przykład jaskółek dymówek oraz wróbli. Udowodnili, że jaskółki mają lepiej rozwiniętą pamięć przestrzenną od wróbli, bo pamiętają, gdzie znajdują się ich gniazda nawet w promieniu stu pięćdziesięciu kilometrów, a nie jak wróble tylko dwudziestu kilometrów.

Kiedy Simona pod koniec studiów wybrała na promotora swojej pracy magisterskiej profesora Wojtusiaka, trafiła na seminarium do kierowanego przez niego od lat Zakładu Zoopsychologii i Etologii Zwierząt. „To była katedra starego typu, a profesor był otoczony asystentami i studentami. Panowała tam wręcz familiarna atmosfera. Profesor znał studentów, wiedział o ich rodzinach i życiu na uczelni", mówi Anna Wojtusiak, synowa profesora. Simona przyjaźniła się z Andrzejem Wojtusiakiem i z drugim synem profesora Januszem, późniejszym profesorem entomologiem, mężem Anny.

Doktor Barbara Dąbrowska była w zakładzie asystentką, w czasie gdy Simona uczestniczyła w seminarium magisterskim profesora Wojtusiaka. „Simona przykładała się do pracy — wspomina — była zorganizowana i wiedziała, czego chce. Interesowało ją, co zwierzęta czują, słyszą, jak się porozumiewają. W zakładzie żadnej istoty się przy tym nie kaleczyło, nie kroiło i nie uśmiercało. To były prace z żywymi zwierzętami".

Profesor Wojtusiak o godzinie dwunastej organizował u siebie śniadania z magistrantami. Omawiało się wtedy referaty studentów, postęp ich prac nad magisterium i inne sprawy związane ze studiami. Studenci po przeprowadzonych doświadczeniach ze zwierzętami mówili o reakcjach myszy na obraz kota czy o zdolności postrzegania złudzeń optycznych u świnek morskich, a Wojtusiak słuchał ich z ciekawością i życzliwością. „Kiedy w 1985 roku mój teść obchodził czterdziestolecie założenia katedry, Simona, już wiele lat po skończeniu studiów, przyjechała specjalnie na to spotkanie z Białowieży i powiedziała, że musi oddać hołd swojemu profesorowi, gdyż tak oddanych nauce ludzi jak on już nie ma. Nazwała go Mamutem mistrzem", opowiada Anna Wojtusiak.

Mamut, jak podkreśla, w języku biologów znaczy coś więcej niż tylko mistrz. Mamut to biolog z siatką na motyle i zielnikiem pod pachą, który rusza w teren. Mamut to przyrodnik z prawdziwego zdarzenia, który pracuje blisko natury, a nie tylko w laboratorium. To biolog, który zna się na lesie, morzu, oceanie, jeziorze czy górach. Żyjące tam zwierzęta, zioła i rośliny potrafi zbadać i o nich opowiadać.

Simona, studentka nurkującego w oceanach, wędrującego po górach i łapiącego motyle profesora Wojtusiaka, po uzyskaniu w Zakładzie Zoopsychologii dyplomu też zostanie mamutem.

Konie

Simona nie jeździła konno, jak miał jeździć czwarty Kossak, lecz „latała" jak wszyscy jej koledzy z obozów jeździeckich, ale za to w jakich butach! To były idealnie wyprofilowane buty do jazdy konnej w kolorze czekoladowym. Z cholewami, wysokie, proste, sznurowane, w stylu staroangielskim. Z widocznymi śladami użycia. Z odzysku, ale z klasą. Jak mówią ci, którzy jej ich zazdrościli, „to były buty rasowe". Jerzy Szumilas, kolega Simony z Akademickiego Klubu Jeździeckiego, dodaje „Simona wyglądała w nich *first class*!".

Zakładała buty bladym świtem. W Stubnie, piętnaście kilometrów od Przemyśla, w stadninie przy PGR-ze, dokąd jeździła na obozy jeździeckie, obozowicze wstawali latem o trzeciej nad ranem. Simona zrywała się w środku nocy, zostawiała ciepłe łóżko i czarny, wełniany, drapiący koc i biegła do stajni. Każdy z jeźdźców musiał oporządzić konie, pokazać masztalerzom, którzy chodzili w mundurach i wyczyszczonych na wysoki połysk butach, że wszystko jest w porządku, i zdążyć z jazdą przed największym upałem. „Najważniejsze było dobro konia. My byliśmy na drugim miejscu" — wspomina jedna z koleżanek Simony ze Stubna.

Na obozach panował rygor, dryl i dyscyplina, czyli ostra szkoła jazdy. Na śniadanie studenci jedli czarny salceson i pili słabą, ale mocno posłodzoną herbatę z wiadra. Ktoś zanucił *Kiedy ranne wstają zorze* i wszyscy ruszali w drogę. Gubili się w terenie. Gnali bez strzemion galopem. Trenowali skoki. I spadali z koni jak ulęgałki. Koniuszy, były kawalerzysta, przed którym wszyscy stawali na baczność, nie miał litości — trzeba się było szybko podnieść, z powrotem wskoczyć na konia i hop do przodu. „To było trudne do wykonania dla kobiet — wspomina koleżanka Simony. — W związku z tym

Simona z Małgorzatą Makomaską-Juchiewicz z Akademickiego Klubu Jeździeckiego, w czasie obozu w siodle w Stubnie, koniec lat 60. XX w.

trzy czwarte uczestników tych obozów to byli mężczyźni, tacy ułańscy chłopcy z fantazją".

„Kiedyś wbiegła do stajni i powiedziała, że chce pojeździć — opowiada Jerzy Szumilas. — Masztalerze nie chcieli się zgodzić, bo obóz zaczynał się dopiero następnego dnia. Simona się uparła, oświadczyła, że dobrze jeździ, była odpowiednio ubrana, więc masztalerze wyprowadzili jej konia. Chcieli go przytrzymać, ale ona zaprotestowała i powiedziała, że sama wsiądzie. W Stubnie zaś były takie konie, że czasami trzech masztalerzy trzymało zwierzę, by dało się na nie wsiąść. Kiedy

Simona wsiadała na konia, ten wystrzelił jak z procy, wybijając się od zadu w górę. Simona spadła na szutrową drogę. Tak się potłukła, że nie mogła wstać. Uważaliśmy, że powinna jechać do szpitala, chcieliśmy ją zawieźć na pogotowie, ale się nie zgodziła. Twierdziła, że nic się nie stało. Widziałem ten upadek, to musiał być straszny ból. Koń ma niesłychaną energię w zadzie. Zad jest jak sprężyna. W związku z tym, że nie chciała jechać do szpitala, koleżanki smarowały ją fluidosanem, środkiem na potłuczenia. Ja z kolegami przenosiliśmy ją z łóżka do toalety, bo nie mogła stanąć na nogach. Obóz trwał trzy tygodnie i Simona te trzy tygodnie przeleżała w łóżku, dopiero pod koniec zaczęła trochę chodzić. W Krakowie, gdy poszła do lekarza, okazało się, że miała pękniętą miednicę".

Mimo to nie zraziła się do koni.

Jej koledzy z obozów jeździeckich pamiętają, że Simona wcale aż tak dobrze nie jeździła. „Chociaż uważała się za absolutnego eksperta od jazdy konnej, nawet większego niż koniuszy, z którym się bez przerwy kłóciła. Ego, po prostu. Simona miała bardzo duże ego".

Jedna z jej koleżanek zwraca uwagę, że Simona i Gloria mają końskie imiona. „Tak są przecież często nazywane konie, a rodzice Simony je kochali".

Simona była członkiem Akademickiego Klubu Jeździeckiego od 1968 roku, prawie od momentu jego założenia. „Na początku był to klub jeździecki bez koni — śmieje się Andrzej Kukawski, jeden z założycieli AKJ — więc żeby jeździć konno, musieliśmy ciągle gdzieś wyjeżdżać, na przykład do Stubna".

Kukawski z tych wyjazdów pamięta, że Simona miała niesamowity dar opowiadania i godzinami mówiła o koniach. „Nadawała fantastycznie, do późna w nocy słuchaliśmy jej opowieści o tym, jak trzeba traktować konie czy o historiach z końmi w roli głównej. To chyba były opowieści zasłyszane przez nią w domu. Pamiętam tylko, że gasiliśmy światło, a ona wciąż mówiła, i słuchaliśmy jej po ciemku".

Andrzej Kukawski, zwany wśród znajomych koniarzy Pułkownikiem, pokazuje dwa zdjęcia z Simoną. Wszyscy wyglądają na nich tak, jakby byli nie na obozie jeździeckim, lecz w jenieckim. „Wzorowaliśmy się na przedwojennej kawalerii. W klubie było wiele osób ze starych krakowskich inteligenckich rodzin, które miały kontakt z kulturą kawaleryjską. Wiedzieliśmy, że dyscyplina musi być, a koń na pierwszym miejscu. Pierwsze, co robi jeździec po skończonej jeździe, to czyści konia, karmi i poi, dopiero później myśli o sobie, a do tego trzeba dyscypliny zarówno wewnętrznej, jak i zewnętrznej".

W Stubnie studenci z AKJ nosili więc wojskowe stroje i jak kawalerzyści śpiewali żurawiejki:

Hej, dziewczęta, w górę kiecki, jedzie ułan jazłowiecki.
Mają dupy jak z mosiądza, to ułani są z Grudziądza.
Kto w Suwałkach robi dzieci? Szwoleżerów pułk to trzeci.
Weneryczny i pijański to jest czwarty pułk ułański.

Akademicki Klub Jeździecki tworzyli studenci ASP, AGH i UJ. „To środowisko to była elita i zbiorowisko indywidualności. Artyści, studenci — zapaleńcy, pasjonaci koni, barwne ptaki. Chcieliśmy dyskutować, bawić się, był też alkohol. Mieliśmy apetyt na życie i czas, żeby się spotykać i czerpać z życia garściami — wspomina koleżanka Simony z Klubu. — Simona kojarzyła mi się zawsze z drewnianym żołnierzykiem z *Dziadka do orzechów*. Widzę ją na baczność, wyprostowaną. Charakterystyczna była, nie urodziwa. Chłopięca sylwetka, oryginalne buty do jazdy konnej, na górze coś zielonego w stylu wojskowej zielonej kurtki, długie proste włosy do pasa i grzywka. Simona miała wojskową oschłość i zdecydowanie. Była niedostępna i miała taką wywindowaną pewność siebie. Żeby wdać się z nią w dyskusję, trzeba było mieć odwagę, bo należało ripostować. Ale ostra była tylko w kontaktach damsko-damskich. W jej relacji z mężczyznami było mniej walki, z nimi łatwiej było jej się porozumieć. Czułam, że Simona nie chce, żebym wchodziła na jej teren. Miałam wrażenie, że traktuje mnie jak niechcianą konkurencję, ale się nie gniewałam. Zawsze czułam sympatię do takich charakternych osób. Jak coś powiedziała, to powiedziała. Miała pazur".

Godziny jazdy konnej członkowie klubu odpracowywali na rzecz PGR-u, pomagając przy sianokosach, w stajni, zajmując się końmi. Wieczorami myli się w miednicy, w wodzie, którą trzeba było sobie przynieść w wiadrze.

Dr Małgorzata Makomaska-Juchiewicz, koleżanka Simony Kossak z AKJ, zapamiętała jeszcze coś innego: „W Stubnie były zajęcia z obłaskawiania konia, żeby konie nie płoszyły się na widok człowieka. Przychodziłyśmy do klacz ze źrebakami głaskać i przemawiać do nich. To się nazywało dopieszczanie ogierków".

Wszyscy nocowali razem na jednej sali na składanych łóżkach, pożyczonych od pracowników sezonowych pomagających przy żniwach czy wykopkach. Po całym dniu pracy albo galopu niektórzy pili tak, jak jeździli konno — z ułańską fantazją. Wódkę czystą z czerwoną kartką kupowali we wsi na pobliskiej melinie. Picie na umór, ale następnego dnia każdy stawiał się bladym świtem w stajni w wyczyszczonych butach do jazdy. Simona meldowała się w swoich „rasowych" butach czekoladowych.

Simona (stoi piąta z lewej) na rajdzie konnym z kolegami z Akademickiego Klubu Jeździeckiego, Stubno 1970.

„Miała duży zeszyt, w którym bez przerwy coś notowała i biegała z nim w słońcu, w deszczu i po błocie. Goniła kilometrami po ścieżkach w ogrodzie, a nasz ogród zoologiczny jest duży" — wspominają praktyki studenckie Simony w zoo we Wrocławiu Hanna i Antoni Gucwińscy.

Na parapecie w ich salonie, którego okna wychodzą na oranżerię, kot łapie muchę, na korytarzu szczeka pies, a w oddali słychać papugę. Simona w czasie miesięcznej praktyki we wrocławskim zoo trafiła pod skrzydła Hanny Gucwińskiej. Pokazywała zwiedzającym ogród, oprowadzała wycieczki i pilnowała, żeby ludzie nie podchodzili za blisko klatek. Najbardziej interesował ją transport zwierząt, porody i karmienie, ale przyglądała się też zabiegom weterynaryjnym i brała udział w wydarzeniach, które akurat działy się w ogrodzie. „Nie dawała się spławić — mówią Gucwińscy. — Chciała być wszędzie".

W zoo żyło wtedy akurat dużo młodych saren, które ludzie podrzucali do ogrodu. „Sarny, które do nas trafiały, wymagały karmienia — wspominają Gucwińscy. — Simona biegała ze smoczkiem i mieszanką mleczną i się nimi zajmowała. Wybierała też dla nich liście, a sarny są trudne w karmieniu. Mają wyjątkowo wrażliwy przewód pokarmowy, dlatego przy źle dobranym pokarmie mają kłopoty żołądkowe i szybko dostają biegunki. Trzeba je karmić regularnie, w określonych godzinach. Sarna zjada w naturze liście i pędy z około czterdziestu gatunków roślin, trzeba je specjalnie selekcjonować, i to jest pracochłonne zajęcie. Simona wyszukiwała te rośliny poza ogrodem i na dzikim terenie naszego zoo. Z większością dziewczyn na praktyce było tak, że albo rejterowały, bo praca była za trudna, ciężka i nie dla miastowych panienek, albo miały absztyfikantów i bardziej im się podobał Wrocław niż zoo.

Przychodziły, utulały zwierzątka, ale te szybko im się nudziły, więc przerzucały tę czułość na adoratorów, których sobie znajdowały, biegając po Wrocławiu. Były młode i nieodpowiedzialne. Z Simoną było inaczej, już po kilku dniach praktyk było widać, że to dziewczyna zaangażowana i można na niej polegać".

„Żona do żadnej praktykantki nie przekonała się tak szybko jak do Simony", dodaje Antoni Gucwiński.

„Taką szczerość w stosunku do zwierząt poznaje się od razu", tłumaczy Hanna Gucwińska.

„Widać to po człowieku. To jest tak jak z niektórymi kobietami, które chcą mężczyznę i zwierzę zagłaskać na śmierć, ale Simona taka nie była. Nie zależało jej na przywiązaniu, lecz na tym, by zwierzęciu dać opiekę, ale i wolność. Nie bała się pracy fizycznej — podsumowuje Antoni Gucwiński — wszystko chciała robić i niczego się nie bała. Biło od niej ciepło. Była naprawdę oczarowana naszym ogrodem".

Simonie jednak nie wszystko się we wrocławskim ogrodzie zoologicznym podobało (denerwowały ją na przykład komary nad Odrą), ale z Antonim i Hanną Gucwińskimi zaprzyjaźniła się na długie lata.

Kiedy ich dawna praktykantka napisze w Puszczy Białowieskiej doktorat o sarnach, Hanna Gucwińska nieraz będzie się z nią kontaktować. Gdy sarny będą miały rozstroje żołądka, będzie się jej radziła w sprawie wybiórczego żywienia.

Simona z wrocławskiego zoo zapamiętała na długie lata szympansa: „W każdym porządnym ogrodzie zoologicznym są szympansy. Jak byłam na studiach, odbywałam praktyki u państwa Gucwińskich (...), gdzie był wspaniały szympans. (...) Rano trzeba było przyjść na dział małp, człowiek wchodził, siedział ponury samiec w swojej klatce, myślał, kombinował, patrzył się i właściwie nic nie robił. W pierwszą niedzielę, jak miałam dyżur, weszłam akurat do pawilonu małp. Siedział sobie szympans i pojawiła się piękna młoda para. Pan w garniturku, pani w jasnej sukience. Szympans tak się popatrzył, popatrzył, niewinnie zbliżył się do krat, po czym błyskawicznie nastąpił wymach ręki i na białym garniturku pana i białym ubranku pani pojawiła się pecyna wymieszanego jedzenia, kału, pomidorów. (...) Reakcja ludzi była fantastyczna. Małpa się śmiała i ja się śmiałam. Okazało się, że szympans przez cały tydzień gromadził sobie amunicję. Jeżeli na miejscu była jego opiekunka, to ostrzegała: «Proszę państwa, proszę się usunąć, bo on będzie walił», ale nie zawsze ona była na miejscu. I finezja, i pomysłowość tego szympansa, żeby zmylić wszystkich, którzy już potem wiedzieli, że on tak się zabawia, była fantastyczna, ponieważ zawsze w końcu mu się udało. Miał jedyną rozrywkę w tej małpiej niewoli i uważam, że miał święte prawo robić to, co robi"[99].

Garden party

U Juliusza Kossaka w parku w stylu angielskim, przed frontem domu, odbywały się śniadania pod lipą i podwieczorki. U Wojciecha organizowano spotkania na trawie i nieraz urządzano rendez-vous w maliniaku. U Jerzego toczyły się pogawędki przy murze. Simona zaś w ogrodzie Kossakówki urządzała garden party, czyli tak zwane bale w krzakach.

Pierwszy Kossak gościł u siebie Stanisława Witkiewicza, Adama Asnyka, Helenę Modrzejewską, Józefa Chełmońskiego, Henryka Sienkiewicza, a także Ignacego Paderewskiego. Wśród lilii Juliuszowej Kossakowej, w tym otwartym domu ogrodzie, goście dostawali własnej roboty herbatniki i, prosto z krzaka, truskawki, poziomki i maliny.

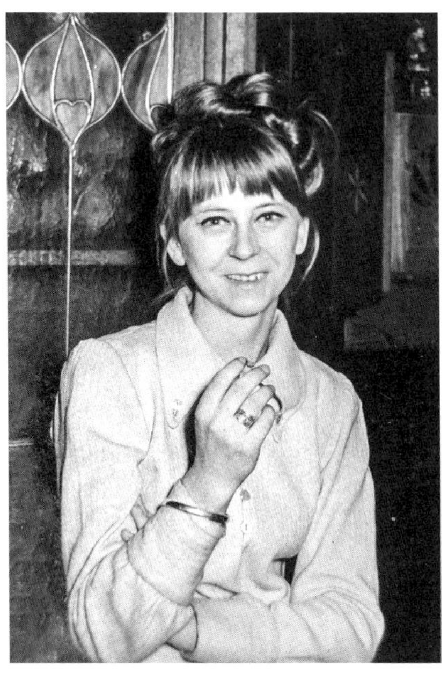

Simona w czasach studenckich, koniec lat 60. XX w.

Drugi Kossak zapraszał do siebie Leona Chwistka, Jacka Malczewskiego, Tadeusza Boya-Żeleńskiego, Karola Frycza, Artura Swinarskiego i Jarosława Iwaszkiewicza, a w ogrodzie czekały na gości wiklinowe fotele. Goście jedli ciastka domowego wypieku, przygotowane przez kucharkę Kossaków, mirabelki z drzewa, maleńkie kanapki, pili litry domowych nalewek i słuchali w jaśminach koncertu słowików. Kto cieszył się sympatią Kucharci, dostawał poduszkę, kogo Kucharcia nie lubiła, ten siedział na gołej wiklinie.

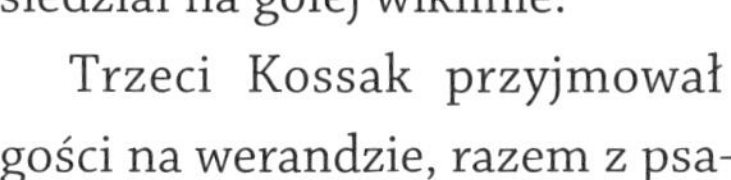

Trzeci Kossak przyjmował gości na werandzie, razem z psami i z papugą na ramieniu. Goście pili kawę i herbatę, a w czasie okupacji bimber. Zbierała się tam śmietanka towarzyska Krakowa i tak jak za życia ojca i dziada Jerzego Kossaka artyści, którzy odwiedzali akurat Kraków.

Simona też zapraszała do ogrodu przy placu Kossaka: Urszulę Batycką, Jolantę Wątek, Andrzeja Wojtusiaka, Piotra Hanczakowskiego, Jerzego Szumilasa, Andrzeja Kukawskiego i wielu innych znajomych. Zakąsek było mało, za to nie brakowało czystej wódki, a dla pań tańczących ponczu. Garden party odbywały się u Simony rzadko, ale jeśli już, to zawsze z hukiem.

Zaczynało się od wielkiego sprzątania. Trzeba było posprzątać po owczarku kaukaskim Gambicie i bokserce Ledzie, ich potomku Trollu, które wnosiły do Jerzówki błoto i piach,

Simona brzdąkała na gitarze, ale nie umiała śpiewać, czasy studenckie, koniec lat 60. XX w.

oraz po szpakach latających w jadalni, salonie i w pokoju Simony. Trzeba było wytrzepać lwie skóry, zetrzeć ślady sowy z mebli w salonie i wytrzeć z kurzu porcelanę, lampę haremową i samurajską zbroję. Należało też poukładać kufry stojące w holu i przetrzeć drewniany zegar, gdański dębowy stół, odświeżyć portret Ireny Solskiej oraz prababci Juliuszowej. W porządkach pomagały Simonie koleżanki. „Rychtowałyśmy cały dom z kurzu", mówią Urszula Batycka i Jolanta Wątek. To one likwidowały pajęczyny, bo Simona panicznie bała się pająków.

„Z książki kucharskiej Kossaków, według przepisu Monatowej, na bale w krzakach u Simony przygotowywałyśmy jakiś mus dla tańczących pań" — wspomina Urszula Batycka. To musiał być „Tani kruszon dla pań podczas tańca". W książce figuruje na taki kruszon przepis: „2 litry białego stołowego wina, ½ funta cukru miałkiego, 3 skrajane w talarki pomarańcze lub filiżanka świeżych poziomek i dwa syfony wody sodowej wlać na potłuczony w kawałki lód i zamieszać w kryształowym dzbanie"[100].

Nie każdy ze znajomych Simony był zapraszany do ogrodu. Jej koleżanka z AKJ wspomina: „Znałyśmy się, obracałyśmy się w tym samym gronie znajomych. Kiedyś stałam z kolegą, o czymś rozmawialiśmy, Simona do nas podeszła i powiedziała ostentacyjnie do kolegi: «Zapraszam cię na garden party, możesz przyjść w towarzystwie — i tu spojrzała na mnie wymownie — lub bez». Nigdy więc na żadnym garden party u Simony nie byłam".

Ci, którzy u niej bywali, pamiętają tańce przy adapterze Bambino i wybuchy śmiechów w ogrodzie. Pamiętają, że przywdziewali samurajską zbroję i straszyli się nawzajem. Są też tacy, którzy nie pamiętają nic, oprócz tego, że po garden party budzili się rano na murze Kossakówki. W imprezach organizowanych przez Simonę brała udział także Elżbieta Kossak,

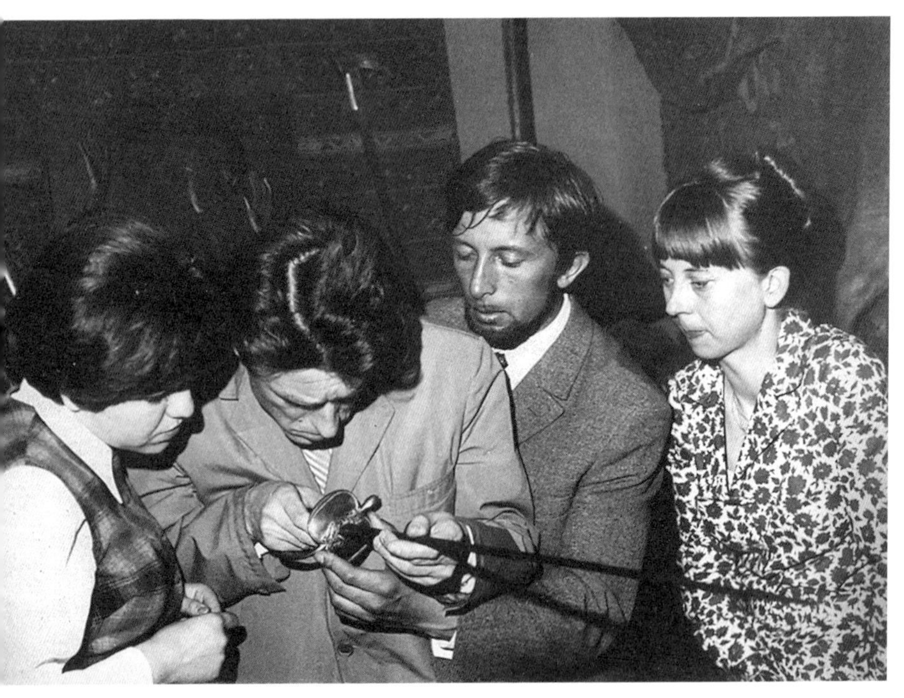

Spotkania odbywały się u Simony rzadko, ale jeśli już, to zawsze z hukiem, koniec lat 60. XX w.

która popijała ze znajomymi córki wódeczkę. Zdarzało się, że opowiadała wtedy o krążących po domu duchach. Piotr Hanczakowski pamięta opowieści Elżbiety Kossak o tajemniczym duchu, psie mastifie biegającym po domu i o duchu brytyjskiego dżentelmena. „To były historie mrożące krew w żyłach", mówi Anna Wojtusiak.

Simona mieszkała wówczas w Jerzówce z mamą oraz z osobami wynajmującymi od nich część domu. „Gloria mieszkała wtedy w byłej pracowni malarskiej ojca, tuż obok Jerzówki, i miała zakaz wstępu do domu matki, po tym jak sprzedała kilka rodzinnych pamiątek po Kossakach", wspomina koleżanka

Simony. Gloria była już wówczas matką pięcioletniej Joanny. „To Simona z matką zajmowały się Joaśką — dodaje. — Gloria miała swoje życie, w którym nie było miejsca na dzieci".

Simona po latach powie, że jej siostra nie miała silnego instynktu macierzyńskiego, bo nie wyniosła z domu dobrych wzorców. Wyzna też, że z córką siostry łączyła ją więź emocjonalna jak z własnym dzieckiem i myślała nawet o tym, by Joannę adoptować[101].

„Z siostrą, która coraz bardziej lubiła alkohol, Simona miała same zmartwienia — zdradza osoba, pragnąca zachować anonimowość. — Toczyły się tam bitwy o majątek, dochodziło do awantur, bo ktoś z rodziny wchodził do domu, zdejmował obraz i wychodził. To dlatego Simona uciekła z Krakowa".

PREZERWATYWA

Pomysł Simony na to, jak zbadać rybki, mógł wypłynąć z wydziału chemii. Na Wydziale Chemii UJ studenci dostawali izotopy ze Świerka, ośrodka badawczo-rozwojowego w Otwocku, i trzeba było je rozdzielić pantografem na próbki o odpowiedniej aktywności. Był to najczęściej roztwór, który należało po oddzieleniu w czymś przechować. Asystenci na Wydziale Chemii wpadli więc na pomysł, by roztwór przechowywać w prezerwatywach, ale żaden z młodych chemików nie chciał pójść po nie do apteki. Zagrali w marynarza. Wypadło na najbardziej nieśmiałego asystenta. Poszedł więc do apteki i pyta: „Czy są prezerwatywy?" — „Tak, są. Ile pan sobie życzy?" — pyta farmaceutka. — „Sto sztuk". — Farmaceutka podaje mu setkę prezerwatyw, a on prosi o rachunek. — „A na kogo wypisać?" — „Na Instytut Techniki Jądrowej"[102].

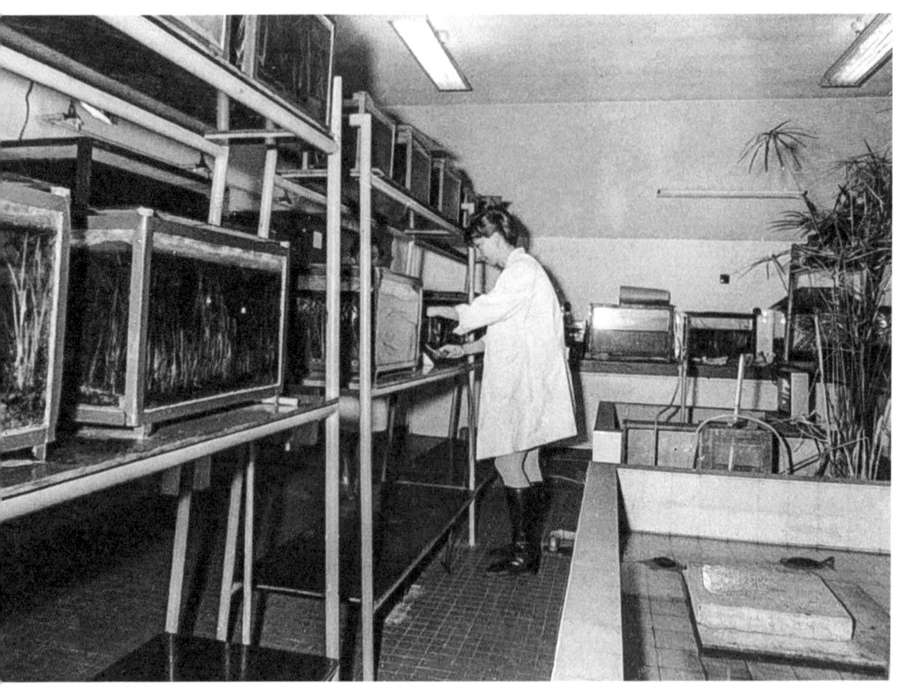

Simona podczas pracy nad dyplomem na UJ obserwuje ryby w akwariach, koniec lat 60. XX w.

Simona znała tę anegdotę dzięki znajomym chemikom i to prawdopodobnie od nich zaczerpnęła pomysł, by w badaniu ryb wykorzystać prezerwatywy. Stały się więc one podstawową aparaturą badawczą w doświadczeniu, jakie wykonywała do swojej pracy magisterskiej. Zanurzała w wodzie osłonięte nimi mikrofony i słuchała głosów wydawanych przez ryby. Dźwięki nagrywała na magnetofonie Nagra. Najpierw jednak odgłosy ryb rejestrowała za pomocą stetoskopu zanurzonego w wodzie i nagrywała je na taśmie magnetofonowej, a potem z obrazu oscylograficznego dźwięków obliczała częstotliwość. Głosów ryb słuchała od maja 1969 roku do kwietnia 1970.

Jolanta Wątek, która w tamtym czasie pisała pracę o jajnikach u myszy, podkreśla, że każdy student musiał sam zorganizować sobie stanowisko pracy. Simona przygotowała więc najpierw akwarium, zajęło jej to cztery miesiące, a potem pracowała w dźwiękoszczelnym pokoju. Ryby, cztery drapieżne i wojownicze akary czerwone, pływały w akwarium, w wodzie o temperaturze dwudziestu dwóch stopni Celsjusza. Ich głosy zbierał mikrofon osłonięty prezerwatywą, nazwaną w pracy magisterskiej gumowym pęcherzem. Temat magisterium podsunął Simonie prawdopodobnie jej promotor, profesor Roman Wojtusiak. „Założyłam zbiór akwariów — wspominała po latach — każde było inne, z inną obsadą ryb. Zapisałam się do związku krakowskich akwarystów, jako jedyna zresztą kobieta w tym czasie, i byłam obdarzana narybkiem przez przemiłych panów, którym się te rybki pięknie mnożyły”[103].

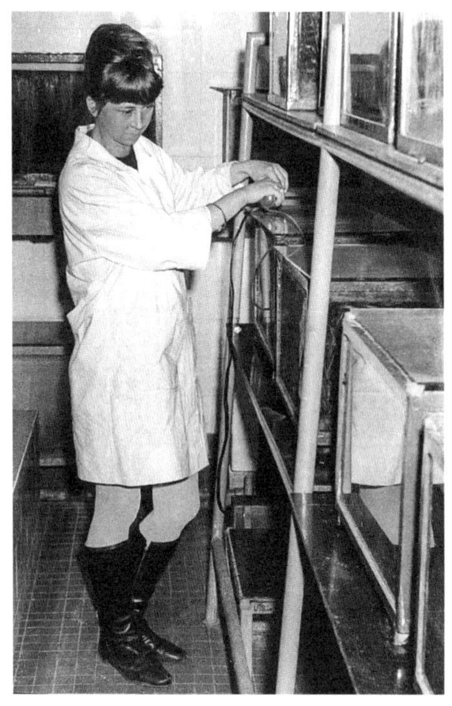

Simona zanurzała w wodzie osłonięte prezerwatywami mikrofony i słuchała głosów wydawanych przez ryby.

W pracy magisterskiej pisała: „Samiec w obecności samicy zachowuje się mniej agresywnie. Opływa ją wkoło, ocierając się o nią bokami, wydając przy tym dźwięki typu «gruchanie» i sporadycznie typu «cykanie»”. W Ogrodzie Botanicznym UJ zachowały się zdjęcia z czasów, gdy Simona obserwowała ryby

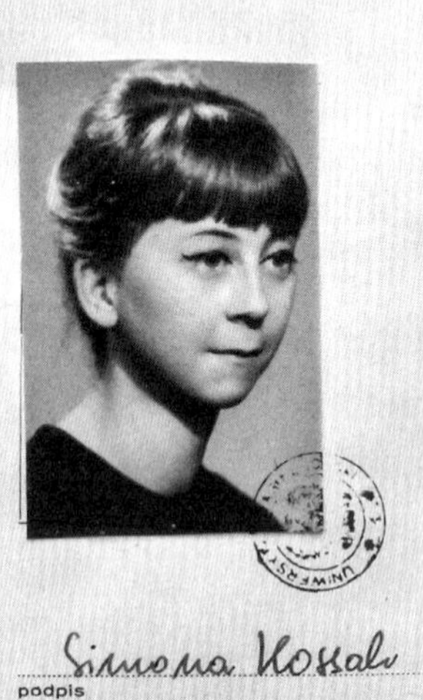

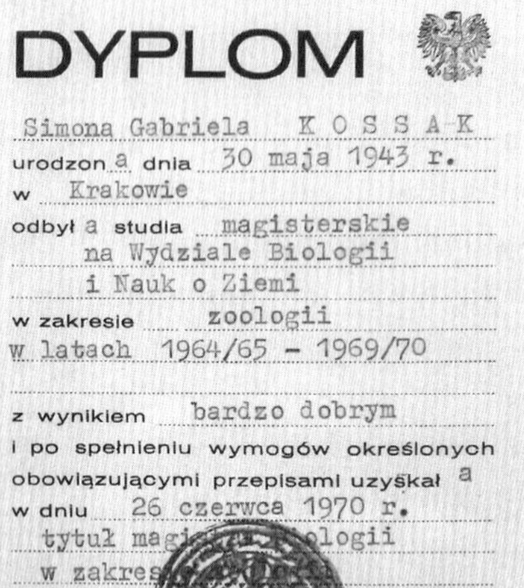

UNIWERSYTET JAGIELLOŃSKI
W KRAKOWIE

DYPLOM

Simona Gabriela KOSSAK
urodzona dnia 30 maja 1943 r.
w Krakowie
odbyła studia magisterskie
na Wydziale Biologii
i Nauk o Ziemi
w zakresie zoologii
w latach 1964/65 – 1969/70

z wynikiem bardzo dobrym
i po spełnieniu wymogów określonych
obowiązującymi przepisami uzyskała
w dniu 26 czerwca 1970 r.
tytuł mag[illegible]ologii
w zakres[illegible]

REKTOR DZIEKAN

Kraków, dnia [illegible]ernika 1971 r.

Simona Kossak
podpis

Nr WI/125/69/70
(numer dyplomu)

Nie był to dobry dzień na egzamin — przechodziły przelotne burze... Dyplom ukończenia studiów na UJ, Kraków 1970.

i słuchała ich głosów w uczelnianym akwarium. Studentka Simona Kossak stoi w białym fartuchu obok akwarium, ma wysoko zaczesane włosy w kok. Wygląda na skupioną na pracy, nie odrywa wzroku od akwarium. Słuchając odgłosów ryb, wyróżniła w swojej pracy trzy rodzaje dźwięków: stuk, gruchanie i cykanie. „Dźwięki wydawane przez ryby — pisała — mogą być związane z regulacją ciśnienia gazowego i usuwaniem nadmiaru gazów z pęcherza do jelit lub z jelit na zewnątrz przez otwór gębowy lub odbyt. Powstające przy tym dźwięki przypominają słaby pisk". Jeśli chodzi o odgłosy związane z pobieraniem pokarmu, prawidłowość jest ta sama. Duże ryby mówią „basem", małe „piszczą" — zaznaczała we wstępie do swojej pracy. W zakończeniu uogólniła: „samce wydają trzaski podczas zerowania, walki i godów, samice podczas pobierania pokarmów".

26 czerwca 1970 roku studentka Kossak (nr albumu 14133) stawiła się na obronie swojej pracy magisterskiej przed trójosobową komisją w składzie: Roman Wojtusiak, Adam Kulczycki, Jacek Szarski. Nie był to dobry dzień na egzamin — przechodziły przelotne burze, na zmianę padał deszcz i wychodziło słońce. „Sytuacja biometeorologiczna: chwiejna z przejściowymi objawami zakłócenia czasu reakcji i pogorszeniem samopoczucia" („Dziennik Polski").

Simona odpowiadała tego dnia między innymi na pytania o głosy zwierząt i echolokację oraz rolę pęcherza pławnego w ewolucji ryb, broniła pracy zatytułowanej „Dźwięki wydawane przez ryby z gatunku *Hemichromis bimaculatus* (Gill) w zależności od natężenia światła". A potem uczciła ten egzamin razem z koleżanką z biologii w ogrodzie w Kossakówce. „Na ogrodzeniu Kossakówki wywiesiłyśmy duży plakat z napisem: «Tu mieszkają magistry» — wspomina Jolanta Wątek. — W ogrodzie, w świetle lampionów, przeciskały się tłumy. Na tę uroczystość przyjechała moja mama, były nasze rodziny, przyjaciele, znajomi, a my z Simoną biegałyśmy i przygotowywałyśmy kanapki. Tyle było wtedy ludzi w Kossakówce, że nie było gdzie szpilki wcisnąć, rozlewali się po ogrodzie jak mrówki".

Simona, świeżo upieczona magister, mogła szukać teraz pracy w najgłębszej dziczy, o jakiej marzyła, z daleka od Krakowa i od domu, w którym słyszała: „dzieci i ryby głosu nie mają", i rozchodzący się po całej Kossakówce głos matki „Simonaaa!".

Białowieża

Rekonesans

Dzicz nie jest dla kobiet. Kobiety się tutaj nie odnajdują. Boją się same pójść do lasu. Boją się samotnie mieszkać. Poza tym kobiety rodzą dzieci — usłyszała, gdy szukając pracy pod koniec studiów, wybrała się na rekonesans w Bieszczady. Musiało ją to zdenerwować, może nawet zaklęła pod nosem, i wróciła do Krakowa zła, jak mawiała, jak jasny piorun.

Kiedy kończyła studia, nie zamierzała już badać głosów ryb, tylko zostać badaczem dziko żyjących zwierząt. Chciała mieszkać w dziczy i marzyła, by mieć pod zelówkami korzenie, a nie bruk. „Kończyłam studia i pofatygowałam się (...) do Bieszczad. Poznałam dobrze Bieszczady (...) i szukałam pracy w łowiectwie. I nie znalazłam pracy, bo (wszyscy) wszędzie się na mnie dziwnie patrzyli i stukali w głowę (zresztą wcale się nie dziwię, znając dzisiaj leśników, myśliwych, no i młode panienki). Zachowywali się nieprawdopodobnie racjonalnie, no bo przyszło takie chuchro, ja zawsze byłam chucherkowata, i dalej zresztą wiele mi nie przybyło, no i z wielkiego Krakowa, sobie wymarzyła, że ona tu będzie pracować. «A co pani będzie robić? — Będę chodzić po górach, zwierzątka obserwować, bo jestem zoopsychologiem» (...). I nie było pracy, nie było, nie było, nie było".

Marzyła o bieszczadzkiej Dolinie Hulskiego, jednej z najbardziej urokliwych dolin w polskich górach, nad Potokiem Hulskim wpadającym do Sanu. Chciała żyć i pracować w tej wymarłej wsi, gdzie przed wojną tętniło życie, w 1946 roku zaś wysiedlono z niej do ZSRR prawie wszystkich mieszkańców i opuszczone zabudowania spaliła UPA. W latach sześćdziesiątych mieszkała tam tylko jedna rodzina. Kiedy okazało się, że w Bieszczadach kobiet nie chcieli, Simona poszła w ślady Elżbiety Kossak, która zawsze walczyła o swoje, i pojechała do Warszawy porozmawiać o pracy w Bieszczadach w Ministerstwie Leśnictwa i Przemysłu Drzewnego. „I ponieważ nigdy nie należałam do osób, które sobie od razu odkładają sprawy, które są nie do załatwienia, to się dopchałam do ministerstwa, i wtedy u pana profesora Tadeusza Szczęsnego, byłego konserwatora głównego, zaczęłam żebrać (...), że ja chcę pracę w Bieszczadach, i on potraktował to normalnie. Zresztą w tym czasie już było wiadomo, że ma powstać Bieszczadzki Park Narodowy, w perspektywie roku, dwóch. «Jak będzie ten park, to my panią zatrudnimy na kustosza, niech pani gdzieś sobie znajdzie [jakąś pracę] na międzyczas»"[1].

Kiedy zaczęła się rozglądać za pracą „na międzyczas", jesienią 1970 roku dowiedziała się przypadkiem, że jest wolne miejsce w Zakładzie Badań Ssaków w Białowieży. Wprawdzie przy okazji poinformowano ją także, że adiunkci w tym zakładzie łapią myszy, a w Puszczy Białowieskiej komary tną jak nigdzie indziej, ale nie zraziła się tymi opowieściami. Zdecydowała, że pojedzie do puszczy na rekonesans.

Podróż z Krakowa do Białowieży trwała wtedy dwanaście godzin i pięćdziesiąt sześć minut.

W Białowieży oprócz zielonożółtawego budynku dworca Białowieża Towarowa, z samowarem i darmowym wrzątkiem, Simona mogła rozgrzać się czymś gorącym w restauracji Turystycznej, znajdującej się w starym kasynie leśników, ewentualnie w jednej z dwóch tamtejszych mordowni, w Sarence lub Żubrówce. Nie wiadomo, czy wypiła gdzieś wrzątek lub herbatę i jakie wrażenie wywarła na niej Białowieża. Wiadomo za to, jakie wrażenie wywarła na niej otaczająca wieś puszcza.

„Wspaniały był pierwszy pobyt w Puszczy Białowieskiej. Przyjechałam tu, szukając pracy, na rekonesans, i to był listopad. I gdyby ktoś chciał kogoś zrazić do puszczy, to powinien go przywieźć w listopadzie. Bo jest to las niżowy z przewagą liściastych. Ja duchowo i estetycznie byłam wychowana na lesie górskim. To jest zupełnie coś innego, on jest cały rok śliczny, natomiast niżowe lasy liściaste, jak już opadną im liście, to wszystko gnije, to jest beznadziejnie melancholijne, smutne i — co tu dużo mówić — brzydkie. I przyjechałam tu rozmawiać z kierownikiem placówki, żeby się zatrudnić, i po południu miałam czas, więc gdzież ja oczywiście skierowałam kroki? Pobiegłam szybciutko do bramy do rezerwatu ścisłego, żeby przynajmniej zajrzeć przez płot, zobaczyć, jak też ta cudowna Puszcza Białowieska wygląda, no i wyglądała fatalnie. I to było moje pierwsze spotkanie z puszczą i sobie pomyślałam: kurcze, ale ten las to nie dla mnie. W związku z tym ja tu przyjadę, ale tylko na trzy lata. Zrobię szybciutki doktoracik i fru w Bieszczady”[2].

Nie pofrunęła w Bieszczady. W Białowieży, która liczyła wtedy trzy tysiące pięciuset sześćdziesięciu sześciu mieszkańców i była zapadłą dziurą — jak twierdzą ci, którzy pamiętają tę wieś z początku lat siedemdziesiątych — została na trzy lata i później jeszcze na ponad trzydzieści.

SYBERIA

„Gdzie ty chcesz jechać, na taką Syberię?!” — spytała Elżbieta Kossak, gdy jej córka, po rozmowie w Białowieży z docentem Zdzisławem Puckiem, kierownikiem Zakładu Badania Ssaków PAN, wróciła do Kossakówki.

„Wszyscy — rodzina, zaprzyjaźnieni koledzy, dorośli, mówili: Co ty, wariatko, robisz? — wspominała Simona. — Gdzie ty jedziesz? Po co ty tam jedziesz? Zostań w Krakowie, staraj się o asystenturę na uniwersytecie. Co to w ogóle za pomysł — Białowieża? (...) A ja się wtedy na zasadzie przekory młodzieńczej jeszcze bardziej utwierdzałam, że to jest cel mojego życia, cel moich marzeń, obejrzeć ten okropny, brzydki, mokry, gnijący las. Postawiłam na swoim, był telefon, że od 1 lutego «może się pani zjawić». Spakowałam jedną walizkę i mamusia mi fundnęła samolot do Warszawy, żebym już tym pociągiem się nie męczyła"[3]. Po latach wyzna też: „Gdybym posłuchała rad osób, które uważałam za mądrzejsze od siebie, to dzisiaj byłabym zwykłym mieszczuchem krakowskim, zgorzkniałym w tym całym światku, jaki tam był, i miałabym niespełnione marzenie, że mogłam mieć zupełnie inne życie"[4].

3 lutego 1971 roku w dziczy zadeklarowała chęć pracy w podaniu podpisanym przez kierownika zakładu, docenta Zdzisława Pucka, który zadecydował: „Z dniem 1 lutego 1971 przyjmuję Obywatelkę do pracy w Zakładzie Badania Ssaków Polskiej Akademii Nauk w Białowieży w charakterze asystenta nauk.-techn. z przydziałem służbowym do Zakładu Badania Ssaków PAN w Białowieży na trzymiesięczny okres próbny, a po jego upływie na czas nieokreślony".

Za pracę w niepełnym wymiarze godzin, trzydzieści dwie godziny tygodniowo, miała otrzymywać tysiąc pięćset osiemdziesiąt cztery złote. W lutym 1971 roku kilogram karmelków twardych niezawijanych i landryny luzem kosztowały 18 złotych. Kura żywa z targu 1 sztuka 45 złotych. Bochenek chleba 4 złote. Herbatniki Petit Beurre jedna paczka stugramowa — 2 złote 10 groszy. Kawa super zbożowa Domowa w opakowaniu 0,5 kilograma 4 złote 30 groszy. Pończochy damskie kryształki silikonowe gatunek I — 30 złotych za parę. Krem

Nivea 1 słoik 60 gramów — 2 złote 80 groszy. List zwykły zamiejscowy do 20 gramów — 60 groszy. Koniak radziecki, pół litra, 130 złotych.

W Białowieży nie czekało więc na nią ani dostatnie życie, ani wymarzone miejsce pracy, ale i tak po latach o wyprawie „na Syberię", powie: „Wyjazd z Krakowa do Białowieży to było coś najlepszego, co mogłam zrobić".

Piwo

W Białowieży Simona dowiedziała się, że dla miejscowych jest „nawołocz", to znaczy przyjezdna. We wsi żyli swoi, czyli rodowici białowieżanie, matany, ci, którzy przyjechali tu z okolicznych wiosek, i nawołocz, przyjezdni z całej Polski. Nawołocz tworzyła grupa naukowców, którzy pracowali w Zakładzie Badania Ssaków. Przed drugą wojną światową nawołocz tworzyli w Białowieży leśnicy. Naukowcy, którzy pojawili się tu po założeniu w 1954 roku Zakładu Badania Ssaków, w 1971 nie byli już nazywani przez swoich „pany", z akcentem na ostatnią sylabę, ale w oczach miejscowych przez cały czas była to zadzierająca nosa „ekstrawagancja".

Po pracy nawołocz Simona Kossak jeździła po Białowieży służbowym rowerem lub motorowerem. W Białowieży mieszkali Polacy i Białorusini, katolicy, prawosławni i ewangelicy. Simona zatrzymywała się często z koleżankami asystentkami z ZBS przed sklepem obok kościoła na piwo. Białowieżanki, siedzące głównie w domu i dbające o swoje lśniące chałupy, były wstrząśnięte tym, co damska nawołocz wyrabia. Kobietom w Białowieży nie wolno było stać przed sklepem z piwem, miały siedzieć z dziećmi w domu. Ich mężowie, pracownicy leśni, jeszcze w latach siedemdziesiątych na umowach o pracę podpisywali się krzyżykiem. Kiedy w Białowieży pojawiły się młode, wykształcone asystentki, które ubierały się, jak chciały, i jeździły rowerem, dla miejscowych była to rewolucja. Białowieżanie trochę się z czasem do dziwactw „tych naukowców" przyzwyczaili. Lekceważyli jednak „ekstrawagancję", podobnie jak leśnicy, którym nawołocz wchodziła w paradę i pouczała ich, co mają robić, a raczej czego nie robić w lesie. W związku z tym, jak się coś złego działo w Białowieży i puszczy, to od razu było słychać narzekania: „To ci naukowcy!".

Białowieża w pierwsze letnie miesiące po przyjeździe Simony rozkwitała. Przy drewnianych chałupach wzdłuż ulic Aleksandra Waszkiewicza, Olgi Gabiec, na Tropince i innych pojawiały się przydomowe bratki, nagietki i kosmosy. Ewa Wysmułek, koleżanka Simony, wspomina, że była zachwycona, gdy białowieżanie kradli jej sadzonki z tulipanami, bo dzięki temu zapanowała tu moda na tulipany i zorganizowano pierwsze konkursy na przydomowe ogródki. We wsi powoli pojawiły się telewizory, ale dla większości mieszkańców rozrywkę stanowiło wciąż kino, mimo że w białowieskim Żubrze fotele skrzypiały i zagłuszały pracę projektora. We wsi był już lekarz, nie felczer, zegarmistrz, dwóch szewców, dentystka, która nie chciała dawać znieczulenia, przedszkole, szkoła podstawowa, punkt apteczny, piekarnia, masarnia i kilka sklepów GS-u.

Główna ulica, czyli Waszkiewicza, do końca lat sześćdziesiątych miała szerokość dwóch fur konnych, ale w latach siedemdziesiątych została poszerzona i wyasfaltowana. Stały przy niej drewniane chałupy blisko jezdni, jedna obok drugiej, a przed nimi rosły od niedawna kwiaty. Za domem gospodarze mieli wąski pas zieleni, sięgający aż po puszczę. Każda posesja kończyła się stodołą, przed którą znajdowało się podwórze, ale za stodołą najczęściej rósł sad, a za nim rozciągały się pola uprawne z ziemniakami, burakami i marchewką. Rano i wieczorem wzdłuż głównej ulicy maszerowały krowy (do stu sztuk) i miały wtedy całą drogę tylko dla siebie. Wieczorem, idąc z pastwiska, muczały, dzwoniły dzwonkami i stawały każda przy swojej chałupie. Gospodarz wychodził z domu, otwierał bramę i krowa wracała na noc do obory. Krowy na pastwiska, zlokalizowane na dwóch krańcach Białowieży, zaganiał pastuch, który od każdej gospodyni z kolejnej chałupy przy Waszkiewicza dostawał torbę z jedzeniem na cały dzień. Kiedy pastuch zaganiał krowy do domu, inni użytkownicy drogi stali za nimi w korku. Wieczorami, po pracy, gospodarze siadali na ławeczce przed domem. Ktoś grał na akordeonie, inny sypał dowcipami, plotkował, a jeszcze inny chwalił się zwierzyną łowną i polewał naleweczkę. W każdej chałupie można było kupić mleko, jaja, kurczaki, warzywa czy owoce, jeśli nie miało się ich we własnym ogródku czy w sadzie. Życie było tu kilka razy tańsze niż w Warszawie czy Krakowie.

Na początku lat siedemdziesiątych na Waszkiewicza był już wprawdzie asfalt, ale we wsi przeważały drogi gruntowe albo kocie łby. Po ulicach jeździły cztery gaziki nadleśnictwa, dwa gaziki parku narodowego, który miał też swój autokar, motorowery Zakładu Badania Ssaków i furmanki. W pierwszej połowie lat siedemdziesiątych na drodze pojawiła się pierwsza prywatna warszawa.

We wsi mieszkało wiele barwnych postaci: kilku posiadaczy żółtych papierów (zazdrośnik, który odgryzł żonie nos, żeby go nie zdradzała, inny, który już po zdradzie żony ją zastrzelił) oraz kłusownicy, którzy polowali z psami i dzidami na zwierzynę leśną. Wszyscy wiedzieli tu wszystko o wszystkich. Kto jest kłusownikiem, ma w domu broń, bije żonę, kto donosi. I tak jest do dziś.

W Białowieży, mimo dwóch knajp mordowni, było wtedy bezpiecznie. Miejscowi nie zaczepiali młodych kobiet pracujących w Zakładzie Badania Ssaków, a nawet gdy widzieli asystentki wracające do domu po zmroku, proponowali: „Dobry wieczór! Może odprowadzić?!".

W Białowieży nie było zwyczaju zamykania w nocy domów na klucz.

I Simona też na początku nie będzie zamykała drzwi w leśniczówce, w której zamieszka w marcu 1971 roku. I zawsze będzie lubiła ten dom, nazywany Dziedzinką, i nigdy nie będzie się bała zostawać w nim sama. Nie słyszała w nim też „głosów", jak w swoim starym wielopokoleniowym domu na Kossakówce, gdzie ludzie rodzili się i umierali i potem podobno ich duchy wracały do domu. Doktor Janusz Korbel, gość Dziedzinki, powie w 2013 roku: — Simona uwielbiała Dziedzinkę. Mówiła: — To jest dom, w którym nikt nie umarł.

Getto

Zanim Simona trafiła na Dziedzinkę, zajęła na „międzyczas" pokój w lokatorskim mieszkaniu trzypokojowym pracownika ZBS-u, meteorologa Jerzego Olszewskiego, w jednym z dwóch bloków stojących obok zakładu. Do pracy wystarczyło przejść przez podwórze. Getto — mówiła na to miejsce, gdzie życie i praca istniały obok siebie. Wspólna praca, wspólna stołówka i wspólne obchodzenie Dnia Kobiet, imienin i urodzin pracowników zakładu.

„Wyobraź sobie korytarz, taką długą gąsienicę, wchodzisz do niej i po obu stronach widzisz klitki, na podłodze leży gumoleum z dziurami. Idziesz i coś piszczy, skrzypi, chcesz jak najszybciej wyjść z tej ruiny przypominającej rozwalający się barak akademika na warszawskich Jelonkach". Tak miejsce pracy Simony w Białowieży i stojące za nim szklarnie z myszami opisują dziś niektórzy białowieżanie.

Kobiety ze środowiska naukowego, które na początku lat siedemdziesiątych pracowały z Simoną w Zakładzie Badania Ssaków PAN, budynek zakładu wspominają z większym sentymentem. „W zakładzie była stołówka — mówi profesor Elżbieta Malzahn — i każda z kobiet w ramach dyżurów prowadziła ją przez miesiąc. Simona też musiała to robić. Rozpisywałyśmy więc kosztorys i wymyślałyśmy jadłospis". Na obiady przychodzili też mężowie kobiet zatrudnionych w zakładzie. „Nikt nie gotował obiadów w domu — dodaje profesor Małgorzata Krasińska. — Ta stołówka to była najpiękniejsza rzecz, jaka tylko mogła być".

Nie podobało się Simonie w getcie. „W służbowym pokoju czuła się jak w hotelu: samotna i wyalienowana. W zakładzie obco, na kwaterze obco, na ulicy grad świdrujących spojrzeń", pisała o Simonie dziennikarka Alina Niedzielska, która w 1994 roku odwiedziła ją na Dziedzince przy okazji pracy nad reportażem *Simona Kossak. Na swobodzie* dla „Twojego Stylu"[5].

W tym wywiadzie, tak jak w innych wypowiedziach w prasie, radiu czy telewizji, o które będą prosili ją za kilkadziesiąt lat różni dziennikarze, nie będzie wspominała getta, ludzi z zakładu, od których się uczyła, ani początków swojej pracy. Nie będzie mówiła o tym nie bez powodu. Po dwudziestu latach pracy w Zakładzie Badania Ssaków Simona popadnie z naukowcami tej placówki w konflikt, którym zajmie się Prokuratura w Hajnówce, II Wydział Karny Sądu Rejonowego w Bielsku Podlaskim, i sprawa dotrze do Ministerstwa Ochrony Środowiska, Zasobów Naturalnych i Leśnictwa.

Żubr

Nie podobało jej się w getcie, zaczęła więc rozglądać się za jakimś lokum do wynajęcia. Chodziła po Białowieży, oglądała domy i szukała miejsca, gdzie mogłaby przewieźć książki, porcelanę i meble z Krakowa. „Powiedziała nawet w pewnym momencie, że chyba nie osiądzie tu na stałe, bo żadna chałupa jej się nie podoba", wspomina Ewa Wysmułek, były kustosz biblioteczny w Zakładzie Badania Ssaków, przewodnik PTTK i leśniczyna, żona leśniczego Jacka Wysmułka, twórcy Szlaku Królewskich Dębów. Zimą 1971 roku zaproponowała więc Simonie: „Simona, jedźmy na Dziedzinkę, może tam ci się spodoba".

W drewnianej dwugajówce, położonej sześć kilometrów od Białowieży, bez wody i prądu, należącej do Białowieskiego Parku Narodowego, nikt wtedy nie mieszkał na stałe. Jacek Wysmułek osadzał tam kolejnych gajowych, ale tylko na „międzyczas", bo nikt nie chciał tam żyć dłużej. Gdy Simona szukała chałupy, Dziedzinka stała pusta. Dwugajówka liczyła 170 metrów kwadratowych, z osobnymi wejściami do każdego z mieszkań. Część z gankiem zajmowała 49 metrów kwadratowych, część druga, od strony lasu, miała 51 metrów kwadratowych. W leśniczówce była też część gospodarcza, czyli strych i sionka, a na piętrze dodatkowy pokój dla strażników BPN, niewielki wprawdzie, ale z łóżkiem i piecem.

„Simona zobaczyła po raz pierwszy Dziedzinkę przy świetle księżyca — wspomina Ewa Wysmułek. — Zdecydowaliśmy, że pojedziemy tam nocą. Jechaliśmy drogą z pochodniami we czworo: mąż, wynajęty furman, ja i Simona. Nagle na Drogę Browską wyszedł żubr. Koń stanął dęba, przestraszyliśmy się, ale dojechaliśmy. Simona z miejsca zauroczyła się Dziedzinką".

Simona opisała po latach tę wyprawę oraz spotkanie z królem puszczy: „To był pierwszy żubr, którego w życiu widziałam, nie liczę tych w zoo. No i to powitanie przy wjeździe do puszczy: ten monumentalny żubr, biel, śnieg, pełnia, bieluteńko naokoło, ślicznie (...) i leśniczóweczka ukryta na polance cała ośnieżona, dom opuszczony, przez dwa lata nikt tu nie mieszkał. W środkowym pokoju nie było podłóg, w ogóle ruina. I ja się na ten dom popatrzyłam, tak właśnie osrebrzony księżycem, żeby było romantycznie, i powiedziałam: koniec, tu albo nigdzie!"[6].

Simona zgłosiła się do dyrektora Białowieskiego Parku Narodowego, inżyniera Józefa Budzynia, z propozycją wynajęcia leśniczówki. Okazało się jednak, że Budzyń obiecał już leśniczówkę artyście z Warszawy, fotografikowi Lechowi Wilczkowi. Po rozmowie z Simoną i Wilczkiem dyrektor postanowił w końcu, że wynajmie im Dziedzinkę na pół, razem z ponad trzema hektarami ziemi wokół leśniczówki.

W mieszkaniu lokatorskim przy Zakładzie Badania Ssaków Simona nie wytrzymała nawet dwóch miesięcy. 24 marca 1971 roku, w swoje imieniny — czyli Gabrieli, bo wtedy je obchodziła — wyprowadziła się z Białowieży. „Zakopałam się w śniegu, w ogóle nic nie miałam, paliłam płotami starymi, bo tu jeszcze zima była wtedy... ale było za to fajnie, romantycznie", wspominała przeprowadzkę. Lech Wilczek sprowadzi się do Dziedzinki dopiero latem i jak opowiadała Simona: „Z początku żeśmy się na siebie trochę boczyli, no bo ja popaliłam te płoty, które były ładne, bo były porośnięte czymś tam, a poza tym dzieliły Dziedzinkę na pół, a jak ja je spaliłam, to zrobiło się jedno podwórko"[7].

„Simona, jedziemy na Dziedzinkę, może tam ci się spodoba". Pojechali i Simona od razu pokochała to miejsce.

Asystentka

Simona pojawiła się w Zakładzie Badania Ssaków z referencjami „naukowo-społecznymi" z UJ. Jej dokumenty leżą w archiwum do dziś. „Pani Kossak wykazywała zawsze nadzwyczajne zamiłowanie do obserwacji biologicznych oraz do hodowli zwierząt", pisał profesor Roman Wojtusiak, jej promotor.

W Białowieży od 1 lutego 1971 roku czekały na nią obowiązki asystenta naukowo-technicznego, a od kwietnia przez kolejny rok obowiązki asystenta PAN z zastrzeżeniem, iż umowa „może być rozwiązana przez Polską Akademię Nauk za sześciomiesięcznym wypowiedzeniem". W kwietniu 1972 roku Simona otrzymała jednak umowę na czas nieokreślony i dodatek do pensji w wysokości czterystu złotych. W tym samym roku zapadła jednomyślnie decyzja przedłużenia umowy na czas nieokreślony nie tylko asystentce Kossak, lecz także adiunktowi z Białowieży doktor Małgorzacie Krasińskiej.

Dziś profesor Krasińską trudno nakłonić do opowieści na temat Simony po głośnej sprawie jej konfliktu z naukowcami z Zakładu Badania Ssaków w 1992 roku.

Nie dowiem się z tej rozmowy, czy Simona komentowała, iż to absurd, że w zakładzie, który ma pod nosem Puszczę Białowieską, bada się głównie małe gryzonie z rodziny chomikowatych (nornicę rudą) czy ryjkowatych (ryjówkę aksamitną). Nie potwierdzę, czy powodem jej odejścia z Zakładu były konflikty o tryb pracy z kierownikiem zakładu profesorem Puckiem. Nie dowiem się też, czy rzeczywiście profesor Pucek powiedział kiedyś, że nie życzy sobie, by jego pracownice stały pod sklepem i piły piwo, ani — czy tak jak w późniejszym miejscu pracy paliła sporty i radomskie przy biurku w zakładzie, co denerwowało profesora. Ani też, czy to prawda, że w Zakładzie Simona spotkała się z opinią, odmienną od tej, którą znała z wykładów profesora Wojtusiaka, że zwierzęta nie myślą, nie czują, nie uczą się i śmiało można je kroić. Ale o tym opowiedzą inni.

Na temat pracy Simony w Zakładzie Badania Ssaków waży słowa: „Simona pracowała w Zakładzie w latach 1971–1975, zatrudniona jako asystent w grupie badaczy zajmujących się wpływem dużych zwierząt trawożernych na ekosystem leśny. Razem z nią pracowali także Ryszard Dzięciołowski i Stanisław Borowski. Ja zajmowałam się wtedy krzyżowaniem bydła domowego i żubra. Miała opinię solidnego pracownika i pasjonata, ale nie prowadziła tu żadnego indywidualnego projektu, wszystkie były współautorskie. W 1971 roku jako nowy pracownik została włączona w pracę nad już rozpoczętym tematem, w opracowanie materiałów już zbadanych. W 1972 roku miała pierwszą zespołową publikację; być może przeszkadzało jej, że nie otrzymała samodzielnego tematu. Nie wiem, nasze drogi naukowe nigdy się nie zeszły. Kiedy Simona przeniosła się na Dziedzinkę, nie było już z nią kontaktów poza pracą, a to najbardziej rozwijało nasze wzajemne relacje. Byliśmy jak jedna rodzina, wszyscy sobie pomagali. Ona po pracy jechała na Dziedzinkę. Marzyła o tym, by badać zachowanie dzikich zwierząt w terenie, ale u nas takich badań nie było. Praca w Instytucie Badań Leśnictwa, gdzie się później przeniosła, dała jej możliwości realizacji tego, co najbardziej kochała".

Z opowieści współpracowników Simony z Zakładu Badania Ssaków wynika, że żyła w tym czasie pracą:

„Była bardzo zaangażowana".

„Pytała się, czy na pewno dobrze robi, czy na pewno dobrze myśli, szukała potwierdzenia i akceptacji. Uspokajała się, kiedy ją się upewniało, że wszystko jest w porządku. W zakładzie trzeba było wtedy walczyć o swoje. Kobiety w nauce nie miały łatwo. Nie przyznawano stypendiów, pensje były niskie.

Białowieska pełnia szczęścia, lata 70. XX w.

Simona musiała się sama utrzymać, nie miała męża jak inne kobiety w zakładzie".

„Kupowała w poniedziałek kostkę masła i ta kostka starczała do czwartku, potem do końca tygodnia jadła kanapki już bez masła. Pensje były tu tak niskie, że jeśli chciała mieć zwierzęta w domu i je karmić, to sama musiała głodować".

„Nie była niekoleżeńska, ale bardzo skoncentrowana na sobie. To nie był ktoś, u kogo szukałabym wsparcia, to raczej ona prosiła czasem o pomoc, ale nie wiem, może gdybym poprosiła, toby pomogła".

„Za każdym razem jak któraś z nas podejmowała temat dzieci, radziła wychowywać je surowo. Uważała, że dzieci mają w towarzystwie nie przeszkadzać. Nie była matką, więc nas to denerwowało — doszło nawet do kilku potężnych awantur".

„Kontestowała tradycyjny model rodziny, ale ja odbierałam to wtedy tak, że chce mieć oryginalne życie. Mówiła, że nie chce mieć dzieci. Żyła bez ślubu, męża nie miała, zachowywała się tak, jak chciała".

Z tego czasu Simonę pamięta też Lech Miłkowski, ostatni łowczy puszczy i jeden ze starszych mieszkańców Białowieży: „Pani Simona była na początku taką cichą dziewczynką, którą wszystko interesowało. Chłonęła wszystko i do wszystkiego podchodziła z entuzjazmem. Z czasem stawała się coraz pewniejsza siebie".

Tak jak w Krakowie nikomu się w Białowieży nie zwierzała. Jak mówią ci, z którymi miała najbliższy kontakt, nigdy nie była taką osobą, żeby usiąść razem, przytulić się i otworzyć. I jak podkreślają: nigdy nie miała nikogo takiego w Białowieży.

Z „Acta Theriologica" (teriologia to nauka o ssakach), czasopisma naukowego Zakładu, wynika, że w 1972 roku w piśmie tym ukazał się artykuł pt. *Naturalna preferencja pokarmowa żubra w sezonach bez pokrywy śnieżnej*, napisany na podstawie obserwacji prowadzonych od 1966 do 1971 roku, czyli zanim Simona pojawiła się w Białowieży. Opracowała te badania razem ze Stanisławem Borowskim. Ich praca była cytowana na świecie dwadzieścia trzy razy, najwięcej w całym jej dorobku naukowym. W 1975 roku w „Acta Theriologica" wydrukowano kolejną wspólną pracę Simony i Borowskiego na temat sarny i jelenia, napisaną również na podstawie badań przeprowadzonych w latach 1968–1971. W tym samym roku pojawiła się też w „Acta Theriologica" zbiorowa publikacja o roślinach zjadanych przez sarnę, jelenia, łosia i żubra, w której streszczeniu podkreślono, że „wysunięto interesującą hipotezę bloków roślin wymiennie zjadanych w różnych środowiskach Puszczy Białowieskiej". Autorką hipotezy była Simona, a tezę tę rozwinie później w swoim doktoracie. W 1976 roku ukaże się jeszcze jedna jej praca o pokarmie jeleniowatych, jedyna samodzielnie opracowana, również na podstawie wcześniejszych cudzych badań.

Z tych prac można wnioskować, że Simona nie badała zachowań dzikich zwierząt, tak jak chciała, wyjeżdżając z Krakowa. Nie wychodziła w teren tak często, jakby sobie tego życzyła, i prawdopodobnie walczyła o to bezskutecznie z szefem, profesorem Puckiem. Kiedy więc padła propozycja pracy w Instytucie Badawczym Leśnictwa — innej placówce naukowej w Białowieży — zobaczyła szansę, by badać dzikie zwierzęta w terenie, a na początek sarny — bo zwolnił się tam etat, już nic nie zdołało zatrzymać jej w zakładzie.

31 sierpnia 1974 roku Simona poprosiła w Zakładzie Badania Ssaków o rozwiązanie umowy o pracę i pół roku później nie była już pracownikiem zakładu.

Cyrkówka

Po pracy z radością wracała codziennie przez las na Dziedzinkę. W domu w lesie Simona nie słyszała w nocy żadnych głosów z zaświatów. „Cyrkówka!", dotarło za to do jej uszu przypadkiem na początku lat siedemdziesiątych w sklepie w Białowieży. „Ta cyrkówka z Dziedzinki! Nie dość, że zamieszkała na odludziu, skąd wszyscy pouciekali, to jeszcze wchodzi na płot i wabi myszołowy..."

Zobaczyły ją na płocie kobiety, które jechały na jagody. Jeśli jechały rowerami, wyjechały może ze wsi Drogą Browską, która prowadzi przez Puszczę Białowieską do Dziedzinki. Simona zajęła lewą część dwugajówki, tę od strony Białowieży. Leśniczówka, chata z bali, została zbudowana metodą „na jaskółczy ogon". „Zabudowania na Dziedzince stawiano prawdopodobnie w latach 1923–1924" — informuje Piotr Bajko z Białowieskiego Parku Narodowego. Nie wiadomo, skąd dokładnie wzięła się jej nazwa, ale na pewno funkcjonowała już w latach trzydziestych.

Z czasów okupacji z Dziedzinką związana jest historia o gajowym z Białowieży, który zastrzelił psa kłusownikom. Kłusownicy wyciągnęli go w nocy z domu, przywiązali za części intymne do furmanki, zawlekli na Dziedzinkę i kilkadziesiąt metrów dalej przykryli zmaltretowanego stosem gałęzi.

„Po wojnie budynek był użytkowany jako magazyn przez spółdzielnię «Las» — wyjaśnia Piotr Bajko. — Kolejnym właścicielem Dziedzinki był Białowieski Park Narodowy i wtedy zamieszkał tu strażnik parku, który kontrolował tryb masiewski i czuwał nad tym, żeby nie dochodziło w jego obwodzie w puszczy do kradzieży drewna i kłusownictwa. Ostatni strażnik, który tam mieszkał na stałe, przeniósł się razem z żoną do Białowieży".

Zanim Simona zamieszkała na dobre na Dziedzince, trzeba było dom wyremontować. Pracownicy Białowieskiego Parku Narodowego zreperowali więc dziurawy dach, wymienili legary, zlikwidowali grzyba i powiedzieli, że to wystarczy na pięć lat (i na tyle rzeczywiście wystarczyło).

Po remoncie Simona zaczęła urządzać swoją część Dziedzinki. Tapetowała ściany, myła okna, ustawiła kanapę, ławę, tapicerowała fotele, które przyjechały z Krakowa. Z Kossakówki przywiozła także zegary, kindżał turecki, koronkowe obrusy i firanki, książki, lampy naftowe, żelazko na duszę, kolekcję broni, sepety z hebanu oraz szkło, porcelanę, szafki góralskie i dębowe łóżko po Marii Pawlikowskiej-Jasnorzewskiej. Koło drzwi zawiesiła dubeltówkę ze zbiorów Kossaków. I nie przejęła się, gdy Jacek Wysmułek powiedział: „Z Dziedzinki to ty Kossakówki nie zrobisz".

W rogu pokoju Simony stał duży kaflowy piec w starym stylu. Na środku stół — warsztat pracy studyjnej przy lampie naftowej.

Wszystkie meble, obrusy, książki przybyły z Kossakówki wraz z Elżbietą Kossak, która przyjechała do córki. Latem Simona oddzielała swoją część Dziedzinki od części matki kotarą.

Leśniczówka Dziedzinka „to był dom pozbawiony kiczu”,
lata 70. XX w.

W rogu głównego pokoju, tuż obok pieca kaflowego, Simona postawiła trójdzielne lustro skrzynkowe. Na półkach we wnęce znalazły miejsce kieliszki, talerze, cukiernica i porcelana. „Na ścianie powiesiła «kossaki»", mówią ówcześni goście Dziedzinki. I wymieniają: portret opasłego szlachcica, scenę rodzajową pasterską, która wisiała nad kanapą, obraz przedstawiający biegnące psy, malowany wachlarz z jeźdźcem i psami.

Tak naprawdę Simona miała wtedy na ścianie jednego oryginalnego „kossaka" — *Polowanie par force* Jerzego Kossaka (kopię obrazu Wojciecha), jeden szkic dziadka oraz akwarele pradziadka Juliusza. Na Dziedzince wisiał też portret dziadka oraz autoportret Marii Pawlikowskiej-Jasnorzewskiej — powiesiła go obok barometru. Z czasem, po 1975 roku, z Kossakówki przyjechał też portret jej prababki Zofii Gałczyńskiej, czyli Juliuszowej Kossakowej, kobiety, którą Simona uważała za jedną z nielicznych jasnych postaci w jej rodzinie.

Jarosław Chyra, znajomy z Białowieży, wspomina, że „każdy mebel u Simony to była porządna rzecz i miała czemuś służyć. Nie było tam nic byle jakiego. Simona wychodziła z założenia, że jak ma coś kupić do domu, to tylko dobrej jakości. To był dom pozbawiony kiczu".

W leśniczówce czuć było grzybem i zwierzęcą menażerią, rozchodził się zapach nafty. Bożena Wajda, która bywała na Dziedzince od lat siedemdziesiątych, wspomina: „Jak spałam u Simony, ciągle coś po mnie latało: a to myszy, a to szczury, a to popielice. Na podłodze leżał dzik, a na fotelu sowa kłapała dziobem. Ktoś nerwowy ze strachu chybaby tam umarł".

Kuchnia Simony była prowizoryczna, łazienki w ogóle nie miała. Od czasu do czasu jeździła „na wannę" do Białowieży do zaprzyjaźnionego domu Elżbiety i Przemysława Malzahnów.

Dziedzinka była urządzona pamiątkami z Kossakówki, lata 90. XX w.

Wychodek znajdował się na Dziedzince za stodołą. „Ustęp był romantyczny — mówią ci, którzy z niego korzystali. — Zostawiało się drzwi otwarte z widokiem na rezerwat. W zimę w wychodku siedziało się na styropianie, dlatego było ciepło. Latem trzeba było uważać na żmije, a w nocy można było posłuchać, jak wyją wilki. To było przeżycie wręcz metafizyczne".

Wodę Simona na początku nosiła ze studni. Mycie naczyń odbywało się w misce w ogrodzie. Zdarzało się, że naczynia czekały na zmywanie ze trzy tygodnie. W ten sposób wytłukła się część rodowej zastawy.

W domu szybko pojawiły się zwierzęta. Z Krakowa przyjechał pies Troll i suka Leda, zamieszkała też sowa i trzy myszołowy. Z Zakładu Badania Ssaków przywoziła dla nich zdechłe myszy albo wracając z pracy, po drodze kupowała mięso. Zwierzętom pozwalała w domu na wszystko. Sowa fruwała od ściany do ściany i ozdabiała ptasimi odchodami obrazy; niektórzy goście mieli obawy, czy napić się w tym domu herbaty.

Kiedy Simona pozna się bliżej ze swoim sąsiadem zza ściany, ich dom zacznie się zmieniać. Elżbieta kupi Simonie i Lechowi agregat prądotwórczy, w domu zapali się lampa z abażurem i będzie można używać pralki Frani, radia i telewizora. Pojawi się też lodówka na gaz. Wilczek wybije drzwi i połączy dwugajówkę w jeden dom. W latach osiemdziesiątych przywiezie też dwumetrową seledynową wannę z Warszawy, by lokatorzy mieli miniłazienkę i ciepłą wodę w kuchni. „Mamy małą pompę rosyjską wrzuconą do studni — pochwali się kiedyś Simona — która pompuje wodę do dwóch beczek (...), bo Leszek jest super inżynier. I ogrzewnica jest w kuchni, pod którą się pali. Grzeje się woda, krąży. Jest wanna, pod studnią się nie myjemy”[8].

Sąsiad — starszy od Simony o trzynaście lat „superinżynier” — będzie z czasem konstruował różne wynalazki, które ułatwią życie mieszkańcom Dziedzinki. Wymyśli na przykład prysznic w ogrodzie czy ogrzewanie w ciągniku rosyjskim Władimircu, z wykorzystaniem rury od samolotu, wiatraka od autobusu oraz części z odkurzacza. Ciągnikiem z pługiem będzie odśnieżał drogę.

Kiedy obok domu zaprojektuje ogród, wymyśli pompę do tłoczenia wody oraz zbuduje deszczownicę. Wynalazków na Dziedzince będzie wiele, nie tylko konstrukcji Wilczka.

„Pamiętam, że u Simony w pokoju przy ścianie stało coś w stylu tego, co można zobaczyć w filmie *Metropolis* Langa, taka maszyna z pasami transmisyjnymi, kołami rowerowymi, i to miało służyć do robienia czegoś z wełną — wspomina doktor Aleksander Rachwald, który nocował na Dziedzince. — Tę maszynę sprowadził Leszek, jakiś konstruktor wykonał ją na jego zamówienie. Jak się budziłem, miałem wrażenie, że to wszystko rusza i jedzie prosto na mnie".

Zimą Simona paliła w piecu drewnem, ale z czasem jej sąsiad wymyślił ogrzewanie ropą. „Spaliny szły do pieca — wspomina Wilczek — ropa kapała na popiół i się paliło. To było zrobione bezpiecznie". Ale dziś nie wszyscy podzielają jego zdanie.

Jak mówią goście Dziedzinki: ten dom mógł sto razy wylecieć w powietrze, ale nigdy nie wyleciał.

Wkrótce po przeprowadzce Simona założyła na Dziedzince warzywniak, w którym na żubrzym nawozie rosły trzymetrowe słoneczniki oraz kapusty giganty. Powstała też pasieka, a na podwórku zamieszkali dzik z osłem i kruk. W lesie naprzeciwko dwugajówki stanęła ponad dwudziestohektarowa zagroda z sarnami. Dziedzinka, dom na polanie w środku puszczy, będzie latem tonęła w zieleni i kwiatach, zimą w śniegu. Współlokatorzy leśniczówki, w przeciwieństwie do poprzednich jej mieszkańców, postarają się, by żyło się w puszczy jak w raju.

Choć Kraków stawał Simonie kością w gardle, to we wnętrzach Dziedzinki zachowała namiastkę domu dzieciństwa i młodości. W przeciwieństwie jednak do Kossakówki przez całe życie będzie kochała Dziedzinkę. Ewa Wysmułek: „Myślę, że dom w Krakowie tak dał Simonie w kość, że musiała pokochać jakieś miejsce, żeby w ogóle żyć".

Choć kuchnia była prowizoryczna, Simona z pasją przygotowywała jedzenie dla wszystkich domowników, lata 70. XX w.

Menażeria

„Łosie zeszły z gór!", krzyczała, gdy wracała z zakupami na Dziedzinkę. Zostawiała pod domem motorower, zdejmowała torby z jedzeniem i zaczynała karmić wszystko, co biegało i fruwało wokół leśniczówki.

Gdy pojawiał się w sklepach cukier, wędlina czy kasza manna i gdy kupiła coś dla siebie czy zwierząt albo dostała mięso żubra w Zakładzie Badania Ssaków, gdzie po odstrzale

Współlokatorzy Dziedzinki postarali się, by żyło się jej w puszczy jak w raju, lata 70. XX w.

w puszczy dzielono mięso między pracowników, wjeżdżała na Dziedzinkę i od progu wołała jak Indianin powracający z łowów. W tamtym czasie to były prawdziwe łowy, nawet tak ważna persona jak dyrektor Białowieskiego Parku Narodowego, gdy poprosił w knajpie w Białowieży o jajecznicę z sześciu jaj na świeżym maśle, usłyszał w tamtych latach kiedyś z zaplecza: „I skąd ja dla tego chuja wezmę świeże masło?!".

Łup był ważny. Na Dziedzince Simona karmiła przecież całe stado.

Zaczęło się od sowy, potem były myszołowy, kruk i dzik. Dzika, jednodniową lochę, przywiózł Lech Wilczek i dzięki temu zwierzęciu lokatorzy Dziedzinki bliżej się poznali. I polubili. Wcześniej ona uważała, że on jest zarozumiały. On nie pozostawał jej dłużny. Kiedy na Dziedzince pojawiła się locha, Wilczek poprosił Simonę o opiekę nad dzikiem w czasie jego nieobecności, a później zaczął Simonie ją „wypożyczać". Z małą lochą obydwoje spali potem w swoich łóżkach. Żabka wyrosła na dzika w rozmiarze XXL i została u nich na siedemnaście lat. „Niczym pies przy nodze warowała, chodziła na spacery, coraz częściej zdarzało się, że przytulała się do gospodarzy i żądała pieszczot!", opisywał krakowski dziennikarz, gość Dziedzinki, Zbigniew Święch.

O kruku ludzie mówili, że to oswojony bandzior i złodziej. Terroryzował pół Białowieży. Kradł pudełka po papierosach, szczotki do włosów, nożyczki, sekatory, łapki na myszy i notesy. Atakował ludzi. Urywał głowy kurom. Rozpruwał siodełka rowerów. Kradł dokumenty, w lesie drwalom kiełbasę i robił dziury w siatkach z zakupami. Chwytał mężczyzn za nogawki, a kobiety ciągnął za spódnice i kaleczył nogi. Ludzie myśleli, że Korasek, bo tak go nazywano, to jakaś kara z nieba za grzechy. „Kradł nawet wypłatę robotnikom w lesie — wspomina Stanisław Myśliński, który do dziś ma blizny po ptaku. — Kiedyś ukradł mi przepustkę do rezerwatu, wyciągnął mi ją z kieszeni, a potem ostentacyjnie podarł. Uwielbiał atakować osoby jadące rowerem, szczególnie dziewczyny. To było bardzo efektowne, zaczynał okładać rowerzystę dziobem po głowie, rowerzysta spadał z roweru, a kruk siadał triumfalnie na siodełku i patrzył na kręcące się koło".

„Kiedyś ukradł mi kluczyki od samochodu i uciekł do puszczy — opowiada kolega Simony. — A Lechu na to: «Nie przejmuj się, przyniesie z powrotem». Wziął pręt i postraszył kruka: «Ty sukinsynie, przyjacielowi zabrałeś kluczyki?!». I zapowiedział Koraskowi, że jak odda kluczyki, to dostanie jajko, a jak nie odda, to dostanie prętem. I kruk chyba to rozumiał, bo po chwili przyleciał do mnie wściekły z kluczykami w dziobie i demonstracyjnie rzucił je na stół!".

„Chodziłam kiedyś po rezerwacie bez przepustki — mówi Bożena Wajda — zobaczył mnie strażnik parku, poszedł za mną na Dziedzinkę i zaczął wypisywać mandat. Kiedy wręczał mi wypisany druczek, nadleciał kruk. Złapał mandat w dziób, poleciał z nim na dach Dziedzinki, i nogą go podarł na tym dachu. Dostałam takiego ataku śmiechu, że nie mogłam się opanować, strażnik nie wiedział, co zrobić, i w końcu machnął na to wszystko ręką. Jak opowiadałam o tym Simonie, to myślałam, że umrze ze śmiechu".

Wśród białowieżan kruk pozostał do dzisiaj gangsterem, celebrytą numer jeden w okolicy. W końcu musiał trafić za kratki. Ktoś zadenuncjował ptasiego bandziora na milicji. Okazało się, że podstępnie dogonił pewną rowerzystkę, usiadł jej na głowie, a ona, przerażona, wywróciła się i skręciła nogę. Najpierw trafiła do ośrodka zdrowia, a stamtąd, dysząc zemstą, pokuśtykała na posterunek milicji[9]. Simona nieraz więc musiała wstawiać się za terrorystą.

Incydenty z krukiem sprawiły, że po Białowieży poszła fama, iż na Dziedzince mieszka czarownica. „Byłam kiedyś u Simony na wakacjach z moją przyjaciółką Idą z Krakowa — wspomina Joanna Kossak. — Jechałyśmy na rowerach ulicą Waszkiewicza i nagle Ida zasłabła. Pobiegłam więc do najbliższej chałupy i poprosiłam o szklankę wody. Usiadłyśmy z Idą w cieniu, babina przyniosła nam w dzbanku kompocik, a ja zaczynam opowiadać, że my już kawałek drogi jedziemy, bo z Dziedzinki, od Simony. I jak ta babinka to usłyszała, przeżegnała się, prast tym dzbankiem, wstała i uciekła do chałupy. Ludzie naprawdę myśleli, że Simona ma kontakt z mocami nieczystymi".

Lech Wilczek zawsze chciał być niezależny i Simona też…

Korasek (kruk gangster) dokazuje…

Na początku Simona nie przejmowała się plotkami i razem z Wilczkiem dalej oswajali zwierzęta. Ale miała kłopoty ze swoją oślicą, bo Hepcia uciekała czasem na granicę, do ZSRR, kilometr od Dziedzinki. Kiedyś Hepa stanęła równo na granicy i nie chciała się ruszyć ani w lewo, ani w prawo. Simona, mówiąc podobno, że tylko osioł przechodziłby na tamtą stronę, musiała pociągnąć ją za uszy i przeciągnąć do Polski. „Leszek miał wizję, że Hepunia będzie zwierzęciem pociągowym — opowiada Joanna Kossak. — Zamówił więc mikrouprząż u rymarza, chomątko z janczarkami, nabijane ćwiekami, i mały wózeczek do wożenia uli do pasieki albo płodów rolnych do ogródka. Hepunia, gdy zobaczyła kawałek rzemyka, uciekała jak najdalej. Była jedynie świetną kosiarką do trawy. Trawa na Dziedzince wyglądała jak brytyjski trawnik"[10].

Simona i Leszek posadzili warzywa. To był warzywniak i ogród owocowy. „Cuda na kiju tam były — wspomina Joanna Kossak. — Szpinak, fasolka, kapusta, groszek, ziemniaki, pomidory, ogórki, maliny, czarne porzeczki, jeżyna bezkolcowa, truskawki, czereśnie, poziomki. Wszystko, co się dało, przerabiali na konfitury i marynowali, nawet sałatkę warzywną".

Podobnie jak jej matka w Kossakówce Simona dbała teraz o to, by nic z jej ogrodu się nie zmarnowało, żaden owoc. Miodu też było pod dostatkiem, bo Wilczek założył pasiekę. Joanna Kossak opowiada, że latem, kiedy odbywało się nektarowanie i Wilczek zakładał „kosmiczny skafander", psy, kury, ptaki, wszystko na jego widok się chowało, także Simona.

„W latach siedemdziesiątych Simona z Lechem sprowadzili na Dziedzinkę śliczną krowę. Starucha: rudzieńka, szkliste oczy, z rzęsami na pół metra — wspomina Joanna Kossak. — Przez pierwsze dwa tygodnie Simona i Lechu ją doili, a potem często o tym obowiązku zapominali. Doili więc Staruchę

coraz rzadziej, aż w końcu krowa się zasuszyła i straciła mleko". Na Dziedzince było też kilkadziesiąt, a w porywach nawet sto kur, a w latach osiemdziesiątych Leszek zaczął hodować owce.

Potem przyszła kolej na ogród z kwiatami. W ogrodzie Simona prażyła się na słońcu, a potem kręciła swoje filmy przyrodnicze. Były tam cztery oczka wodne i piętrami rosły kwiaty. Łubiny, floksy i dziewanny tworzyły przy wejściu coś w rodzaju pergoli. W środku kwitły ostróżki, firletki chalcedońskie, irysy syberyjskie i szwedzkie, lilie tygrysie, sasanki, marcinki, przebiśniegi, świńska trawka, rutewki orlikolistne, czosnek ozdobny. Na łące, zmienionej z ornego pola w pas roślin, uwielbianych przez motyle, które fotografował Wilczek, rosły: dziurawiec, macierzanka, rozchodnik, krwawnik, lebiodka czy jastrzębiec kosmaczek. To był tajemniczy rajski ogród, raj — potwierdzają ci, którzy widzieli go na Dziedzince.

Tylko naukowcom i ekologom oraz zagranicznym gościom odwiedzającym puszczę nie bardzo się podobał. Nawłoć kanadyjska czy barszcz Sosnowskiego, które się tam pojawiły, jako gatunki ekspansywne i niebezpieczne dla ekosystemu, zagrażały puszczy.

W przydomowej zagrodzie Simony z czasem pojawią się jeszcze: łania, która będzie przychodziła pod jej okno i wyjadała cukier, czarny bocian, któremu Simona zrobi w drewnianej skrzyni w swoim pokoju gniazdo, jamniczka i rysica, którą będzie brała do łóżka, oraz pawie. Dziedzinka szybko stała się laboratorium doświadczalnym, jakie z roku na rok Simona powiększała jako zoopsycholog, jak o sobie mówiła, oraz szpitalem, przychodnią i poczekalnią dla chorych zwierząt. Tu leczyła, tuliła i razem z Wilczkiem, który fotografował zwierzęta, obserwowała tę menażerię. Tu wychowywała jak matka łosie bliźniaki: Pepsi i Colę, myła czarnemu bocianowi szyję, brała do rękawa Kanalię, szczurzycę, która na otwartej przestrzeni wpadała w panikę, pozwalała zaprzyjaźnionej łani urządzać sobie na podwórku porodówkę, zabierała do domu owieczki i ich supermatkę owcę wrzosówkę, hodowała i podglądała szczury: Alfę i Omegę, trzymała w akwarium świerszcze. Tu sprawdzała pogodę, obserwując nietoperze w piwnicy.

Z roku na rok menażeria się powiększała, zmniejszał się natomiast dystans między Simoną a Wilczkiem.

Miała na to wpływ w jakimś stopniu noc, w którą poszli do puszczy z wypożyczonym z ZBS-u noktowizorem, by obserwować norę borsuków. I to była jedna z tych nocy, podczas której byli skupieni na sobie, nie na zwierzętach.

Awantura

Ta noc musiała się zdarzyć przed 1975 rokiem, bo na Dziedzince była wtedy Elżbieta Kossak.

Dlaczego Elżbieta przyjechała za córką do puszczy? Koledzy Simony z Krakowa mówią z przekonaniem, że czuła się bezpieczniej niż z Glorią. Simona była przecież na każde jej skinienie. Na zawołanie matki stawała przed nią na baczność i robiła to, o co Elżbieta ją prosiła. Nastawiała wodę na herbatę, podawała obiad, podnosiła to, co matce upadło, spełniała jej kaprysy.

Elżbieta przez dwa lata kursowała między Krakowem a Białowieżą. Na zimę wracała do Kossakówki. Miała kłopot z biodrem i chodziła o kulach, a poruszanie się po Dziedzince, w której wygódka znajdowała się na zewnątrz, było dużym utrudnieniem. Dziedzinka jednak dla tej kobiety wychowanej w duchu tradycji ziemiańskiej to musiał być raj: życie zgodne z rytmem przyrody, smażenie konfitur, five o clock.

Życie na Dziedzince latem mogło rzeczywiście przypominać atmosferę ziemiańskiego dworu — czytanie przy świetle lamp naftowych, hodowla drobiu, a z czasem przędzenie wełny, do tego co godzinę wydzwaniały kuranty, zegary z kolekcji Lecha Wilczka.

Simona żyła teraz trochę jak jej babka Wojciechowa Kossakowa i prawdopodobnie jak w dzieciństwie żyła jej matka, czyli jak prawdziwa ziemianka. Tak jak one na przykład leczyła się ziołami czy używała słów „subiekt" i „etażerka", i tak jak babka i matka zwracała uwagę na to, w jakim obraca się towarzystwie. Stosowała też w rozmowie *esprit de répartie*, błyskotliwą ripostę, w której, jak każde ziemiańskie dziecko, była zaprawiana od dzieciństwa. A przede wszystkim nie konsumowała życia, lecz traktowała je jak zadanie, a z czasem jak misję.

Elżbieta, kobieta o arystokratycznych aspiracjach, wymyśliła na Dziedzince pawie. Zapytała kiedyś: „Dlaczego tu nie chodzą pawie?". I wkrótce w kasku motocyklowym Lecha Wilczka na Dziedzinkę przyjechało sześć pawich jajek. Matka Simony była tym zachwycona. Kolorowe pawie wychowała indyczka. Wyglądały malowniczo, jak na obrazie Kossaka. Naukowcy, pracownicy Białowieskiego Parku Narodowego, i ekolodzy byli oburzeni: „Kto, o zgrozo, słyszał, by tuż przy ścisłym rezerwacie trzymać obce gatunki?!". Nikt jednak nie interweniował. „Interweniować? — mówi w 2013 roku jeden z byłych dyrektorów BPN, doktor Czesław Okołów. — Gdybym interweniował w sprawie pani Simony, toby dopiero była awantura".

Elżbieta lubiła więc życie na Dziedzince, ale w pewnym momencie doszło do sporu z córką. Elżbieta podobno wymagała, by Simona nie tylko ją obsługiwała, lecz także zaopiekowała

Elżbieta Kossak lubiła życie na Dziedzince. Przez dwa lata kursowała między Krakowem a Białowieżą.

się obiema córkami Glorii[11]. Niektórzy mówią, że nie mogła znieść tego, iż centrum świata Simony był teraz Leszek.

W 1975 roku Elżbieta spakowała część swoich rzeczy i wróciła do Krakowa. Za jakiś czas Simona, po liście, który otrzymała od matki, odesłała jej resztę rzeczy, w tym porcelanę i obrazy.

Kiedy niedługo potem Elżbieta umierała w krakowskim Wojskowym Szpitalu Klinicznym, nie było przy niej żadnej córki. Zmarła 25 sierpnia 1975 roku. Tuż przed śmiercią swoją młodszą córkę Simonę Gabrielę Kossak wydziedziczyła[12].

Hipiska

Mirosław Waszkiewicz, rodowity białowieżanin, wolałby podobnie jak inni, nawet mimo to, iż nosi nazwisko Waszkiewicz, by główna ulica w Białowieży nazywała się tak jak dawniej, czyli Stoczek, a nie nosiła imię pułkownika Armii Czerwonej i bohatera Związku Radzieckiego generała Aleksandra Waszkiewicza. Do ulicy Waszkiewicza dojeżdża się, jadąc od Hajnówki, ulicą imienia komunistki Olgi Gabiec. Na wysokości największego białowieskiego hotelu skręt w prawo, potem w lewo, w górę, i za domem dziecka, przy cerkwi, zaczyna się Waszkiewicza. Dziś do starej nazwy ulicy nawiązuje tylko nazwa znajdującej się przy tej ulicy restauracji, ale niektórzy białowieżanie mówią po staremu o Stoczku.

Mirosław Waszkiewicz, mieszkający niedaleko ulicy Waszkiewicza, jest więc nie matan i nie nawołocz, ale prawdziwy swój. Ma dom z widokiem na oświetloną cerkiew św. Mikołaja Cudotwórcy. Z Simoną pracował w Instytucie Badawczym Leśnictwa dziesięć lat. Simona została w nim zatrudniona 1 grudnia 1975 roku na stanowisku asystenta w Zakładzie Ekologii i Ochrony Środowiska i pracowała tam aż do śmierci.

„Pracowaliśmy razem, biurko w biurko, od połowy lat siedemdziesiątych do połowy lat osiemdziesiątych — wspomina Waszkiewicz. — Simona to była szalona osobowość. Nie dbała o zdrowie, piła dużo kawy i niczym się nie przejmowała, zawsze była wesoła, pełna wigoru, żywe srebro. Z Dziedzinki przyjeżdżała do pracy rowerem, motorowerem albo na nartach biegówkach. Mróz, deszcz, błoto, zaspy, nieznośny chłód — to było jej obojętne. Zasuwała tą nieprzejezdną najczęściej drogą z Dziedzinki, a to było naprawdę coś, przez las codziennie do IBL-u. Wpadała ubłocona, w mokrym ubraniu, przemarznięta, z soplami we włosach, zrzucała portki rybaczki i czapkę na krzesło i zabierała się od razu do roboty. O, nie, przepraszam, pierwsza była kaweczka i papieros. Simona siedziała, a przed nią stał duży kociołek, gdzie było sporo papierosów, jeden w połowie spalony, drugi się dopalał, a trzeci już był w ustach Simony. Kiedyś, wiedząc, że lubi dobrą kawę, mówię: «Simona, dobra kawa, wypijemy?». Po czym wyciągnąłem jakąś socjalistyczną kawę, chyba Marago, a ona do mnie: «Głupi jesteś, to nie jest żadna kawa! Czy ty wiesz, jaka jest najlepsza kawa? Najlepsza jest z krajów, w których małpy siedzą na drzewie, żrą ziarenka kawy i potem robią tymi ziarenkami, to spada, schnie, i to właśnie się zbiera, wybiera, suszy. I to jest dopiero kawa, a tego, co ty masz, nie będziemy pili». Simona dostawała z Austrii czy z Niemiec, od jakiejś swojej rodziny, dobrą kawę i nie chciała pić socjalistycznej. Jedzenie to chyba była dla niej ostateczność, bo nie przynosiła do pracy kanapek. Kawa i papieros to był dla niej wystarczający posiłek.

Instytut Badawczy Leśnictwa znajdował się wtedy w parku pałacowym. Kiedyś mieścił się tam internat szkoły leśnej i na jednej sali znajdowało się czterdzieści łóżek. Wysokie wnętrza, duże okna, na korytarzu szafy z dokumentami z czasu przedwojennego, na ścianach w dębowych ramach wisiały obrazki puszczy. Instytut był dla Simony takim drugim gniazdem, tu skupiała się spokojnie na pracy, bo w domu na Dziedzince miała inne obowiązki. Jak przyjeżdżała do instytutu, a docierała koło dziesiątej, jedenastej, bo tam rano zawsze oporządzała sarenki, to czasami nie miała nawet chwili, żeby porozmawiać, zabierała się od razu do pracy, chyba że była ważna sprawa do omówienia, to siedzieliśmy przy kawie i gadaliśmy, dopóki szef nie przyszedł.

Miała dar mówienia. Potrafiła tak opowiadać o zwierzętach, o Dziedzince czy o książkach, że porywała słuchaczy.

Pora karmienia, Dziedzinka.

Polecała mi książki. «Przeczytałeś *A lasy wiecznie śpiewają* Gulbranssena? — pytała. — Nie?! To koniecznie przeczytaj! A *Księgę z San Michele*?». To były książki o przyrodzie z nutką romantyzmu. Czytałem wszystko, co polecała. Kiedyś opowiadała o książce *Yanoáma. Opowieść kobiety porwanej przez Indian*; oczywiście tak zachęcała, że chciałem ją potem kupić, ale nie mogłem jej zdobyć. Rok temu najstarszy syn znalazł mi ją w Internecie. To wszystko były znakomite książki, sięgam po nie do dzisiaj.

Z Krakowa wracała nie ta sama Simona. Przybita, smutna. Żaliła się, że tam się bez przerwy toczą bitwy o majątek. Marzyła, by to był dom zadbany jak za czasów Wojciecha Kossaka, i żeby to było prawdziwe gniazdo Kossaków, ale była bezradna w całej tej sytuacji rodzinnej.

Nie pamiętam, żeby Simony nie było w pracy, brała urlop, bo na przykład chorowała. Nie pamiętam też, żeby płakała. Miała twardy charakter, nigdy na nic nie narzekała.

Przyjechałem kiedyś na Dziedzinkę, patrzę, a u Simony gdzieś w rogu pokoju siedzi sowa, i tak się zastanawiam, czy ona jest wypchana, czy prawdziwa. No bo siedzi nieruchomo, ani mru-mru. Wreszcie zauważyłem, że mrugnęła, i myślę, czy to złudzenie, czy prawdziwa sowa. Pytam się więc Simony, skąd ta sowa, a ona na to: «No jak to skąd, mieszka tutaj i sobie lata». Dzik orał z kolei koło Dziedzinki ziemię. Lech wypuszczał go na pole, a on zasuwał. Kiedyś z kolegami, przez nieuwagę, wypuściliśmy go, zostawiając niechcący otwartą furtkę. Przepraszaliśmy Lecha, przerażeni, że dzik uciekł do lasu, ale Leszek powiedział: «Nie martwcie się, chłopaki». Wyszedł na skraj Dziedzinki, gwizdnął i dzik zaraz pojawił się koło jego nogi.

Odnosiłem wrażenie, że Simona lepiej dogadywała się ze zwierzętami niż z ludźmi. Na Dziedzince miała zwierzęta, które chciała mieć, na przykład osła lub kruka, i te, które opisywała w ramach swojej pracy, tak jak sarenki. To była mordercza praca. Wchodziła do zagrody z sarnami zabezpieczona drewnianym kojcem, bo kozły ją czasem atakowały. Kozły miały poroże, mogły Simonę poturbować, zabić, musiała więc mieć zabezpieczenie. Czy czasami się bała? Nigdy nie słyszałem, żeby Simona obawiała się jakiegoś zwierzęcia albo zamykała się na cztery spusty. Nie bała się reagować na zło ani nikogo się nie bała, to był odważny człowiek".

Ludzie często o niej mówią: „Simona Kossak to był kawał cholery", ale Waszkiewicz twierdzi, że tak mogą mówić tylko ci, którzy tak naprawdę jej nie znali.

„Simona to był buntownik i wojownik, uważała, że zawsze ma rację i powinno być tak, jak ona chce. W wielu wypadkach rzeczywiście miała rację, szczególnie gdy walczyła o dobro przyrody. Zbierała informacje, pisała pisma i wysyłała je do urzędów, powstrzymując czyjeś działania, ale walczyła nie z kimś, ale w jakiejś sprawie. Nieraz widziałem ją w akcji. Kiedyś wpadła do instytutu i podniosła larum po tym, jak zobaczyła na drodze chmarę psów goniącą jelenia, który wpadł w siatkę przy Dziedzince i się pokaleczył. Simona od razu zaczęła działać, krzyczeć, żeby gospodarze pilnowali psów. W takich sytuacjach nieważne było, czy ona się z kimś od lat znała albo przyjaźniła, najważniejsze było, żeby załatwić sprawę. Simona przyjaźń stawiała niżej niż swoje racje i dlatego też traciła przyjaciół. Zwierzęta były dla niej ważniejsze niż człowiek, pod tym względem była nieobliczalna. Zadzierała nosa, jak zaczynała walkę o dobro zwierzęcia, wszystko musiało być tak, jak ona chce, nawet za wszelką cenę. Ona była jak van Gogh, z tej swojej pasji i miłości do zwierząt robiła naprawdę szalone rzeczy.

Tak samo działo się potem z każdym zwalonym drzewem. Widziała, że coś jest wycinane, i podnosiła alarm: wykonywała telefony, pisała pisma w obronie każdego drzewa. Była oddana przyrodzie do granic możliwości. Kochała las, zwierzęta. Mogłaby mieszkać w namiocie, byleby się zajmować przyrodą, miała na tym punkcie świra. Wielu naukowców kocha przyrodę i zwierzęta, ale mieszka w domu we wsi, nie w środku lasu, albo nawet w bloku. Ona nie. Musiała mieszkać w lesie. I chciała być wolna. Miała duszę hipisa".

Komar

Pierwszy Kossak jeździł konno i dorożką, drugi konno, dorożką i automobilem, a trzeci tym, czym jeździli jego przodkowie. Simona jeździła rowerem, motorowerem Komarem, maluchem, samochodem terenowym, ciągnikiem, sunęła na nartach biegowych. Przejechała tymi pojazdami drogę z Białowieży na Dziedzinkę setki razy.

Trasa ta, o której niektórzy mówią „rajd Paryż–Dakar", tonęła w błocie, a na dodatek była niszczona przez pojazdy wywożące z puszczy dęby. „Kiedyś — wspomina Tomasz Werkowski, myśliwy z Białowieży — zobaczyłem takie sunące na komarze zjawisko: rozwiane włosy, czapka pilotka, spodnie z królika, gogle na oczach. Przejechało koło mnie i aż się obróciłem, bo nie wiedziałem, co to było. Zdarzyło się to w 1974 roku, wtedy pierwszy raz zobaczyłem Simonkę".

W Białowieży pojawiło się już wtedy kilka prywatnych samochodów, ale żaden z nich nie należał do Simony. Zimą jeździła więc do pracy na komarze, na którym ręce przymarzały do kierownicy. „Kiedyś jechaliśmy z kolegą łazikiem po

„Sunące na komarze zjawisko”,
Simona jedzie do Dziedzinki.

Puszczy Białowieskiej — mówi profesor Kajetan Perzanowski, kolega Simony ze studiów z Krakowa, który przez jakiś czas zajmował się sarnami, a dziś bada żubry — patrzymy, a tu ktoś przedziera się przez zaspy i dźwiga na plecach motorower. To była Simona. Zapakowaliśmy ją z tym motorowerem na naszego łazika. Odwdzięczyła się nam potem na Dziedzince, odgrzewając gar bigosu".

„Jako młodsza koleżanka Simony w IBL-u odziedziczyłam po niej motorower — wspomina doktor Małgorzata Piotrowska. — Był zdezelowany, bez przerwy zrywał się łańcuch i trzeba go było naprawiać, w tym motorowerze zalewałam też świece albo ciągle gubiłam rurę wydechową. Żeby go uruchomić, trzeba go było wziąć na tak zwany pych, ale zanim się go rozpędziło w grubym kożuchu i ciężkich butach, to już się było zgrzanym i mokrym jak mysz, a jak się już wsiadło i zaczęło jechać, to człowiek z kolei marzł. Taka była jazda".

Życie towarzyskie i uczuciowe

Zimy w latach siedemdziesiątych zdarzały się w Białowieży takie, że nie dojeżdżał tam żaden pociąg i wieś była odcięta od świata. Latem natomiast przy chałupach rozkwitały bratki, stokrotki i ostróżki, a na Dziedzince u Simony kwitło życie towarzyskie.

Z pierwszego spotkania na Dziedzince Ewa Wysmułek zapamiętała porcelanę Simony i to, że jej właścicielka umiała oswoić każde zwierzę. „Gdy Simona nas przywitała, zafalowała jej pierś i nagle zza jej bluzki wyskoczyła wiewiórka. Zawsze coś tam miała za pazuchą, a to wiewiórkę, a to jeża".

Na Dziedzince goście siadali wieczorami przy ognisku…

Na Dziedzince goście siadali w ogrodzie pod jabłoniami, a wieczorami przy ognisku, przy którym opróżniano baniak wina własnej roboty. Simona siadała z gitarą i śpiewała góralskie przyśpiewki. Jodłowała tak, że się robiła dziura w niebie. „I grała na gitarze góralskie melodie — wspomina jej znajoma. — No, dobrze, powiem prawdę. Na gitarze tylko brzdąkała i kompletnie nie umiała śpiewać, ale jak wyjmowała gitarę, to zawsze było wesoło".

W Białowieży Simona grała też w brydża. „Mój tata ze znajomymi zamykali okiennice na dwa dni w jednym z zabytkowych carskich budynków w Białowieży i grali non stop — opowiada Stefan Krukowski, syn ówczesnego dyrektora Białowieskiego Parku Narodowego. — Zdarzało się, że dołączała do nich Simona. Kłócili się przy tym strasznie! W naszym wysokim trzyipółmetrowym mieszkaniu w Parku Dyrekcyjnym w Białowieży były modrzewiowe sufity, dębowe podłogi, piece kaflowe i dużo miejsca. Wszyscy więc nocowali u nas po brydżu, no bo gdzie jechać po ciemku do domu. Simona była jednak twarda, mówiła dobranoc, wsiadała na komarka i jechała na Dziedzinkę".

Na Dziedzince zdarzały się nawet przyjęcia przebierane. „Leszek przebrał się kiedyś za niedźwiedzia, a Simona za krakowiankę", wspomina Ewa Wysmułek.

Wojciech Niedzielski, leśnik z Białowieży, uczestnik tych spotkań pamięta, że kiedyś wywoływali duchy na Dziedzince. „Czarno za oknem, świece, lampy naftowe. Siedzieliśmy przy dużym stole. Szklanki stały do góry dnem. Byliśmy na pewno po jakimś alkoholu, Simonka lubiła dobre wino".

Na Dziedzince były więc góralskie dowcipy, wino, kobiety i śpiew, ale też gorące dyskusje na temat puszczy. Rodziły się pomysły na jej ochronę. Na przykład pomysł Jacka Wysmułka na to, jak zatrzymać wycinkę dębów. Był plan, by wyciąć dęby dla odciążenia ruchu turystycznego w rezerwacie. Wysmułek wymyślił więc szlak, na który pójdą turyści, a dęby zostaną. I przekonał innych do tego pomysłu. Tak powstał Szlak Dębów Królewskich.

Już w połowie lat siedemdziesiątych Dziedzinka stała się miejscem kultowym w Puszczy Białowieskiej. Do Simony przyjeżdżali naukowcy, ekolodzy, dyrektorzy ogrodów zoologicznych, leśnicy. „Dziedzinka wywarła na mnie wrażenie

A owcą i małymi owieczkami Simona opiekowała się w domu.

luzu artystyczno-intelektualnego — mówi profesor Kazimierz Rykowski, jeden z gości Simony. — Myślę, że wolność była w tym domu priorytetem. Można się tam było zachowywać tak, jak się chce. Byłem tym miejscem zachwycony, bo oddawało ono spójność tego, jak się myśli i jak się żyje".

„W latach siedemdziesiątych i osiemdziesiątych w puszczy wycinano pomnikowe dęby — wspomina inny częsty gość Simony i Lecha. — Simona to widziała. Leśnicy to byli jej przyjaciele, musiała jakoś w tym środowisku funkcjonować. Myślę, że to było dla niej bardzo trudne. Z Lechem to jest tak, że on, jak dzisiaj wypowiada się o Simonie, to w taki sposób, jakby chciał jej coś wynagrodzić. Oni obydwoje mieli cechy przywódcze. I każdy z nich miał swoją wizję świata".

Przyjeżdżali do nich także Hanna i Antoni Gucwińscy. Kiedy we Wrocławiu odwiedzali ich goście z zagranicy, Gucwińscy zawozili ich do Puszczy Białowieskiej i na Dziedzinkę. „Prowadziliśmy tych przyrodników z krwi i kości do Simony, bo u niej zawsze można było odnaleźć klimat puszczy — opowiadają. — Pod koniec lat siedemdziesiątych jeździł do niej z nami na przykład dyrektor amsterdamskiego zoo Bart Lensing razem z żoną. Bart był członkiem Królewskiej Rady Ochrony Przyrody. Siedzieliśmy przy ognisku, Simona grała na gitarze, piliśmy trójniak na miodzie z pasieki Leszka, a ona podawała ze swojej spiżarni grzybki. Na drzewach siedziały pawie, między nami przechadzała się oślica. Pawie były zazdrosne o gitarę, więc jak Simona grała i śpiewała, to pawie jej wtórowały i próbowały ją przekrzyczeć. Simona i Bart się zaprzyjaźnili".

Holendrzy zawsze potem z ochotą wracali do Simony. Była dla nich objawieniem — kobieta w dżungli, bezpośrednia, od razu do wszystkich mówiła po imieniu, naturalna, włosy rozwichrzone, zero makijażu, dokoła zwierzęta, dom bez wygód, zjawisko niespotykane w dwudziestym wieku w Europie.

Gucwińscy nigdy nie wstydzili się nikogo do niej zawieźć, wiadomo było, że zawsze zachowa się z klasą.

„W ich domu było tak — wspominają Gucwińscy — że sięgało się po filiżankę, a tam niespodzianka, śpi sobie popielica. Popielice miały pełną swobodę. Człowiek, który nie kochał zwierząt i się ich bał, dostałby w tym domu zawału serca. Kiedyś siedzimy przy stole, takim oryginalnym plastrze dębu, i Leszek wyciągnął nalewki, Simona przyniosła grzybki i nagle zaczęły się trząść kieliszki. «Łapcie za kieliszki!» — krzyknął Leszek. Patrzymy, a stół nam odjeżdża. Okazało się, że to locha już się pod nim zabawiała.

Ich związek z Leszkiem był bardzo elegancki, nie wypytywaliśmy, czy są razem, czy nie. Dzisiaj też byśmy o to nie pytali".

„Jaką Simona była gospodynią? To może omińmy ten temat — śmieje się inny dawny gość Simony z Białowieży. — To raczej my przynosiliśmy ze sobą jedzenie. Uczt kulinarnych na Dziedzince nie było, były natomiast uczty intelektualne".

Stanisław Myśliński, w latach siedemdziesiątych uczeń Technikum Leśnego w Białowieży: „Zbliżyły mnie z Simoną wspólne zainteresowania puszczą i przyrodą i potem to się przerodziło w wieloletnią przyjaźń. W pewnym momencie zauważyłem, że relacje między Simoną a Leszkiem uległy zmianie. Nie było już tak jak na początku, kiedy się kłócili. Simona inaczej patrzyła na Lecha. Myślę, iż ukrywała to, że jej na nim zależy, na pewno się z tym nie obnosiła. Na zewnątrz nie było żadnych czułostek".

„To było miejsce, które rozładowywało złą energię — uważa Karolina Kudlewska, gość Dziedzinki z lat dziewięćdziesiątych. — Simona stworzyła za życia bezpieczny świat, raj na ziemi. Nic dziwnego, że to miejsce przyciągało ludzi jak magnes".

Matka

Niedźwiedź wyrwał drzwi w budynku Tatrzańskiego Parku Narodowego, w którym mieszka Bożena Wajda, ale ona nie dlatego wychodzi teraz z domu i mimo że utyka na jedną nogę, idzie pod górę. „Idziemy na łąkę!" — zaproponowała przed chwilą, i już jesteśmy na łące.

Bożena Wajda żyje tak, jak chciała kiedyś żyć Simona: w lesie świerkowym, w Tatrach. W dziczy. Simonę, z którą się przyjaźniła, kojarzy z przyrodą. Dlatego opowie o Simonie na łące, z widokiem na Rusinową Polanę i skałkę Filipkę, pod starą jodłą, pod którą razem siadały.

„Simona długo była dla mnie mitem — wspomina. — «Zobaczcie, orlik krzykliwy!» — Tak Simona powitała kiedyś swoich gości na peronie stacji Białowieża Pałac. I pokazała im latającego nad nimi orlika. Przyjechałam do Białowieży tym samym pociągiem. Gdy witałam się z moim bratem, Staszek pokazał mi Simonę. Wtedy, jako uczeń Technikum Leśnego w Białowieży, opowiadał, że puszcza jest fantastyczna, a na skraju rezerwatu mieszkają niezwykli ludzie. Kiedy zobaczyłam na peronie Simonę, zachwyciłam się tym jej powitaniem i poprosiłam Staszka, żeby nas poznał. Staszek powiedział, że Simona zabroniła kogokolwiek zapraszać. Miała za dużo gości, dbała o swoją prywatność.

Kiedy następnym razem przyjechałam do Białowieży, Staszek, który mieszkał w internacie, nie miał mnie gdzie przenocować. Poprosił więc Simonę o nocleg dla mnie na Dziedzince. Na sianie, na trzy noce, bo nie mieliśmy pieniędzy. Simona się zgodziła. Przyjechałam na rykowisko, brat zaprowadził mnie do lasu i ustaliliśmy, że po szkole będzie przynosił mi jedzenie. Musiałam mu też obiecać, że będę na nocleg przychodzić po zmroku, a wychodzić o świcie, żeby nie denerwować Simony swoją obecnością i nie nadużywać jej gościnności. Trzeciego dnia Simona zagadnęła Staszka: «Miała przyjechać twoja siostra, tak mnie prosiłeś o nocleg, i co? — Przyjechała — Staszek na to. — To gdzie jest? — Powiedziałem jej, że nie lubisz, jak się kręcą koło domu obcy ludzie i że ma siedzieć w lesie, a tu tylko nocować. — I chodzi całymi dniami po lesie? — zdziwiła się. — Nie, no to muszę ją poznać! Zapraszam ją na kolację!».

Kiedy poszłam na tę kolację, od razu się zaprzyjaźniłyśmy. Przyjęła mnie ciepło i serdecznie. Reprezentowała taką naturalność skandynawską. Uważała, że życie ma być proste, blisko natury. Uwielbiałam jeździć do Simony, to był dobry człowiek.

Podziwiałam ją, że była zdyscyplinowana. Wsiadała na motor, jechała do instytutu, tam się zajmowała pracą naukową, a jak wracała na Dziedzinkę, to ogarniała leśniczówkę, wydawała polecenia i już robota szła. Bo Leszek miał z kolei naturę prawdziwego artysty i często fruwał nad ziemią. Naprawiał kiedyś dach na stodole. Spadł nagle z tego dachu w stóg siana i zobaczył niebo, po czym stwierdził: jaki piękny widok, jak tu na tym sianie miło i co on będzie dach reperował i się męczył. I sobie przysnął. Darłyśmy się z Simoną, szukałyśmy go, a on sobie smacznie spał. W końcu go znalazłyśmy. Simona, jak go zobaczyła śpiącego, przeraziła się, że coś mu się stało i że jest nieprzytomny. Zdenerwowała się, ja też. No, tak to było z Leszkiem. Kiedy byłam w czwartej klasie liceum, zmarła nasza mama i wtedy Simona mnie i Staszkowi zamatkowała. Mówiła, że jej dom jest dla nas zawsze otwarty, o każdej porze dnia i nocy. Ja zawsze ją podziwiałam za to, że jest taka nieugięta. Wiedziałam, że ona nigdy nie pójdzie ze stadem baranów, tylko się postawi. Miała swoje zdanie i broniła ludzi słabszych, faworyzowała poniżanych. Odnosiłam czasem wrażenie, że wręcz czerpała przyjemność z tego, by zachować się odmiennie od ogółu, chociaż było to często dla wszystkich bardzo niewygodne. Czułam w niej moc.

Nie pamiętam, czy Simona nie zamykała na Dziedzince drzwi na klucz. Jeśli nie zamykała, jest to zrozumiałe. Chciała, żeby w razie czego mógł się ktoś do niej dostać. W takie miejsca przyjeżdżają tylko fajni ludzie".

Małpy

Simona Kossak z Lechem Wilczkiem w latach siedemdziesiątych na łamach prasy rozmawiali w ten sposób:

„Przy kolacji Simona żartuje: Leszek kocha nasze zwierzęta, ale i mnie chyba trochę lubi, bo jestem jedyną babą w promieniu pięciu kilometrów. — Ależ ja mam motocykl, kochanie, a poza tym inne baby już są o cztery kilometry stąd"[13].

W latach siedemdziesiątych Lech Wilczek jeździł wojskowym motocyklem BMW R 75. Wydawał albumy ze zdjęciami w języku polskim i wersjach obcojęzycznych i był już znanym artystą fotografikiem. W Puszczy Białowieskiej fotografował przyrodę.

„Myślę sobie, patrząc na stare fotografie Leszka, cholernie przystojnego bruneta w skórzanej kurtce, z orlim nosem, zresztą on do dzisiaj jest ładnym człowiekiem, że on musiał się szalenie podobać kobietom", mówi Aleksander Rachwald.

Kobieta nr 1: „Na początku ich wspólnego życia, w latach siedemdziesiątych, Simona na Dziedzince mieszkała sama, Leszek miał pracownię w Warszawie i do Białowieży przyjeżdżał raz na jakiś czas".

Kobieta nr 2: „Nie było go tu, no nie było. Dzisiaj on się o Simonie bardzo dobrze wypowiada, ale wcześniej tak o niej dobrze nie mówił".

Kobieta nr 3: „Nie był święty. Wyjeżdżał, wracał ogolony, wypachniony. Simona płakała, że był z jakąś kobietą, a ona, tak jak sama kiedyś powiedziała, była pewna, że to jest mężczyzna jej życia".

Kobieta nr 4: „On jeździł do różnych kobiet do Warszawy i Simona doskonale o tym wiedziała. Przywoził Simonie z Warszawy prezenty, ona udawała, że jest zadowolona. Mówiła: «Udaję głupią, że nic nie wiem, ale muszę wszystko wiedzieć». I wiedziała wszystko. Jedną z jego kobiet nazywała Czarną Małpą. Wiedziała, kiedy Czarna Małpa była u Leszka w pracowni w Warszawie i kiedy przysyłała mu listy na Dziedzinkę. Treść tych listów też doskonale znała".

Czarną Małpą i innymi Simona się nie przejmowała. Wiedziała, że bije te wszystkie kobiety na głowę. Była na miejscu, na stałe, a tamte kobiety znikały. Żadna nie chciała mieszkać na Dziedzince w takich warunkach w środku puszczy, w jakich oni żyli.

Udawała często przed innymi, że jej to nie dotyka. Kiedy nie udawała, obgryzała paznokcie, paliła papierosa za papierosem, walczyła z nerwowym drętwieniem rąk, płakała.

Koleżanka z Krakowa: „Simona potrafiła walczyć o faceta, i chyba wyczyściła w końcu Dziedzinkę z bab. Bardzo kochała Leszka. I była o niego strasznie zazdrosna. Kiedy się u nich zatrzymywałam, nocowałam w części Leszka, on się wtedy przenosił na stronę Simony. Kiedyś zagadaliśmy się tylko we dwoje, gdy Simona na to weszła i jak na mnie huknęła! Taka była na mnie wściekła, że chciałam w środku nocy sama wracać do domu przez las".

Kobieta nr 3: „Prawda jest taka, że Simona miała dużo zmartwień z powodu Leszka. On ją teraz gloryfikuje, ale za życia było zupełnie inaczej. Simona wykazywała inicjatywę. Ona była do tego wszystkiego przekonana, on nie. I długo się docierali, żeby być razem. Leszek chciał być wolnym

„Lech jest macho, który musi mieć rację".
L. Wilczek z oswojoną lochą Żabką.

człowiekiem i wiele lat to demonstrował. Kibicowaliśmy im, bo Simona była zaangażowana. Gdy między ich mieszkaniami na Dziedzince powstały drzwi, ucieszyliśmy się, że może w końcu będą razem".

Drzwi zostały wybite najprawdopodobniej w latach osiemdziesiątych. Joanna Kossak: „W jakąś deszczową noc, gdy podczas spotkania towarzyskiego na Dziedzince cały czas trzeba było latać między mieszkaniami Leszka i Simony, ktoś powiedział: «Nie moglibyście sobie zrobić przejścia, ile można tak latać po deszczu». I wtedy Leszek zrobił te przejściowe drzwi".

Osoba z Białowieży: „Ich wolny związek z czasem ewoluował, to jest kwestia testosteronu. Dzisiaj Leszek jest zupełnie innym mężczyzną niż wcześniej. Jest łagodny jak baranek i sam o sobie mówi, że stał się chrystusowy, ale kiedyś siedział w nim diabeł".

Joanna Kossak: „Lech jest macho, który musi mieć rację, ale Simona wiedziała, jak z nim postępować. Gdy on coś nabroił, to ona absolutnie nie dawała mu do zrozumienia, że ona wie, że to on nabroił. I on robił atak i na nią naskakiwał, bo najlepszą obroną jest atak, i ona na spokojnie to odbijała, że tak, oczywiście, to jest jej wina. W przypadku Lecha nie wolno było podważyć jego zdania i Simona nigdy tego nie zrobiła, bo to byłby koniec. Ona wykonywała wokół niego «tańce — połamańce». Taką grę przyjmowali. Leszek bez przerwy miał focha, gubił wszystko — klucze itd. I w końcu mówił: «To, Simona, to ja już ci wybaczam» (mimo że on nabroił). Simona się do niego przytulała i zza jego pleców puszczała do mnie oko".

Gość Dziedzinki: „Żartowaliśmy zawsze z Simoną, że przy wszystkich jego pomysłach i jego naturze to jest niesamowity szczęściarz. Kiedyś Leszek znalazł bigos w piwnicy, postawił słoik na stole i chodził dwa dni wokół tego bigosu i mówił: «Boże, jaki moja mama robiła dobry bigos... ale mama nie żyje ze dwadzieścia lat, ale to na pewno od niej, bo to taki specjalny słoik ze szklaną pokrywką. Z gumką i z metalowym zapięciem». Trzeciego dnia otworzył ten bigos, stwierdził, że ma dobry zapach, i go zjadł. Miał jakieś boleści, ale przeżył.

Simona to wszystko akceptowała. Kiedyś mi powiedziała, że nie ma na to wpływu, Leszek taki już jest i koniec. Myślę, że ona kochała Leszka, z jego wadami i słabościami. Wybaczała mu wszystko od początku do końca.

Zamówiła dla niego kiedyś szafkę. W tej szafce były szuflady, stolarz precyzyjnie wykonał tę szafkę, tak jak chciała Simona. W każdej szufladzie były kopertki, a w tych kopertkach celofany i ponumerowane zakładki alfabetyczne. To był prezent dla Leszka. I miało to służyć temu, żeby uporządkował swoje wszystkie zdjęcia. I Leszek zamiast się cieszyć, to miał do niej pretensje, że przecież nikt ją o to nie prosił. I całe życie miał do Simony żal, że ona część zdjęć popakowała w celofan i ten celofan mu zniszczył negatywy. Taki był wdzięczny. W ogóle z tego chyba nie korzystał. Widziałem to zjedzone przez myszy, splądrowane. Wyglądało jak po powstaniu warszawskim.

I Simona musiała z nim w takich warunkach funkcjonować. Zrobiła facetowi prezent, a on po trzech tygodniach zrobił z tej szafki coś, co wyglądało jak po bombie.

Lech zawsze chciał być niezależny i potrzebował wolności, ale z Simoną było tak samo. Simona miała dużą potrzebę niezależności. Ona była wolna od wszystkiego: od pieniędzy, pogody, od jakichś zobowiązań, chciała być też wolna od drugiego człowieka. Simona miała duszę niesamowitą, ona nie była wyrobionym naukowcem, tylko się w niej gotowało, reagowała emocjonalnie.

Inaczej Leszek, jeśli chodzi o emocje, to jest człowiek zagadka. Simona miała zawsze emocje na wierzchu, Leszek miał je schowane.

Teraz Leszek jest wpatrzony w Simonę jak w obrazek. Za życia się spierali, teraz jest zupełnie bezkrytyczny. O Simonie można od niego usłyszeć same superlatywy.

A tak naprawdę smak Simony jest słodko-gorzki. Ona była ostra. Miała charyzmę. Jak się wkurzała — to zdrowo. W momencie zagrożenia nie waliła na oślep, tylko była coraz bardziej celna w swoich złośliwościach. I do tego padały wulgarne słowa. Mieliła ludzi i w ten sposób narobiła sobie wielu wrogów.

Simona była człowiekiem z krwi i kości.

Gdy miała zaciśnięte usta, jak wpadała na Dziedzinkę, to od razu było widać, że jest wściekła. Jej złość była wyrazista. Ja wtedy znikałem, nie ciekawiło mnie, czemu Simona jest taka zła.

Jej twarz była bardzo szczera, a ona emocjonalna, więc co pięć sekund była zła i szczęśliwa na zmianę. Miała bardzo żywą mimikę, momentalnie się odczuwało, że ona się z kimś zgadza albo nie. To było dla niektórych bolesne. Rozszyfrowywała człowieka od razu: czy ma uczciwe intencje i jest OK, czy nie jest OK. Tylko mało kto na nią patrzył, bo wiele osób uciekało wzrokiem.

U niej było tak, że gdy nie było chemii z jakimś człowiekiem, to nie, i koniec. Kiedyś, jak była nieprzyjazna do jakiejś pani i ktoś ją zapytał, dlaczego tak się zachowała, to odpowiedziała, że z czystej złośliwości.

To, że bywała agresywna, wynikało z lęku. Agresja u wszystkich gatunków wynika z lęku. Te gatunki, które mają groźną broń, czyli ostre zęby i pazury, wiedzą, czym dysponują, i używają ich tylko wtedy, gdy trzeba, a dwa delikatne gołąbki tłuką się agresywnie na śmierć.

Simona była bardzo pewna siebie, ale jednak nie zawsze. Ona była w życiu otoczona wrogim światem: rodziny, w której mężczyźni dobrze malowali, i ona też miała być mężczyzną; miastem, którego nie lubiła; społecznością naukową, która walczy ciągle o pieniądze na badania i ze sobą rywalizuje. Musiała się chyba zahartować w bojach, bo potrafiła walczyć i się bronić.

Na początku na Dziedzince Simona była podporządkowana Leszkowi, on był starszy, miał pieniądze, wiedział dużo o zwierzętach, roślinach i o puszczy. Simona stała wtedy za Lechem murem, a potem było odwrotnie. To ona zarabiała na Dziedzinkę, decydowała i miała na niego wpływ.

Leszek wielu rzeczy nie wiedział i nie wie o Simonie.

Oni żyli w dwóch równoległych osobnych światach. Jak już jeździli samochodami, to każdy w swoim robił udogodnienia. Simona szyberdach, żeby mogła palić, a Leszek bagażnik, żeby wozić na Dziedzinkę różne rzeczy. I tak było ze wszystkim".

Kobieta nr 4: „On o nią nie dbał. Ona o niego dbała.

On się obrażał, nie odzywał się do niej tygodniami. Simona cieszyła się, gdy przyjeżdżałam, bo wiedziała, że Leszek mnie lubi i wtedy między nimi było lepiej. Leszek się wtedy przestawał gniewać, siadał łaskawie z nami razem do stołu.

Simona była ponad to. Wiedziała: Jest artystą i bawidamkiem, musi mieć kobiety. Mówiła: «To jest taki gość, że wyjedzie, bo coś mu nie odpowiada, poszaleje z kobietami, potem zadowolony wraca, a jak jest wkurzony, to ja sama chcę, żeby pojechał i wrócił szczęśliwy».

Były momenty, gdy było mi jej szkoda, że ją oszukiwał. Simona wiedziała o wszystkich kochankach, ale uważała, że musi go brać takiego, jaki jest. Ona go po prostu kochała".

„Leszek to jest jedyna osoba, którą Simona kochała, bo ona nie kochała ludzi, tylko zwierzęta".

Hordy

W latach siedemdziesiątych i osiemdziesiątych Simona przyjmowała na Dziedzince najwięcej gości, ale tylko takich, którzy wcześniej się zapowiedzieli. Nie cierpiała niezapowiedzianych wizyt.

Bożena Wajda wspomina: „Gdy się u niej zatrzymywałam i Simona zobaczyła przez okno, że ktoś niespodziewanie przyjechał, mówiła: «O kurde, znowu! Bożena, szybko, zamykamy drzwi, kładziemy się pod łóżko i bierzemy psa za pysk». I czekałyśmy, aż intruzi odjadą. Miała też inne sposoby na nieproszonych gości. Mówiła: «Gdy przychodzą do ciebie goście, których nie lubisz, powiedz: fajnie, że przyszliście, bo dzisiaj mamy akcję sprzątanie, i wtedy od razu uciekną, a jak nie od razu, to na pewno po sprzątaniu i więcej się nie pokażą!»".

Kiedy widziała, że za bramą stoją intruzi, którzy chcieli zobaczyć jej zwierzęta, mówiła im z poważną miną, że wśród tych zwierząt zapanowała taka zaraza, że lepiej żeby się do Dziedzinki nie zbliżali.

Odkąd w prasie zaczęły się ukazywać teksty o czarownicy z puszczy, na Dziedzince pojawili się też wariaci i ludzie niezrównoważeni psychicznie. Raz przyjechała jakaś kobieta, której zmarło dziecko, z prośbą, żeby Simona nawiązała z nim kontakt. „Białowieżanie na początku uważali, że Simona to dziwadło, bo dzieci nie ma, męża nie ma, sama w lesie, może nawet wierzyli w te czary-mary — opowiada jej znajomy. — Jeśli przyjeżdżała do kogoś w odwiedziny rodzina, to gospodarze zabierali gości na wycieczkę, żeby pokazać im Simonę na Dziedzince. Nic dziwnego, że dostawała szału, jak robiła na przykład pranie, a tu raptem wycieczkowicze. Musieli się bronić, zbyt dużo chętnych chciało ich oglądać niczym w zoo".

Wspólny posiłek w towarzystwie szczególnego domownika, Simona z lochą Żabką.

Do apogeum najazdów niezapowiedzianych hord doszło zwłaszcza wtedy, gdy na Dziedzinkę zaczęli przychodzić przewodnicy z tłumami zwiedzających, którzy wybrali się zobaczyć puszczę. „Przewodnicy obrali sobie za punkt honoru, żeby pokazać Dziedzinkę — wspomina znajomy Simony — no bo dom w puszczy, bez prądu i wody, a w nim jeszcze pani Kossak, z tych Kossaków. Simonę i Leszka tak to wkurzało, że zaczęli stronić od ludzi i z czasem stali się odludkami".

Życie towarzyskie skończyło się na Dziedzince w latach osiemdziesiątych, potem ani Simona, ani jej sąsiad nie życzyli sobie żadnych niezapowiedzianych odwiedzin, nawet znajomych.

I tak już było do końca.

Mamka

Liczył się każdy kęs. Dąb raz, muchomor raz, dwa i żołędzie raz, dwa, trzy. Simona, czyli obserwator, każde skubnięcie saren nagrywała na magnetofon: „sarna — listek grabu", a potem powtarzała: „obserwator — listek grabu". Zrywała kęsy i ważyła je na wadze. Pracowała tak od maja 1976 roku przez trzy lata, dwadzieścia cztery dni w miesiącu. Wyszło sto dwadzieścia dwa tysiące kęsów. Zagrody z sarnami powstały naprzeciwko Dziedzinki w ramach pracy Simony w Instytucie Badawczym Leśnictwa. Simona biegała z magnetofonem i obserwowała, gdzie sarny żerują, co jedzą, ile skubią świerka, ile przeżuwają huby. W małej zagrodzie (0,8 ha) żyły koźlęta — małe sarenki, w dużej (21 ha) dorosłe sarny.

W październiku 1977 roku Simona napisała podanie do dyrektora IBL-u: „Zwracam się z uprzejmą prośbą o umożliwienie mi otwarcia przewodu doktorskiego z tytułem rozprawy

«Skład pokarmu saren w Puszczy Białowieskiej». Zbieranie materiałów rozpoczęłam w maju 1976 r., a zamierzam zakończyć w listopadzie 1978 r. Opracowanie materiałów prowadzę na bieżąco. Badania nad sarnami są kontynuacją moich wcześniejszych prac, dotyczących stosunków pokarmowych zwierząt kopytnych. Na promotora proponuję osobę prof. dr hab. R. Dzięciołowskiego".

Ryszard Dzięciołowski wspomina, że „Simona najpierw zaczęła pracować nad sarnami, a dopiero potem powiedziała, że chce o nich pisać doktorat. IBL znalazł pieniądze na zbudowanie ogrodzenia, w którym zamieszkały sarny, i miały być tam prowadzone badania nad dietą jeleniowatych. Simona przyszła do mnie z gotowym projektem doktoratu, a promotorzy na ogół lubią takie sytuacje. Bardzo mi się podobało, że ma to wszystko przemyślane, i przyjąłem ją do grona doktorantów. Znaliśmy się już wcześniej, współpracowaliśmy w Zakładzie Badania Ssaków. Sarny były jej oczkiem w głowie. W zagrodzie miała całe ich stadko, w porywach do dziesięciu sztuk, i tak je do siebie przyzwyczaiła, że zachowywały się zupełnie swobodnie w jej obecności. Żerowały, odpoczywały, bawiły się, nie zwracając na nią uwagi. Simona zaś wszystko notowała. Zapisywała kęsy różnych gatunków roślin, a jeśli nie znała jakiejś rośliny, zrywała gałązkę, chowała ją do notatnika i sprawdzała, co to jest. Badała, co sarny zjadają, ile zjadają i jak to się zmienia podczas różnych pór roku".

„To była ciężka praca, by przyzwyczaić do siebie sarny, ogrodzić kawał lasu, dbać o ogrodzenie — opowiada Elżbieta Malzahn. — W zagrodach był starodrzew, młodnik, zrąb, wszystko, co rośnie w Puszczy Białowieskiej. Sarny miały więc naturalne warunki, nie mogły jedynie wyjść poza ogrodzenie. Zagroda była zabezpieczona przed rysiami czy wilkami i psami. To była ciężka harówka".

Sarny były jej oczkiem w głowie. Simona z sarenkami, hodowanymi w ramach badań do doktoratu.

Codziennie, niezależnie od pory roku, robiła tak zwany obchód i sprawdzała ogrodzenie. Lech Wilczek opisywał to miejsce: „Zagrodę chroniła wysoka na trzy metry siatka, potrójny, zasilany akumulatorem pastuch elektryczny i rozmieszczone co parę dziesiątków metrów głośniki odstraszające drapieżnych gości zmiennymi bodźcami akustycznymi — w tym przypadku całodobowym radiowym programem"[14].

Kiedyś w zagrodzie przewróciło się drzewo i uszkodziło system radiowy. Do zagrody dostał się ryś i upolował cztery sarny. „Simona była tym załamana — pamięta Elżbieta Malzahn. — Musiała na jakiś czas przerwać badania".

Powiedziała, wściekła, do znajomych: „Tu nad łóżkiem będzie wisiała skóra tego rysia". I profesor Aleksander Sokołowski, szef białowieskiego IBL-u w czasach, gdy Simona robiła tam doktorat, mówi, że jeśli ryś ponownie by zaatakował, to może by do niego strzeliła.

W wyniku ataku rysia na sarny badania przeciągnęły się o pół roku. Simona wzięła do zagrody nowe sarny i kontynuowała swoją pracę, którą zakończyła w kwietniu 1979 roku. W pracy przy sarnach i naprawieniu ogrodzenia pomagali jej leśnicy i uczniowie technikum leśnego. „Simona w kontakcie z sarenkami dawała z siebie wszystko — mówi Stanisław Myśliński. — Traktowała je jak matka i do dzisiaj widzę, jak niesie na rękach jakiegoś oseska, jak go przytula albo karmi mlekiem z butelki ze smoczkiem i jak trzyma sarenkę na kolanach".

Simona karmiła oseski mlekiem od krowy albo mlekiem w proszku dla niemowląt. Małgorzata Piotrowska, kiedy poznała Simonę w Instytucie Badawczym Leśnictwa, była wtedy świeżo upieczoną matką: „Słysząc jej opowieść o tym, jak karmi sarenki, byłam w szoku, że ktoś opowiada o zwierzętach jak o dzieciach".

„Zwierzęta miały u niej specjalne względy — wspomina gość z Dziedzinki. — Zdarzało się więc, że poczęstowała któreś jakąś dobrą szynką, a człowieka nie. Nie zgadzałem się z nią, gdy uważała, że zwierzę ma większe prawa niż człowiek, ale rozumiałem, że traktowała je jak członka rodziny — uczuciowo.

Simona zwierzęta traktowała z szacunkiem, była przy tym bardzo odpowiedzialna i pozwalała im na wszystko, ale inaczej było z ludźmi. Gdy ktoś jej zalazł za skórę, nie było zmiłuj — pokazywała pazury".

„Kiedyś pracownik NIK-u przyszedł na Dziedzinkę skontrolować ogrodzenie z sarenkami — opowiada Bożena Wajda. — Przyjechał z Warszawy. W IBL-u w Białowieży wiedzieli, że zjawi się kontrola. Wiedzieli też, że Simona takimi urzędnikami się nie przejmuje i raczej go nie ugości. Przygotowali się więc w instytucie na tę wizytę i mieli faceta odebrać na dworcu Białowieża Pałac, żeby go odpowiednio przyjąć w białowieskim hotelu Iwa. Wyszli po niego na stację, ale ten postanowił wysiąść wcześniej na stacji Białowieża Towarowa i przyszedł pieszo przez las na Dziedzinkę. Simona była już przy sarenkach, a ja do niej wychodziłam. Wpuściłam więc urzędnika do Dziedzinki i pobiegłam przestraszona po Simonę. Lecę po nią, a ona nic: «Przyszedł to przyszedł, niech sprawdza. W co jest ubrany?» — zapytała. Ja: «W koszulę z krótkim rękawem». Ona: «To sobie w tej koszulce posprawdza!». Komary żarłoczne były wtedy strasznie.

Wróciłam na Dziedzinkę. W domu panował wtedy, delikatnie mówiąc, artystyczny nieład. Urzędnik wszedł do pierwszego pomieszczenia: ciemne mieszkanie, obrazy Kossaków, stoi zaskoczony, zaproponowałam więc, żeby usiadł. Podszedł do fotela, podniósł płaszcz, który na nim leżał, i już chciał

Simona zwierzęta traktowała z szacunkiem i pozwalała im na wszystko.

usiąść, gdy zobaczył zdechłe myszy, które Simona przynosiła dla puszczyka. Jak je zobaczył, przykrył je nerwowo tym płaszczem. Potem zobaczył drugi fotel, a na nim sowę, ale myślał, że nieprawdziwa. Jak puszczyk kłapnął dziobem, to facet znowu się wystraszył.

Wyszliśmy do zagrody z sarnami. Simona specjalnie nie ostrzegła go przed komarami i mówi: «Jak pan chce sprawdzać, to niech pan mierzy! Idziemy w teren!». Po przejściu jednej trzeciej ogrodzenia powiedział, że już wystarczy, widzi, że to jest bardzo solidnie zrobione. Simona na to, że to nie wszystko, że musimy przejść dokoła. Po godzinie wracamy na

Dla zwierząt była jak matka, lata 80. XX w.

Dziedzinkę, patrzymy, a na podwórku dwa łaziki z parku, jacyś ludzie rozkładają obrusy, przeganiają z grabu pawie, czyszczą stół i rozkładają talerze z hotelu Iwa, tace, nakrycia, kieliszki. Zastawa jak na wesele. Pracownicy IBL-u bali się, że on im zrobi koło pióra, przyjechali w panice, znając «gościnność» Simony. A skończyło się tak, że pan z NIK-u na kolanach przed Simoną po wódeczce klęczał i mówił, że takiej kobiety w życiu nie widział".

Dzięki zagrodzie z sarnami Simona miała to, co chciała: badanie dzikich zwierząt, pracę w lesie, na miejscu, na

Dziedzince. Wiele lat po obronie doktoratu powie: „Sarnom zawdzięczam wszystko, co osiągnęłam, dopuściły mnie do swego życia, nauczyły, czym są duzi, dzicy roślinożercy w swoim środowisku naturalnym. Byłam ich matką włączoną do stada, musiałam respektować wszystkie formy ich zachowań. A poza tym są to zwierzęta szalenie ujmujące w kontaktach towarzyskich”[15].

Sarny dbały o Simonę jak o członka rodziny.

„Stadko moich saren, które wychowałam na butelce i potem przez wiele lat chodziłam z nimi po lesie — wspominała — któregoś dnia wykazywało objawy przepłoszenia, strachu i nie chciało wyjść na uprawę leśną, żeby się paść. I ja zaczęłam iść w kierunku młodnika, bo tam się te zwierzęta patrzyły z uszami postawionymi i zjeżonymi kuperkami, widać, że coś tam bardzo groźnego w tym młodniku jest. Przeszłam mniej więcej połowę drogi tej otwartej przestrzeni i zastopowało mnie, bo usłyszałam za sobą chóralne szczekanie pełne grozy, więc się odwróciłam i co zobaczyłam? (...) Pięć moich sarenek stało na sztywno wyprostowanych nóżkach, patrzyło na mnie i wołało do mnie tym szczekaniem: nie idź tam, nie idź tam, tam jest śmierć! Przyznam się szczerze, że osłupiałam, po czym jednak poszłam. I co się okazało. W tym młodniku były świeże ślady przejścia rysia. Weszłam głębiej w gąszcz i znalazłam kał rysia, i on rzeczywiście był ciepły, bo przyłożyłam rękę. Co to znaczyło? Znaczyło, że wdarł się do zagrody drapieżnik, sarny go zauważyły, uciekły i były spłoszone i co zobaczyły? Matkę idącą nieświadomie na pewną śmierć, trzeba ją ostrzec, i dla mnie, przyznam się szczerze, ten dzień był przełomowym dniem. Przekroczyłam granicę, która dzieli świat człowieka od świata zwierząt. Gdyby nas od zwierząt oddzielała szyba, mur nie do przebicia, zwierzęta by się mną nie przejęły. My jesteśmy sarny, ona jest człowiek, co ona nas obchodzi? Jeżeli one mnie ostrzegły (...), oznaczało to tylko i wyłącznie jedno: jesteś członkiem naszego stada, nie chcemy, by zdarzyła ci się krzywda. Przyznam się szczerze, że przeżywałam to zdarzenie przez wiele dni i właściwie dzisiaj, jak myślę o tym, miękkie ciepło na sercu odczuwam. Jest to dowód, jak można by się zaprzyjaźnić ze światem dzikich zwierząt".

W kwietniu 1979 roku Simona zakończyła obserwację saren i przy świetle lampy naftowej zaczęła pisać rozprawę doktorską „Badania nad sytuacją troficzną saren na siedlisku boru mieszanego w Puszczy Białowieskiej". Obrona pracy odbyła się 26 czerwca 1980 roku w Instytucie Badawczym Leśnictwa w Warszawie. Na liście obecności na tej publicznej obronie podpisało się ponad dwudziestu naukowców oraz dwudziestu jeden zaproszonych gości, ale nie było wśród nich nikogo z Kossaków. Dopisali natomiast znajomi z Białowieży: Ewa Wysmułek, Elżbieta Malzahn, Małgorzata Piotrowska, Stanisław Myśliński. Tatrzański Park Narodowy reprezentował Wojciech Gąsienica Byrcyn, który wspomina: „Pamiętam z tej obrony, że jeden z profesorów, z pochodzenia góral, powiedział w kuluarach o Simonie: «To jest baba, która strasznie tę przyrodę widzi, to znaczy bardzo ją kocha»".

Simona nie wyglądała wtedy jak baba. „Miała sylwetkę dziewczynki i chyba koński ogon", pamięta Kazimierz Rykowski. „Ta obrona to było widowisko — mówi Ryszard Dzięciołowski. — Simona mówiła z głębokim przekonaniem, szybko i sugestywnie, co spowodowało, że przebieg obrony miał trochę teatralną formę". „Była zadziorna — dodaje Kazimierz Rykowski — a na ogół doktorant jako podsądny jest przerażony całą sytuacją i kładzie uszy po sobie. Simona pokazała wtedy, że nie ma respektu przed tytułami profesorskimi i odważnie broniła siebie i swojej tezy". „Oj, nie, denerwowała się i przeżywała tę obronę! — przekonuje Joanna Kossak. — To była dla niej wielka bitwa".

Na złośliwość odpowiadała złośliwością, pamięta Rykowski. „Ktoś w recenzji napisał, że jej stwierdzenia są trywialne. Simona odpowiedziała mu więc, że właśnie na trywialności polega wiedza utrwalona. To jest coś, co zamienia się potem w potoczną wiedzę i nauka ma spełniać też funkcję w przybliżaniu wiedzy tym, którzy z nią na co dzień nie obcują. Na krytykę odpowiedziała zatem tak, że wyszło na to, iż ten zarzut recenzenta jest raczej pochwałą!".

Tak też sądzili naukowcy uczestniczący w obronie. W protokole z posiedzenia Rady Naukowej IBL-u w dniu 26 czerwca 1980 roku ktoś zanotował: „prof. J. Stajniak stwierdził, że wypowiedź doktorantki na temat truizmów była błyskotliwa".

„To był bardzo dobry doktorat z ekologii sarny — uważa Ryszard Dzięciołowski. — Simona udowodniła, że sarna nie jest takim szkodnikiem w lesie, jak się wcześniej myślało. Sarna jest wybredna, tam skubnie, tu skubnie i zwraca uwagę na to, co wkłada do pyska. Jest mała, lekka i jest samotnikiem, a jej szkody nie mają charakteru takiego jak na przykład chmary jeleni".

Za rozprawę doktorską i obronę Simona otrzymała wyróżnienie. W 1991 roku, jedenaście lat po obronie doktoratu, poświęci sarnom i ich zwyczajom żywieniowym habilitację. A kiedy wychowa na mleku stado saren, zacznie wychowywać inne zwierzęta. Na przykład łosie, o których napisze: „U łosi występują nadzwyczaj silne więzy emocjonalne pomiędzy matką i dziećmi. I na moje uczucia macierzyńskie łoszaki odpowiadały wzruszającym, iście synowskim przywiązaniem, które nie osłabło nawet, gdy były już dorosłe"[16].

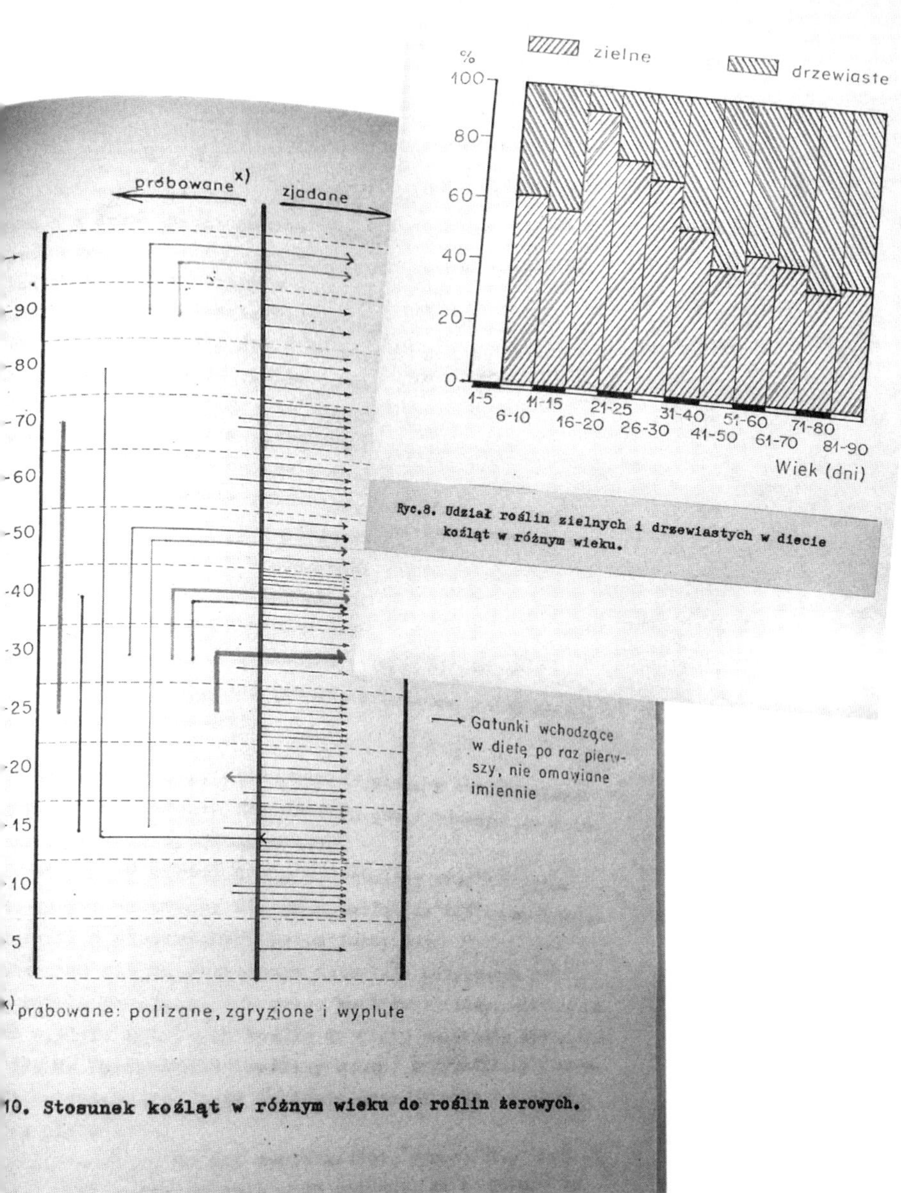

Fragmenty pracy doktorskiej Simony Kossak.

Wykarmi mlekiem łosie bliźniaki, a także dzika i rysicę, która podczas karmienia tak ją drapała pazurami, że Simona miała „jedną wielką ranę niemal do łokcia".

„Jej doktorat to było oryginalne podejście do tematu diety saren — ocenia Aleksander Sokołowski, szef IBL-u z czasów doktoratu Simony — a potem ona to modyfikowała, zajmując się innymi zwierzętami puszczy, i zainteresowała się gospodarowaniem wszystkich zwierząt Puszczy Białowieskiej.

Inni, którzy znali jej prace naukowe, o sarnach Simony powiedzą w 2013 roku, że była ich ambasadorem. Ona zaś o swoich sarnach zawsze mówiła, że sarna była „jej herbowa" albo używała określenia: „sarenki wpisane w życiorys".

Automobil

Na początku lat osiemdziesiątych Simona przesiadła się z motoroweru do samochodu, którym jeździła z taką samą prędkością, z jaką Wojciech Kossak podróżował kiedyś automobilem marki Benz lub Austin z Krakowa do Juraty albo do Zakopanego — preferowała prędkość czterdziestu kilometrów na godzinę. „Myślę, że była utrapieniem wszystkich kierowców, jadących drogą Hajnówka–Białowieża", mówi Aleksander Rachwald.

Pierwszym maluchem, czyli fiacikiem, który dostała w 1983 roku w prezencie od Lecha Wilczka, miała jeździć tylko, kiedy padał deszcz lub śnieg. W końcu jednak odstawiła motorower i niezależnie od pogody jeździła maluchem. Dwa fiaciki zajeździła na śmierć. „Pierwszym postanowiła jeździć ostrożnie — wspomina znajomy Simony. — Włączała więc tylko drugi bieg, choć nie z ostrożności, tak naprawdę bała się jechać szybciej niż motorowerem. Jak pojechała do Warszawy i z powrotem cały czas na drugim biegu, trzydzieści kilometrów na godzinę, to zarżnęła silnik".

Wśród znajomych Simony znana jest jej pierwsza wyprawa samochodem poza Białowieżę. „Jeździła już trochę po Białowieży — wspomina Elżbieta Malzahn — uznała zatem, że dobrze sobie radzi, dlatego pojedzie dalej, do znajomego w Bieszczady. Pomyślałam: rany boskie, trudna trasa, kawał drogi, nie jest doświadczonym kierowcą, ja bym się chyba nie odważyła. Dojechała do Hajnówki i wszystko było dobrze, ale dalej okazało się, że nie ma zielonego pojęcia o ruchu drogowym. W Białowieży jeździła po kilku prostych drogach — nie było ronda, skrzyżowań ze światłami i tym podobnych. I okazało się, że Simona nie wie, jak się na tych rondach i skrzyżowaniach zachować. Stawała przed każdym rondem, czekała, aż wszyscy przejadą, i dopiero potem ruszała. Jechała z Białowieży w te Bieszczady chyba ze trzy dni. W końcu zatrzymała się gdzieś na drodze i stwierdziła, że dalej nie da rady. I w płacz. Płacząc, jakoś jednak dojechała do celu. Gdy wróciła, podeszła do mnie i do naszego zakładowego kierowcy, pytając: «Powiedzcie mi, co to jest za znak, taki żółty trójkąt». W tym momencie zorientowaliśmy się, że Simona nie zna znaków i mimo to pojechała sama w Bieszczady i z powrotem".

„Kiedyś byłem na festiwalu przyrodniczym w Wiźnie — wspomina Jarosław Chyra. — Simona pokazywała tam swój film. Po pokazie miałem zatrzymać się w Drozdowie u mojego przyjaciela i Simona zaproponowała, że mnie do niego zawiezie. Jedzie się tam jakieś piętnaście minut. To było wiosną i w poprzek drogi migrowały akurat żaby, wielkim stadem przełaziły sobie na drugą stronę jezdni. Normalny człowiek zahamuje, spróbuje żaby powymijać, a potem gaz do dechy i jedzie, ale Simona twardo czekała, aż sobie żaby przejdą.

Jechaliśmy z Simoną na pierwszym biegu przeszło cztery godziny. Do Drozdowa doszedłbym szybciej pieszo".

Jej historie automobilowe nadają się na osobną książkę.

Sim(s)onka

W 1987 roku Simona została zaproszona na otwarcie wystawy „Rok Myśliwca" w Dworku Wincentego Pola, w oddziale Muzeum Lubelskiego. *Rok Myśliwca* to utwór Wincentego Pola z ilustracjami Juliusza Kossaka. Jest to gloryfikacja myślistwa, którego wielbicielami byli obaj twórcy. Kustosz Dworku Wincentego Pola, Władysława Zossel-Wojtysiak, zaprosiła na uroczystość między innymi rodzinę oraz potomków przyjaciół Pola i Simonę, prawnuczkę Juliusza Kossaka, córkę Jerzego Kossaka, który polował i malował: *Spacer myśliwski w lesie* (1937), *Święty Hubert na polowaniu* (1944), *Polowanie par force u hr. Józefa Potockiego w Antoninach* (1948) czy *Na łów, na łów, na łów!* (1949).

Simona, właścicielka pozłacanej dubeltówki ze zbiorów Kossaków, z wyrzeźbionymi scenami z polowań, przyjęła zaproszenie. Wernisaż odbył się 24 września 1987 roku, a dzień później Simona wygłosiła w dworku wykład „Człowiek a puszcza" i — jak napisano w „Życiu Warszawy" — „swoim wystąpieniem zbulwersowała zebranych".

Na sali było wielu myśliwych, ubranych w odświętne uniformy, i takich, którym nieobce były wyjęte z języka łowieckiego określenia „bałamut" (pies gończy, gubiący trop), „ciota" (stara łania), „cewki" (wysmukłe nogi sarny) czy „fiołek" (gruczoł zapachowy u nasady ogona lisa).

Simona w swoim wystąpieniu najpierw przywołała, a potem zburzyła mitologię Wincentego Pola. To, co wtedy

Białowieża, 3 sierpnia

Szanowna Pani

Z przyjemnością zarezerwuję sobie 2 lub 3 dni na pobyt w Lublinie. Jeśli dobrze rozumiem, powinnam przyjechać chyba 22 września? - to zresztą jeszcze uzgodnimy. Oczywiście może Pani wykorzystać mój list, jeśli się nadaje do Pani celów. Zdjęcia rodzinne wypożyczyłam Panu Olszańskiemu, sądzę że on z kolei dostarczy Pani odbitki. Powolutku obmyślam swoje wystąpienie, żeby było na poziomie. Nie wiem czy to najszczęśliwszy pomysł by PZŁ pomagał finansowo - ja przecież zamierzam zdrowo dołożyć łowiectwu. Jeśli chodzi o finanse - mogę wystąpić gratis, pozostałaby tylko sprawa noclegów. Gdyby jednak coś się z forsą wyklarowało może warto by zaprosić Zbigniewa Święcha z Krakowa /adres: Szymanowski [illegible] Kraków/. To bardzo kulturalny dziennikarz, mój przyjaciel,i"nadworny dziejopis ". Będę się z nim widzieć w sierpniu to go zainteresuję problemem. Może przyjedzie na delegację np. z Przekroju - to by Pani nie obciążyło kosztami.

To narazie wszystko -

serdecznie pozdrawiam

[podpis]

List Simony do Władysławy Zossel-Wojtysiak, kierownika oddziału Muzeum Lubelskiego w Dworku Wincentego Pola w Lublinie, 1987.

powiedziała, powtórzyła w wywiadzie udzielonym dla „Życia Warszawy".

„Wszyscy jesteśmy potomkami minionych pokoleń. Niektórzy z nas chlubią się przodkami zasłużonymi dla kraju, o których przetrwała dobra pamięć. (...) Przyjemnie też pogrzać się w cieple sławy. Nie lubię tej roli i nigdy w niej nie występuję. Przyjechałam więc z innego powodu.

Od ludzi noszących wielkie nazwisko wymaga się, by nie przynosili wstydu. Uważam, że to za mało. Jeśli przyznajemy się do wielkich czynów naszych antenatów, musimy też wie-

Według Simony Kossak: „polowanie, zabijanie zwierząt wyłącznie dla rozrywki, było i jest niegodne człowieka cywilizowanego"; Jerzy Kossak na polowaniu.

dzieć, co w ich postępowaniu było naganne i czego złe następstwa działają do dziś. Naszym obowiązkiem, wypływającym ze wspólnoty nazwiska i więzów krwi, jest to zło naprawić. Szczególnym łącznikiem pomiędzy Juliuszem, Polem i mną jest łowiectwo. Mam jednak określone zdanie na temat zabijania dzikich zwierząt, oparte nie tylko na emocjach, lecz także na faktach naukowych.

Rozpatrując polowania od strony etycznej, uważam, że zabijanie zwierząt wyłącznie dla rozrywki było i jest niegodne człowieka cywilizowanego. Mam pod ręką garść wspomnień łowieckich różnych — nawet wspaniałych autorów — i wszystkie budzą wstręt swoją obłudą i okrucieństwem. Obłudą, bo panowie udają, że kochają przyrodę, a zwierzęta szczególnie, a okrucieństwem, bo po zachwytach: «jaki on silny i śliczny» zawsze następuje scena mordu niewinnej ofiary. (...)

Poglądy na myślistwo Pola i Juliusza Kossaka potępiam. Jako ludzie wrażliwi: artyści, apologeci przyrody, musieli sobie zdawać sprawę z niemoralności zabijania dla rozrywki, z całej brzydoty towarzyszącej łowom. Stworzyli więc nieprawdziwy, estetyczny, wręcz piękny mit szlachetnych łowów, jako miłej i godziwej rozrywki[17]. (...) Jestem absolutnie przeciwna zabijaniu jako rozrywce w poetycznej otoczce łowieckich mitów. (...) Taka dzika gęś zawarła małżeństwo na całe życie, a teraz jej partner leży martwy. Siada więc w pobliżu, mimo strachu przed człowiekiem, i rozpacza w głos. Prawie nigdy nie zdarza się, by już kiedykolwiek połączyła się w parę z jakimś samcem. I na to wszystko spokojnie patrzy wrażliwy artysta. Nie tylko patrzy, on jest sprawcą bólu i cierpienia. Człowiek subtelny, czujący przyrodę i z nią współczujący, nie zniesie widoku polowania. To widok nieestetyczny"[18].

„Jej ojciec i pradziadek przewracali się chyba wtedy w grobie", mówi dziś Lech Wilczek.

Simona zrobiła tak, jak wcześniej zapowiadała w liście do dyrekcji Dworku Wincentego Pola. Przed przyjazdem do Lublina ostrzegała: „Zamierzam zdrowo dołożyć łowiectwu".

„W łowiectwie panuje szacunek do trofeów — tłumaczy Lech Miłkowski, myśliwy z Białowieży. — Simona zaś uważała, że to wielkopańskie obyczaje. Poluje się, żeby zdobyć mięso, i to Simona popierała, reszta to wielkopańska wydumka. Nie rozumiała, że polowania i łowiectwo można kochać. A to jest piękna sprawa. Dzięki łowiectwu przekonałem się na przykład, ile tracę, nie oglądając wschodów słońca, a to tak dobrze człowieka nastraja".

W 1987 roku w wywiadzie *Mit szlachetnych łowów* Simona mówiła: „Mieszkając tak długo w Puszczy Białowieskiej (...) w pewnej chwili zrozumiałam, że przekroczyłam kordon i znalazłam się (...) po stronie drzew i zwierząt. Występuję więc w ich imieniu. Skończyłam studia biologiczne ze specjalizacją psychologii zwierząt, lecz dopiero lata życia w lesie nauczyły mnie rozumieć mowę zwierząt. I znam ją tak dobrze, że należałoby mnie spalić na stosie jako czarownicę. Wiedziona atawizmem, zamieszkałam w puszczy, atawizm być może spowodował, że zajęłam się badaniami łowieckimi, to znaczy poznawaniem zwierząt, na które się poluje. Dzięki temu poznałam też łowiectwo. I dziś mogę już przekazać innym, że puszcza woła o ratunek dla swoich zwierząt".

W tej rozmowie wyróżniła trzy grupy ludzi zabijających dzikie zwierzęta: kłusowników, czyli prostych ludzi, którzy nie czują ani nienawiści, ani współczucia; myśliwych ze związków łowieckich, czyli ludzi „całkowicie lub prawie całkowicie niewrażliwych na piękno przyrody i zwierząt", choć jej zdaniem nie wyklucza to, że lubią oni las i chętnie w nim przebywają. Trzecią zaś grupą, budzącą jej największe przerażenie, byli intelektualiści i artyści kontynuujący tradycje *Roku Myśliwca*.

W prasie, po opublikowaniu *Mitu szlachetnych łowów*, ukazywały się komentarze: „Pani dr Simona Kossak wystąpiła — i w Dworku Pola, i w «Życiu Warszawy» — z tak zasadniczym potępieniem moralnym myślistwa, owych sportowych polowań na zwierzęta, jak chyba nikt przed nią w ciągu ostatnich kilkudziesięciu lat. (...) Nareszcie ktoś potępił polowanie na zwierzęta jako rozrywkę, jako zabawę, jako grę towarzyską, jako sport. Uczyniła to prawnuczka Juliusza Kossaka — artysty, który tę właśnie ponurą rozrywkę uwielbiał i malował"[19].

„To wszystko jest dwuznaczne — mówi jej znajomy. — Simona nie cierpiała myśliwych i zabijania zwierząt, ale była w Związku Łowieckim i wyznaczała zwierzęta do odstrzału".

Jak wynika z dokumentów w IBL-u, Simona należała do Związku Łowieckiego od 1985 roku.

„Była w Kole Łowieckim — przyznaje Ewa Wysmułek — ale tylko dlatego, że chciała mieć broń. Na Dziedzince często była sama i w razie czego chciała się bronić".

„Simona Kossak robiła badania potrzebne w gospodarce łowieckiej — uważa Aleksander Sokołowski, były szef Instytutu Badawczego Leśnictwa. — Wypracowywała metody liczenia zwierząt i na tej podstawie wiadomo było, ile zwierząt będzie można odstrzelić, regulując stan zwierzyny w lesie"[20].

„Na zebraniach Koła Łowieckiego — wspomina myśliwy Tomasz Werkowski — skrupulatnie przeglądała papiery, zabierała głos, ale nie była wrogo nastawiona do kolegów myśliwych, nie patrzyła nam na ręce. W Kole dostała dubeltóweczkę simsonkę".

Werkowski ma w domu na ścianie sarnie czaszki, skóry dzika i wilka oraz poroża. Z Simoną się przyjaźnili. „Simonka, jak mnie kiedyś odwiedziła — opowiada — zobaczyła tę skórę, co tu wisi na ścianie, i powiedziała: «Wilka strzeliłeś, swojego kolegę myśliwego!». Na Białorusi go strzeliłem. Mnie czasem aż ponosiło, jak dyskutowaliśmy, ale lubiłem z nią rozmawiać. Kłóciliśmy się, ale po pięciu minutach schodziliśmy z pułapu złości i było już po koleżeńsku. «Wszyscy myśliwi to zboczeńcy», mówiła"[21].

W 2002 roku Simona powiedziała w prasie: „Od dwudziestu pięciu lat jestem członkiem Związku Łowieckiego, ale nie zabiłam i nie zabiję żadnego zwierzęcia"[22].

Najbardziej brzydziła się polowaniem *par force*, czyli takim, jakie uprawiał między innymi jej ojciec, kiedy to: „Rozbawione towarzystwo, siedząc na pięknych koniach — kulturalni ludzie — patrzyli, jak na ich oczach lis zostawał rozszarpany przez psy". Jerzy Kossak od listopada 1911 roku do stycznia 1913 ubił w Tyńcu, jak wynika z księgi rachunkowej Kossaków, 227 kuropatw, 147 zajęcy, 153 kaczki, 64 krzyki, 47 bażantów, 42 wrony, 24 kurki i czajki, 15 lisów, 6 rogaczy, 6 jastrzębi, 4 dzikie gołębie, 3 bociany i 1 borsuka.

W filmie *Pojedziemy na łów* (1998) Eugeniusza Pudlisa, Simona powtórzyła swoje zdanie sprzed lat z „Życia Warszawy". Nie wypowiedziała się w nim jednak o polowaniach jej przodków i rodzinnej tradycji Kossaków.

Gloria

„Podnieca mnie nawet linia przerywana malowana na szosie", mówiła Gloria Kossak, siostra Simony o swojej automobilowej pasji. Gloria — mistrzyni Polski w rajdach samochodowych z 1985 roku. Tak to tłumaczyła: „Idziesz na całość, żeby nawet wylecieć z drogi i pójść, lecieć..."[23]. Kochała ostrą jazdę samochodem.

Gloria, która w przeciwieństwie do młodszej siostry miała talent do malowania koni, długo nie chciała malować ani mieć na ścianie żadnego „kossaka". W latach osiemdziesiątych przekonywała, że ciągnie ją do koni, „tyle że mechanicznych, do tej niezwykłej atmosfery, tych napięć, niebezpieczeństw"[24]. Zacierała silnik w oplu kadecie, dachowała w okolicach Skierniewic podczas Rajdu Łódzkiego, kierowała fordem, fiatem, oplem i innymi samochodami, dopuszczonymi do wyścigów w PRL-u. Uwielbiała startować w rajdach górskich: „W sumie to igranie ze śmiercią — mówiła — ale o życiu i śmierci decyduje się samemu. Jeżdżę jako pilot i wiem, jaka ogromna spoczywa na mnie odpowiedzialność. Wystarczy, że zamiast «III cienko» powiem «II dno» i już może być po nas”[25].

Wyła z rozkoszy, kiedy samochód słuchał tylko jej. Zwłaszcza „gdy nie masz pilota z boku, który ci szepce: prawy dwa gaz, lewy patelnia, jedynka gaz, jedynka gaz, lekki gaz, pełna rura, odejście, pięćset prostej”[26].

Dziennikarz Leszek Konarski, który w 1985 roku przeprowadził z nią wywiad dla pisma „Kontrasty”, pytał: „A Simona, która mieszka od lat na skraju Puszczy Białowieskiej, też interesuje się samochodami?”. „Gdy Simona przyjeżdża do Krakowa — odparła na to Gloria — to dziesięć razy musi oglądnąć się w jedną i drugą stronę, zanim przejdzie przez ulicę. Tak w tej puszczy odzwyczaiła się od cywilizacji”.

„Wzięła po Kossakach wszystkie talenty” — mówią o Glorii ci, którzy ją znali. „Spodnie, czerwone dzwony, gdy dałam jej materiał, uszyła mi w jedną noc — wspomina Jolanta Wątek. — I w życiu nie miałam takich spodni. Malowała ładnie na szkle i pisała piękne wiersze”.

O jednym z nich Gloria powiedziała w latach osiemdziesiątych, że to jej autoportret:

Stara akacja w lansadach chodzi z wiatrem pod rękę po parku.
Zwiotczałe podbródki przykryła aksamitką z liści,
Przypięła do sukni tiul z pożółkłych wyblakłych koronek.
W kufrze znalazła mitenki, by ukryć plamy na dłoniach.
Wyschnięta szyja się schyla z białego kwietnego boa,
Flakon perfum wylewa co roku na dekolt, piersi i biodra.
Chce stłumić zapach starości, pretensjonalna kokota[27].

W 1985 roku Kossakówkę i jej gospodynię odwiedził Janusz Miliszkiewicz, autor książki *Polskie gniazda rodzinne*. „Gloria Kossak ledwie zaprosiła mnie do salonu — pisał — gdy nieoczekiwanie pojawił się inkasent. Pani domu już parokrotnie udało się go spławić. Liczyła, że i tym razem pozbędzie się intruza. Urzędnik jednak nie kapitulował i w pewnej chwili pani Gloria obdarzyła go rzeczownikiem dobrze znanym z płotów, najczęściej pisanym nieortograficznie: «Ty...» — odbiło się od sufitu skrzydlate słowo. Inkasent przypomniał, że jest funkcjonariuszem państwowym na służbie, ale to pogorszyło jego sytuację. Po wygnaniu inkasenta Gloria Kossak podała dla uspokojenia «herbatkę z prądem». Zrobiło się gorąco, choć w salonie było zimno jak w psiarni".

Miliszkiewicz zobaczył w czasie tej wizyty pęcherze na zagrzybionych ścianach, dziury w dachu, szmaty w dziurach ścian i parkiet w jednym z salonów zniszczony przez maszyny introligatorskie. Usłyszał o braku pieniędzy nie tylko na remont, lecz także na utrzymanie domu. „Ze zrujnowanej Kossakówki wyszedłem tak wściekły — wspominał — że gotów byłem organizować wiece i manifestacje dla ratowania domu. Czułem się osobiście odpowiedzialny za to, że pozwolono na upadek Kossakówki"[28].

Kiedy w latach osiemdziesiątych dziennikarze pojawiali się w Kossakówce, Gloria tłumaczyła się przed nimi z wyglądu domu i ogrodu. „Zarzucają mi, czemu nie dbam o ogród — mówiła — bo powinny być grządki — tu astry, tu tulipany. Wysadzane, wsadzane. Na 1 maja czerwone, na 1 czerwca żółte. Ja nie cierpię porządku takiego od linijki. Ja tego nie potrafię robić. U mnie wszystko idzie na żywioł. (...) Moim żywiołem jest samochód, pływanie, szermierka, mężczyźni, tresura zwierząt. (...) Miałam sokoły, węże, nietoperze oswojone, dziesiątki psów, dziesiątki kotów, ludzi też. (...) Jestem potwornie zazdrosna o wszystko, co jest moje. (...) Cierpię, jak ktoś dotyka mojej szklanki. (...) Wszystko, co w ogóle robię w życiu, robię z pasją. Jak palę papierosa, to z pasją, jak piję wódkę, to z pasją. Jak jeżdżę samochodem, to z pasją. (...) Jak głaszczę zwierzę, to z pasją. (...) Jak podrywam mężczyznę i go zatrzymuję — i mam go — to z pasją. (...) Jak się rozwodzę, to z pasją, jak rodzę dzieci, to też z pasją. U mnie nie ma atmosfery letniej. (...) Ja siebie bardzo nie lubię i staram się unikać własnego wizerunku w lustrze. Mało tego, raz próbowałam zrobić swój autoportret i zdębiałam po skończeniu. (...) Żyję wbrew normom. Lubię żyć pod prąd, tylko i wyłącznie. Im bardziej pod prąd, tym lepiej. Tak jak pstrąg"[29].

Simona miała inne pasje i inne poglądy niż jej siostra. Po wyjeździe z Krakowa i śmierci matki w Kossakówce została Gloria i z domu Kossaków wciąż ubywało rzeczy. Gloria prowadziła wtedy bogate życie towarzyskie (z pasją...): przy placu Kossaka lał się alkohol, nieraz interweniowała milicja. W Jerzówce nie było atmosfery letniej.

Na pewno nie było jej łatwo — miała dwie dorastające córki, Joannę i Dagmarę, dom się sypał coraz bardziej, pieniędzy wciąż brakowało.

W 1988 roku Glorię odwiedził z kamerą Bogusław Dąbrowa-Kostka ze szkoły filmowej w Łodzi, który nakręcił o „spadkobierczyni świetnego rodu" etiudę operatorską *Gloria*. W filmie widać zmęczoną kobietę, która karmi koty, jeździ konno po ogrodzie, kocha się na oczach przodków zerkających ze ścian i opowiada, że kontynuuje tradycję rodzinną, prowadząc dom otwarty. Mówi też głosem nieznoszącym sprzeciwu, że boi się — ale nie o siebie, lecz o kogoś — że ktoś, kto chciałby wrócić do Kossakówki, może zastać tam drzwi zamknięte.

Gloria i Simona miały odmienne pasje, ale na pewno łączyła je miłość do zwierząt. Życie napisało im też podobny scenariusz. Gloria, po tym jak spełniła się w rajdach samochodowych, zaczęła malować. Simona, gdy spełniła się jako naukowiec i obrońca przyrody, zaczęła pisać. Tak, jakby w przypadku obu, po tym, gdy odnalazły w życiu coś dla siebie, miało nagle zacząć spełniać się życzenie Jerzego i Elżbiety Kossaków, którzy powtarzali w dzieciństwie Glorii: „Ty masz być malarką, a twoja siostra poetką i pisarką".

Gloria po raz pierwszy pokazała swoje obrazy w 1984 roku na wystawie w Sali Lustrzanej w krakowskim Pałacu pod Baranami. Simona Kossak zaczęła w tym samym czasie pisać dla prasy.

Z zebranych artykułów zaczęły wychodzić z czasem jej książki: w 1995 roku *Opowiadania o ziołach i zwierzętach* (zbiór tekstów z „Kontrastów") czy w 2001 roku *Saga Puszczy Białowieskiej* (wiele tekstów napisanych do czasopisma „Echa Leśne").

Simona wyda jeszcze w 1998 roku książkę *Wilk — zabójca zwierząt gospodarskich?* i w 2006 — *Park Narodowy w Puszczy Białowieskiej*. Po jej śmierci nieraz padnie zdanie, że odeszła pisarka.

Macica

Joanna Kossak: „Synek! Jest prąd w domu, włączyłam agregat! Włączamy pralkę, dawaj ładowarkę! Już momencik, już rozmawiamy, nastawię tylko pranie, bo włączyłam prąd. Tu w puszczy mamy tylko agregat, ale jest prosty w obsłudze, to nie zajmuje wiele czasu. Żaden kłopot. O! Jest! Pranie nastawione, zaraz będzie herbata. Udało się, już sytuacja opanowana. To jakie było pytanie?".

„Tak, chciałam być kalką Simony. Żyję podobnie jak Simona w głębi Puszczy Białowieskiej, z daleka od ludzi. Tu, wbrew pozorom, jest najbezpieczniej na świecie. Jeśli miałabym powiedzieć, jak ja się tu czuję, to określiłabym to krótko — jak w macicy.

W żadnym innym lesie w Polsce nie zgodziłabym się zamieszkać, ale tutaj tak. Jeździ tu straż leśna i straż nadgraniczna. Bo to jest strefa nadgraniczna i non stop monitoring. Każdy, kto tu wjeżdża, musi się liczyć z tym, że go tu zatrzymają, sprawdzą i spiszą.

No, ale Simona mieszkała w innej części puszczy.

Kiedy przyjeżdżałam do niej z Krakowa na Dziedzinkę na wakacje — przyjeżdżałam od początku Dziedzinki, czyli od lat siedemdziesiątych — byłam wpatrzona w nią jak w obrazek. Największym moim marzeniem było, by mieć to, co miała Simona: zwierzęta i las dokoła. Chciałam zawsze żyć tak jak ona — w puszczy. I mieć jeszcze obok siebie partnera — koniecznie artystę, związanego z przyrodą — tak samo jak Simona. Gdy byłam mała i zbliżały się wakacje, żadne inne miejsce mnie nie interesowało poza Dziedzinką.

Simona była dla mnie jak matka.

Gdy byłam mała, przewijała mnie, myła, a potem uczyła jeść nożem i widelcem, pod dyrekcją babci Elżbiety uczyła mnie kindersztuby. Siadałam tak jak Simona, gdy była dzieckiem, z tomami starej encyklopedii Brockhausa pod pachami przy ogromnym gdańskim stole w jadalni w Kossakówce i uczyłam się zasad zachowania przy stole.

Kossakówka to był zły dom. Wszyscy, którzy w nim żyli dłużej niż dwadzieścia lat, umierali na raka albo wariowali. Ludzie, którzy u nas mieszkali, nie mogli spać i uciekali z wrzaskiem. Dwie osoby popełniły samobójstwo. To był dom zagrzybiony i potwornie toksyczny. Ja przez całe dzieciństwo miałam takie horrory związane z tym domem, że to się w głowie nie mieści. Dom, w którym cały czas dochodziło w nocy do ingerencji obcych bytów. Bałam się zasnąć.

Na piętrze Kossakówki jeden pokój stał pusty. Kiedyś ktoś zaczął się z tego śmiać i powiedział, że się tam prześpi, żeby innym udowodnić, że to jakaś bzdura. I tak jak stał, wybiegł z domu z krzykiem, przerażony, w samych skarpetkach. Nigdy nikomu nie powiedział, co się w tym pokoju przydarzyło. I nigdy już więcej nie przyszedł do Kossakówki.

Simona też tego doświadczała. Całej tej obecności bytów, które cię bezwzględnie wykańczają i cały czas czyhają, by ci dopierniczyć. Elżbietę dręczyły te obce byty, Simonę, a potem mnie.

Nieżyjący już Kazimierz Olszański, który zajmował się historią naszej rodziny, zadzwonił kiedyś do nas i powiedział, że odkrył, iż Kossakówka leży na terenie, na którym kiedyś było wysypisko trupów. Na torfowiska, które tam były w czasach zarazy, rzucano ciała ofiar, bo torf jest aseptyczny. To może właśnie dlatego w tym domu, urządzonym zresztą jak w jakimś staroangielskim horrorze, był cały ten koszmar.

Simonę uważano w rodzinie za osobę bez talentu. Wszyscy malowali, mieli do tego zdolności, moja mama, Gloria też, a do tego miała urodę, a Simona co? Studiowała biologię? Co ona w ogóle robiła w tej rodzinie? Nie wspomnę już o tym, że tak samo jak moja matka Simona miała być synem.

I Simona wzięła sobie za punkt honoru, że znajdzie coś dla siebie, pokaże, że jest w tym dobra i udowodni, że ma jakiś talent.

Kiedy wyjechała z Kossakówki, dla mnie to była tragedia.

Lubię zjadać żywe mrówki. Takie nie w lesie, tylko w domu. Jak je się zjada, to one się wynoszą. Wyczuwają drapieżnika i zmieniają miejsce, wychodzą z domu albo w najgorszym

„Chciałam zawsze żyć tak jak ona — w puszczy", Joanna Kossak w czasie wakacji u Simony na Dziedzince, lata 70. XX w.

wypadku przenoszą się na podłogę. Kiedyś w Kossakówce jadłam takie żywe mrówki prosto z patyka. Simona mówiła na mnie Kajtek. I tłumaczyła mi: «Kajtuś, ale jak ty zjadłaś mamusię i tatusia, to kto nakarmi teraz ich dzieci, co te ich dzieci będą teraz jadły?». Wsadziłam wtedy kij w mrowisko i powiedziałam, że w takim razie zjem dzieci i wszyscy będą razem.

Simona czytała mi bajki, opowiadała o zwierzętach, zabierała mnie do siebie na studia do Instytutu Zoologii.

Czułam się przy niej bezpieczna.

Gdy wracała po południu z zajęć, zawsze był podwieczorek, bawarka, ciasteczko i przy bawarce Simona siedziała, a ja mogłam czesać jej włosy. Czułam się wtedy tak, jakbym Pana Boga za nogi złapała.

Jej dzieciństwo raczej tak nie wyglądało.

Kiedyś babcia Elżbieta opowiedziała mi bajkę o szczygiełku. Wszystkie ptaki miały polecieć do Pana Boga załatwić jakąś sprawę i wszystkie ptaki w słońcu się paliły, tylko szczygiełek dał w końcu radę. Jak doleciał, bez piórek, do Pana Boga, to Pan Bóg mu powiedział, że w nagrodę, że mu się udało, da mu piórka od każdego ptaszka. I dlatego szczygiełek to jest ptaszek z różnokolorowymi piórkami. I wygląda tak, jakby wpadł do wentylatora.

Simona była wstrząśnięta, jak jej kiedyś to opowiedziałam. Zapytała zdziwiona: «Moja matka opowiadała ci bajkę?». Simonie nigdy nie opowiadała bajek.

Z czasów, kiedy Simona studiowała, pamiętam, że kiedyś wzięła mnie ze sobą do Instytutu Zoologii. Były tam różne ptaki. Simona gdzieś poszła, a ja nagle usłyszałam taki dziwny głos: Kaj-tek, Kaj-tek. Jezu, jak ja się wtedy przeraziłam! Miałam wrażenie, że znowu słyszę głosy jak w domu. Za chwilę okazało się, że to tylko gwarek, ptaszek, który gadał.

Kiedy po studiach Simona wyjechała z Krakowa, wychowywała mnie na odległość. Kontrolowała, czy chodzę do szkoły itd. Nie przyjeżdżała często do Krakowa, ale jak były kłopoty z moją mamą, która była bardzo trudnym człowiekiem z chorobą alkoholową, to przyjeżdżała z interwencją i robiła porządki. Miała wtedy charyzmę jak Hitler.

W furii miała mózg na najwyższych obrotach. Każde słowo było jak brzytwa. Nie awantura, tylko ostrzał. I taka sama była później w walce o dobro zwierząt. I bardzo dobrze, bo to było skuteczne. Simona wchodziła do domu z energią bomby atomowej, robiła dym, wyrzucała z Kossakówki obcych ludzi i wzywała milicję. To, że tak się zachowywała, to było zbawienne, to był wiele razy dla nas w Krakowie jedyny ratunek.

Simona miała na Dziedzince obraz *Dama z łasiczką*, zrobiony z bombonierki z goplanowskich czekoladek, bardzo pięknie oprawiony. «Ty, z Kossaków, masz taki obraz?» — zapytałam ją kiedyś. Ona na to: «To jest arcydzieło, a ja nie mogę mieć oryginału, a uwielbiam *Damę z łasic*zką, więc mam taką!».

Simona nie miała wielu pamiątek z Kossakówki, większość odesłała do Krakowa po śmierci babci.

Gdy patrzyłam, jak moja matka wyprzedaje obrazy, a Simona zrobiła sobie *Damę z łasiczką* z bombonierki, to nauczyło mnie, żeby się nie przywiązywać do rzeczy materialnych.

Kiedy byłam w liceum, czy nawet wcześniej, Simona analizowała moje opowieści klasowe, stosując psychologię zwierząt. Uważała, że jeśli się dobrze zna psychologię zwierząt — człowiek nie ma żadnych problemów z gatunkiem ludzkim. Rozbrajała wszystkie wzorce ludzkich zachowań. Moje relacje towarzyskie były rozbierane i przekładane na hierarchię w stadzie zwierząt. Tłumaczyła, jest przywódca, są faworyty z najładniejszymi piórkami, w każdym stadzie jest też ofiara i rozładowujący atmosferę błazen. Analizowała to, co się działo w mojej klasie, i mówiła, że u pawianów to jest tak i tak. Jest hierarchia i przywódca siedzi wyżej, żeby mieć kontrolę. Co ja zyskam, jeśli mu się postawię? Nic, będzie konflikt i wojna. I stado na tym ucierpi. Zoopsychologia pomaga mi do dziś, ja się do dzisiaj nią posługuję.

Nie ma sensu być w życiu zazdrosną o facetów — to też mi tłumaczyła. O facetach mówiła, że to worek z plemnikami na dwóch nogach, który ma dotrzeć do jak największej liczby kobiet, by przedłużyć gatunek. I to, że on zdradza, nie ma nic wspólnego z psychiką, z emocjami, z relacją, z więzią, z działaniem z premedytacją. To nie jest tak, że faceci są źli, oni taką mają biologię. Prawdziwa samica dba o to, by samiec ją chronił, wracał i dostarczał żywności oraz dawał poczucie bezpieczeństwa.

Uważała jednak, że faceta można oswoić, i to absolutnie każdego tygrysa. «Jak facet uważa się za najważniejszego na świecie i ma do ciebie o coś pretensję, to przyznaj mu rację, nawet gdy absolutnie jej nie ma. Powiedz: Kochanie, ależ oczywiście! I zobaczysz, jaki on będzie szczęśliwy — tłumaczyła. Zanalizuj czyjeś wzorce zachowania — mówiła, i działaj tak, jakby ktoś tego oczekiwał. To, że on myśli, że wygrał, niech sobie myśli, ty wiesz, kto ma rację. I zobaczysz — będziesz miała to, co będziesz chciała. Jak ktoś ma ochotę być z kimś i pozna instrukcję obsługi, to potem czerpie ogromną radość z oswojenia tygrysa». Simona była naprawdę biegła w tych sprawach.

Kiedy miałam kłopoty ze zdaniem matury (po latach dowiedziałam się, że z powodów politycznych), Simona się denerwowała. Dzwoniła, sprawdzała, czy chodzę na zajęcia, czy nie imprezuję, czy nie zawalam szkoły przez nowe związki. Przysyłała mi też do Krakowa listy, dzięki temu wiedziałam, co się dzieje na Dziedzince".

Kajtuś, Kochany Bachorku! (...) Od kilku dni w domu Sodoma-Gomora. Park zdjął podłogę w kuchni, żeby położyć nową, i okazało się, że wszystko zgniło, więc muszą całą połowę Lecha (łazienka, sionka, kuchnia, pokój z kominkiem) rozwalić, nowe belki zewnętrzne, legary, chałupę podnieść itd. Domyślasz się, jak dom wygląda po usunięciu mebli i zrobieniu wykopów. (...) Kajtuś, błagam — nie zapominaj o nauce. Bądź mądrym człowiekiem, nie pozwól sobie na luzy przez psa i przyjaciół. Tylko wtedy będziesz samodzielnym człowiekiem, gdy będziesz miała wykształcenie. (...) Tylko, błagam Cię (to poważnie piszę), ucz się i nie opuszczaj szkoły!!!! Bo przyjadę i łeb z płucami urwę!!!! (...) Całuję obie mordy (psią też) — Simona. Białowieża, 15 września[30].

„Simona naprawdę, jako biolog, miała takie zdanie, że facet to jest siewca plemników, którego zadaniem jest wyprodukowanie jak największej liczby potomstwa — przekonuje Joanna. — I że z założenia nie jest monogamiczny i nie jest godzien kobiety, więc żebym się nie zdziwiła. Kiedy weszłam w wiek dojrzewania i zaczęłam się tym wszystkim interesować, pojawiło się życie towarzyskie, pierwszy alkohol, czy jak zaczęłam zadawać sobie pierwsze ważne pytania o rodzinę czy o moją relację z matką, Simona też tłumaczyła mi wiele w listach".

Joasiu!

(...) Ja swoją matkę obłędnie kochałam, gdy byłam mała, a gdy już zupełnie dorosłam, przeszło mi całkowicie. Zlitowałam się nad nią, nie chciałam jej krzywdy, ale o miłości już nie było mowy. Rodzice też muszą zasługiwać na miłość swoich dzieci. (...) Joasiu! Jeśli wyrośniesz na porządnego, uczciwego człowieka, dostaniesz ode mnie rzeczy po Kossakach, i to niekoniecznie po mojej śmierci, bo zamierzam żyć długo[31].

„W tych listach jest cała ciotka — potwierdza Dagmara, druga siostrzenica Simony, siostra Joanny. — Dla Simony było ważne, żeby być dobrym człowiekiem, uczciwym, prawym, mnie też zachęcała do tego, by się uczyć. Była konkretna i wymagająca, jak o coś prosiła, to lepiej to było zrobić, niż nie zrobić. Czy okazywała nam uczucia? Czy nas przytulała? Nie, nie brała nas na kolana, nie głaskała po głowie, o rany, nie! To nie był jednak dla nas problem, bo my nie byłyśmy do tego przyzwyczajone. Ciotka czynami pokazywała, że nas kocha, całą sobą to pokazywała. Zawsze mogłam na nią liczyć, mimo że żyłam daleko od niej. Wiem, że ciotka Joannę i mnie bardzo kochała".

W 1991 roku na antenie Polskiego Radia Kraków Simona powiedziała o dwudziestoszescioletniej wtedy Joannie: „To jest córka mojej siostry, ale to jest moje dziecko. Ja ją powinnam w odpowiednim momencie ukraść i wywieźć do Białowieży"[32].

„Kiedy za czwartym razem zdałam maturę — wspomina Joanna — po kilku latach, a dokładnie w rok po śmierci mojej mamy, wyjechałam z Krakowa. Kiedy więc okazało się, iż Dagmara jest na tyle dorosła, że może sama zarządzać Kossakówką, spełniłam swoje największe marzenie i przyjechałam na stałe do Białowieży. Zamieszkałam na Dziedzince z Simoną i Lechem. Simona i Lechu tworzyli takie uniwersum, że każdy trzeci elektron był tam zbędny. Toczyli nieustanne rozmowy o przyrodzie, kłócili się na przykład trzy dni o to, gdzie występuje jakiś gatunek albo jak się nazywa dany ptak. «Dzióbek, mówisz bzdury!» — mówił Lech do Simony. «To ty nie masz o niczym pojęcia!» — odpowiadała Simona. I były telefony do instytucji i fachowców i szukanie w literaturze, kto ma rację".

Na początku lat dziewięćdziesiątych Białowieża zaczęła się w szybkim tempie zmieniać. Powstała pierwsza wypożyczalnia rowerów. Niektórzy ludzie stukali się w głowę, co to za wynalazek, wielu uważało, że rowery to się zabiera spod sklepu, a nie wypożycza w specjalnym punkcie, i to jeszcze za pieniądze. Rozwinęła się też agroturystyka.

Simona miała już wtedy wysoką pozycję, zrobiła habilitację i zaczynała walczyć o dobro zwierząt i o ochronę przyrody.

Zawsze miała postawę wojownika, ale dopiero na początku lat dziewięćdziesiątych taka oficjalna walka stała się możliwa.

„Kiedyś, jeszcze w latach siedemdziesiątych, pewien młody naukowiec wymyślił sobie takie badanie ornitologiczne, że wystrzela na jakimś określonym terenie w rezerwacie wszystkie samce strzyżyka woleoczko, żeby zobaczyć, jak szybko odnowi się populacja samców na tym terenie — opowiada Joanna. — Simona wpadła w furię, jak o tym usłyszała, zrobiła totalny dym i przerwała młodzieńczy zapęd naukowca".

Tak jak do gatunku ludzkiego Simona miała wiele zastrzeżeń, to zwierząt broniła bezapelacyjnie. Torpedowała każdy projekt, w którym zwierzęta mogły cierpieć.

„Pewien botanik w rezerwacie był kiedyś ciekawy, jaki jest roczny przyrost u sosen — podaje jeszcze jeden przykład Joanna. — Pozakładał więc na drzewach ciasne druciki z blaszkami i Simona chodziła tam ze mną i te druty zdejmowała. Ja do dzisiaj, jak jestem na spacerze w tamtym miejscu w puszczy, to jeszcze mi się zdarza te druty zdejmować".

Kilka lat przed jej śmiercią doszło między Simoną a Joanną do konfliktu, którego nie udało się wyjaśnić. Wspólna znajoma powie, że Simona zachowywała się w tym konflikcie tak, jakby była we władzy szatana. „Źle zinterpretowała list, który do niej napisałam, odebrała moje słowa jako brak akceptacji. I nie dało się potem tego odwrócić. Zacięła się w sobie i koniec. Wiem jednak od księdza Janusza Kotowskiego, że mi przed śmiercią wybaczyła".

Myślę, że po wyjeździe z Krakowa Simona przez cały czas obawiała się, że spotka ją od ludzi to samo, co spotykało ją ze strony rodziny i innych ludzi w Krakowie. To, czego doświadczyła od matki, która ją wydziedziczyła, ojca, który ją uznał za beztalencie, i siostry, która była od niej zdolniejsza i ładniejsza i z którą miała przez całe dorosłe życie kłopoty.

Niektórych ludzi spoza rodziny też w życiu potem skreślała, bała się może, że to będzie kolejny nóż w serce.

To wszystko był efekt rodzinnej traumy.

Simona żyła też przez cały czas w cieniu nazwiska. I przywiozła do Białowieży ten bagaż nazwiska, kompleks męskiego potomka, napięcie, że ma być kimś wielkim, jak każdy Kossak.

Odcięła się od Krakowa, ale nigdy nie odcięła się od tradycji rodziny. Chciała być w tej rodzinie, znaleźć w niej swoje miejsce, pokazać, że Kossak może być dobry w czymś innym. Ceniła korzenie, to zawsze było dla niej ważne.

Żyła zgodnie z zasadą *noblesse oblige*[33]. Miała poczucie więzi z przodkami. I tak, jak mogła, to tę więź pielęgnowała, a równocześnie bardzo ciężko pracowała na to, żeby nazywając się Kossak, z godnością nosić to nazwisko. Chciała na nim zbudować coś swojego. I to z całą pewnością jej się udało.

To jest kolejny genialny Kossak.

Batalistka

Komuś zamigotały przedsionki, komuś zadrżały ręce, komuś na czoło wystąpiły krople potu, komuś twarz zapłonęła ze złości. Naukowcy, dziennikarze, ekolodzy, leśnicy, pracownicy Białowieskiego Parku Narodowego, dyrektorzy zoo, konserwatorzy przyrody — zostali postawieni w stan gotowości.

Temperatura tej bitwy w środowisku białowieskim do dzisiaj pozostaje wysoka i przez niektórych jest nazywana największą wojną, jaką Simona stoczyła w obronie zwierząt w ciągu całego swojego życia.

Bitwa, która dotarła na najwyższe szczyty nauki i władzy — między innymi do Polskiej Akademii Nauk, Ministerstwa Ochrony Środowiska, Zasobów Naturalnych i Leśnictwa czy organizacji ekologicznej Pracownia na rzecz Wszystkich Istot — miała drugie dno, na które składają się ludzkie emocje, przypadłości i namiętności.

Zimą 1993 roku Simona, jak mówiła dziennikarzom, rozpoczęła batalię o uratowanie od zagłady białowieskich rysiów i wilków. „Grupa młodych pracowników z Zakładu Badania Ssaków PAN — pisała na przykład Alina Niedzielska w artykule opublikowanym w «Twoim Stylu» — wpadła na pomysł prowadzenia badań telemetrycznych. Polegają one na tym, że dzikiemu zwierzęciu zakłada się obrożę z nadajnikiem radiowym, żeby chodząc po lesie, nadawało informacje. Ale drapieżnika trzeba najpierw odłowić. Przypadkowo wyszło na jaw, że naukowcy zastawiali na rysie i wilki potrzaski, zakazane u nas prawem. Simona Kossak pokazuje «aparaturę badawczą», którą znalazła w Puszczy — ciężkie metalowe szczęki. Trzeba dwóch mężczyzn, żeby je otworzyć. Właśnie odłożyła gotowy maszynopis, gdy pod dom podeszło stado wilków. (...) Wilki wyły przejmująco. (...) «To był hymn dziękczynny za uratowanie im życia — mówi z przekonaniem. — Wilki nigdy nie zbliżają się do zabudowań. Są zbyt płochliwe». Może wyczuły przyjazną aurę, jaka emanowała z leśniczówki”[34].

„Mieliśmy zezwolenie z Białowieskiego Parku Narodowego i pozwolenie od ministra — tłumaczy profesor Henryk Okarma z grupy badającej wtedy drapieżniki w Zakładzie Badania

Ssaków — aparatura badawcza była sprowadzona legalnie ze Stanów Zjednoczonych, gdzie specjaliści od wilków, między innymi David Mech, przewodniczący grupy specjalistów ds. wilka przy Międzynarodowej Unii Ochrony Przyrody, doradzili nam taki sprzęt. Stosowaliśmy więc najlepsze narzędzia, jakie mogliśmy zastosować w tamtym czasie, i uważaliśmy, że to jest najlepsza i najbezpieczniejsza metoda odłowu wilków i rysi. Na poziomie prawnym wszystko z naszej strony było w porządku. Konflikt z Simoną toczył się na poziomie etycznym. Simona z zasady nie akceptowała telemetrii, a to była dla nas podstawowa technika badawcza, w zakładzie badaliśmy w ten sposób łasice i kuny. Jej krytykę odbieraliśmy jako uderzenie w konkurencję, w warsztat naszego zakładu. Medialnie było to bardzo atrakcyjne: osoba z takiej rodziny kocha zwierzęta i walczy z tymi okrutnymi naukowcami".

Zarówno naukowcy z Zakładu Badania Ssaków, jak i Simona byli prekursorami zmian, do jakich doszło w Puszczy Białowieskiej. To oni rozpoczynali badania naukowe nad drapieżnikami. Ona była prekursorem walk w obronie zwierząt. „Nie było wtedy jeszcze w Polsce prężnie działających ruchów na rzecz ochrony zwierząt — przyznaje profesor Okarma. — Simona walczyła więc w obronie zwierząt w pojedynkę".

Janusz Korbel, publicysta i przyrodnik, pisał po latach o całej sprawie: „Fatalny konflikt. Głęboki podział i różnice na wielu poziomach. Oni — dążący do nowoczesności i postępu, chwalący nowoczesne budynki wznoszone w Białowieży, nastawieni na racjonalne badania, karierę i ochronę motywowaną udokumentowanymi danymi. Ona — zakochana w Puszczy i zwierzętach, będąca jakby zaprzeczeniem paradygmatu naukowego, niekorzystająca z nowoczesnych technik badawczych (telemetrii), otoczona artystycznym klimatem śladów przeszłości, mieszkająca w drewnianym domu bez prądu"[35].

Simona z rysiczką Agatą, hodowaną na potrzeby filmu Jana Walencika, lata 90. XX w.

Jak mówi dziś profesor Okarma, w pewnym momencie ten konflikt nabrał wymiarów komicznych. Simona, starsza od naukowców, usłyszała o sobie, że jest zazdrosna, bo też chciałaby nowoczesną metodą telemetrii badać zwierzęta i dlatego zachowuje się jak nietoperz — lata i się czepia. Naukowcy zaś z zakładu usłyszeli, że pomysł z telemetrią to jest radosna zabawa młodych chłopaków w krótkich spodenkach. Ktoś inny nazywa ten konflikt starciem mamuta z młodymi wilkami.

16 grudnia 1992 roku podczas zebrania rady naukowej Zakładu Badania Ssaków, kiedy była omawiana sprawa potrzasków, emocje Simony osiągnęły taki poziom — świadkowie nazywają to agresją, napaścią, natarciem — że po jej stronie stanął tylko towarzyszący jej na sali Lech Wilczek.

Wariatka — plotkowano o niej w kuluarach Białowieskiego Parku Narodowego, w niektórych domach czy na korytarzach instytutów naukowych.

W 1993 roku Simona natknęła się w ścisłym rezerwacie na zastawione na drapieżniki przez pracowników Zakładu Badania Ssaków dwa potrzaski, zabrała je ze sobą i nie chciała ich oddać, została więc oskarżona przez naukowców z zakładu o kradzież aparatury badawczej. Sprawą zajęła się Prokuratura Rejonowa w Hajnówce i II Wydział Karny Sądu Rejonowego w Bielsku Podlaskim. W czasie przesłuchania prowadzonego przez prokuraturę Simona na pytanie, jakie zagrożenie dla zwierząt w Puszczy Białowieskiej stwarzało rozstawienie tego rodzaju narzędzi badawczych, odpowiedziała: „Moim zdaniem nie tylko dla zwierząt, ale również dla strażników stanowiło [to] śmiertelne zagrożenie. (...) Każde zwierzę, które dostanie się w pułapkę, jest potencjalnie skazane na śmierć, jeżeli będzie uszkodzenie łapy ciężkie. Przy populacji liczącej dwanaścioro osobników, wliczając w to kłusownictwo i przypadkowe przypadki śmierci zwierząt dzikich, jest to śmiertelne zagrożenie dla trwania ostatniej nizinnej populacji rysia, którego pula genowa jest jedyna w Europie, ponieważ w Europie dzikiego rysia nizinnego już nie ma. Jest to w ogóle hańbą dla świata nauki, żebyśmy przyłożyli do tego rękę".

Na poparcie swojej opinii Simona przytoczyła w prokuraturze stanowisko Antoniego Gucwińskiego: „Oświadczam, że przedstawiona mi do oceny przydatności metoda odłowu rysiów i wilków za pomocą metalowego potrzasku jest zaprzeczeniem obecnych metod postępowania obowiązujących przy odłowie zwierząt. Potrzask ze stali stanowi prymitywne brutalne narzędzie służące jedynie do trwałego okaleczenia bądź mordu zwierzęcia. (...) To hańbiące człowieka urządzenie może znaleźć miejsce jedynie w zbiorach narzędzi tortur stosowanych przez prymitywnych łowców minionych epok".

Na pytanie, czy Zakład Badania Ssaków nadal będzie w badaniach naukowych korzystał z pułapek, profesor Okarma odpowiedział wtedy: „Zdajemy sobie sprawę, że według wiarygodnych naukowych badań jest to pułapka najbezpieczniejsza. Ze względu na emocje, które ona wzbudza, postanowiliśmy jednak dla dobra badań nad wilkami, które chcemy kontynuować, skonstruować nową pułapkę, która działa na zasadzie elastycznej pętli, która prawdopodobnie nie będzie wzbudzała takich emocji. (...) Jesteśmy zdeterminowani, żeby te badania nad wilkami kontynuować i odławiać wilki, gdyż jest taka potrzeba".

„Komisja Ochrony Zwierząt Państwowej Rady Ochrony Przyrody — mówi dziś Okarma — postanowiła, że takie pułapki nie będą dalej stosowane, ale jej stanowisko opierało się na wyglądzie pułapki, a nie bezpośrednich skutkach, jakie wywołuje. Zrezygnowaliśmy więc z metody badawczej, która wzbudzała tak silne emocje, zastosowaliśmy inne pułapki, ale dalej stosowaliśmy telemetrię. Żałuję, że po zakończeniu tej sprawy nie miałem szansy porozmawiać z Simoną. Wierzę jednak, że ona naprawdę była bezkompromisowa, jeśli chodzi o zwierzęta, i zależało jej na ich dobru".

Finał sprawy był taki, że Prokuratura Rejonowa w Hajnówce, po tym jak Simona została przesłuchana w sądzie w Bielsku Podlaskim, umorzyła postępowanie przeciwko niej, a wszczęła przeciwko naukowcowi z Zakładu Badania Ssaków, kierownikowi grupy odławiającej drapieżniki, po czym ostatecznie sprawę umorzyła.

„Nigdy nie widziałam Simony w takiej furii, jak podczas sprawy potrzasków — wspomina Joanna Kossak. — Była wściekła, że jej przeciwnicy nie mogą zrozumieć, iż jej nie chodzi o względy osobiste, lecz o zwierzęta. Była sfrustrowana niezrozumieniem ze strony środowiska naukowego. To była złość i bezradność, pierwszy raz widziałam wtedy zapłakaną Simonę".

Po konflikcie z naukowcami z Zakładu Badania Ssaków Simona prowadziła swoją kampanię wojenną przeciw kolegom naukowcom z ZBS w prasie i w radiu i różnych wystąpieniach publicznych.

W 1994 roku w wywiadzie dla białostockiej „Gazety Wyborczej" mówiła na przykład: „Nękanie i prześladowanie drapieżników prowadzone przez pracowników ZBS PAN nie daje się porównać z żadną, nawet najbardziej intensywną działalnością myśliwską. Nigdy nie przypuszczałam, że naukowcy mogą być zagrożeniem dla zwierząt"[36].

Konflikt z Zakładem Badania Ssaków nie był ostatnim bojem Simony w obronie przyrody. Wojciech Gąsienica Byrcyn, były dyrektor Tatrzańskiego Parku Narodowego, wspomina: „Na początku lat dziewięćdziesiątych w Tatrach pojawiły się pomysły na Uniwersjadę w 1993 roku czy Olimpiadę w 1996. A ja, jako dyrektor TPN, nie ulegałem presji i tłumaczyłem, że nie ma możliwości robienia czegoś kosztem wydzielania części Parku Narodowego na inwestycje. Cała społeczność obróciła się więc przeciwko TPN. Simona stała się dla mnie wtedy wsparciem. «Wojtek, nie daj się», podtrzymywała mnie na duchu. Zbierała podpisy w Białowieży, pisała petycje. Była absolutnym obrońcą nie tylko Puszczy Białowieskiej, lecz także przyrody tatrzańskiej".

W latach 2000–2006 Simona Kossak była członkiem Lokalnej Komisji Etycznej w Białymstoku, która między innymi opiniowała wnioski składane przez naukowców, którzy chcieli przeprowadzać badania na zwierzętach.

„Nigdy nie wspominała o konflikcie z Zakładem Badania Ssaków w Białowieży — mówi profesor Barbara Malinowska, która przewodniczyła komisji w czasach, gdy Simona w niej zasiadała — ale zawsze walczyła w komisji o rysie. Zanim Simonę poznałam, ktoś mnie ostrzegał, że jest waleczna i będzie z nią problem, ale nie było nigdy żadnych kłopotów. Były zażarte dyskusje, ale nie dochodziło do ostrych spięć". W czasie wielkiej batalii o drapieżniki trwała równocześnie debata na temat ochrony Puszczy Białowieskiej. Simona była przerażona rozmiarem wycinki puszczy. 10 czerwca 1992 roku alarmowała więc na łamach ogólnopolskiej „Gazety Wyborczej": „Puszcza Białowieska umiera. (...) Ambicje, urazy, sprzeciwy. A puszcza umiera. Uczeni, praktycy, eksperci. A puszcza umiera. Programy, koncepcje, wytyczne. A puszcza umiera"[37]. Jej przeciwnicy opracowali w tym czasie projekt ochrony Puszczy Białowieskiej, wspierali kampanię na rzecz powiększenia Białowieskiego Parku Narodowego, za co dostali zresztą od Pracowni na rzecz Wszystkich Istot tytuł „Dobrodzieja Przyrody".

Konflikt Simony i świata nauki zaogniał sytuację związaną z debatą o zwiększeniu ochrony puszczy. Do dziś w Białowieży mimo upływu lat jest wciąż żywy, a próby zrozumienia jego istoty grzęzną w gąszczu niedomówień, sprzeczności oraz głosów za i przeciw metodom badawczym stosowanym wobec przyrody.

W 2005 roku Simona została przewodniczącą Rady Naukowej Białowieskiego Parku Narodowego, która podejmuje decyzje między innymi w sprawach badań naukowych prowadzonych na roślinach i zwierzętach puszczy.

„To była najlepsza Rada Naukowa, jaką pamiętam — przyznaje Janusz Korbel, członek rady. — Simona nie zgadzała się na żadną ingerencję naukowo-badawczą w puszczy. Żadnego nawiercania drzew i łapania zwierząt w potrzaski. Za jej czasów Puszcza Białowieska była rewelacyjnie chroniona. Nikt nigdy wcześniej ani chyba później nie stanął tak kategorycznie w obronie nienaruszalności przyrody Białowieskiego Parku Narodowego jak Simona".

Chuć

Uprawiają seks w miejscu publicznym, w pozycjach, jakich nie ma nawet w kamasutrze. Muchówki kochają się w locie. Chrząszcze czerwone lubią seks grupowy. Pluskwiaki robią to w trójkącie, o, i jeszcze jeden samiec próbuje się podłączyć. Są też erotyczne gadżety. Chrząszcz, samiec w czarnym lateksowym kombinezonie, przypina pani chrząszcz — na ostatnim pierścieniu odwłoka — spermatofor. Czyste kino. Można obejrzeć ten film przyrodniczy bez komentarza Krystyny Czubówny. Są tylko napisy: *Kamasutra* (tytuł filmu) oraz: „Script, camera, sound and editing Simona Kossak".

„Zaczęło się od tego — wspominała Simona — że jak robiłam film o motylach, to udało mi się nagrać scenę zalotów motylich. I następnej wiosny zobaczyłam żuczki, które robią też te rzeczy. I pomyślałam sobie, że jakby mi się udało nagrać, to mogłabym zrobić film poświęcony miłości owadów. I zaczęłam czatować"[38].

W ogrodzie na Dziedzince zaczęła podglądać życie płciowe owadów. „Jak się łapkami gładzą małżonkowie, jak są próby odbicia żony mężowi — żona odrzuca konkurenta i wraca do męża i on, mąż, głaszcze [ją] łapką. To wszystko jest u owadów. Jak są takie flirciki mimowolne. Jak są długie, wielogodzinne, na ogół u owadów takie sprawy trwają długo, seanse miłosne. To wszystko, ładnie pokazane w filmie, może — mówiąc wprost — któregoś z widzów podniecić. Jakby oglądał porno film.

(...) Jeżeli ja bym się o tym dowiedziała, tobym była szczęśliwa. Bo całą moją popularyzatorską działalność w piśmie i w filmach poświęcam zasypywaniu przepaści pomiędzy człowiekiem a przyrodą. To przeklęte słowo: «antropomorfizm», uczono nas (...), że świat zwierząt to jest coś kompletnie innego, my jesteśmy z innej planety. (...) Znajdowanie podobieństw w zachowaniach między zwierzęciem a człowiekiem jest grzechem przeciwko nauce i prawdzie objawionej. I jeżeli ja zmontuję film o owadach, które są grupą tak strasznie odległą od ludzi — zimny świat owadów, zakuty w pancerze, nic nie rozumiemy, nie wiemy, czy przeżywają emocje, czy nie — jeśli na podstawowym instynkcie, czyli na instynkcie rozrodczym, spowoduję, że człowiek empatycznie zrozumie owady, bo się podnieci, to znaczy, że tej przepaści nie ma"[39].

Realizowaniem amatorskich filmów przyrodniczych Simona zajęła się w połowie lat dziewięćdziesiątych, bo jak wyznała, „po latach pracy naukowej zaczęłam się nią nudzić"[40]. Lech Wilczek pisał: „Na polu prywatnej kinematografii mogła wreszcie w sposób bardziej oczywisty nawiązywać do rodzinnych tradycji artystycznych. Czuła się trochę niespełniona, nie pisząc wierszy, jak uwielbiana przez nią ciocia Maria Pawlikowska-Jasnorzewska, i nie malując, jak pradziadek, dziadek i ojciec"[41]. „To, że ja tego pędzla nie mogłam trzymać — przyznawała sama Simona — to był ból od dzieciństwa, bo to jest o wiele ciekawsze kreować rzeczywistość za pomocą sztuk pięknych. (...) Jak kamera stała się pospolita i jak w ramach pracy służbowej dostałam służbową kamerkę i potańczyłam po drzewach, to połknęłam bakcyla nie zabawy, nie pracy zawodowej, tylko kreowania sztuki"[42].

O swoich filmach mówiła: „Filmy zaspokajają moją tęsknotę za opisywaniem cudów przyrody za pomocą obrazów"[43]. I powtarzała, że jest to dla niej nowy, a znany jej przodkom, malującym konie i polskie pejzaże, sposób kochania przyrody. Podkreślała też, że — w przeciwieństwie do naukowców badaczy przyrody — żeby robić z niej sztukę, nie tylko trzeba się na przyrodzie znać, lecz także przede wszystkim ją kochać. „Ja sobie nie wyobrażam, żeby istniał artysta malarz, który świetnie maluje zwierzęta, który by o tych zwierzętach nic nie wiedział — mówiła. — Po prostu wtedy, jak śmiali się moi przodkowie malujący konie, od razu poznasz takiego człowieka, który nie lubi koni (...) nie jeździ konno, ponieważ gdyby ten koń ożył, toby zdechł"[44].

Z miłości do przyrody uprawiała sztukę — tak jak jej ojciec, dziadek i pradziadek — i temu poświęcała cały wolny czas po pracy w IBL-u. I chyba nic nie było dla niej ważniejsze. Nie dość, że trzymała wreszcie kamerę niczym pędzel i dzięki niej zdobywała nagrody, to zajmowała się teraz tym, co wymarzył sobie dla niej jej ojciec, tym, czym kiedyś zajmowali się trzej Kossakowie, artyści malarze, i co według rodziny było przeznaczone czwartemu Kossakowi.

Ze „służbową kamerką" poleciała 3 września 1995 roku na konferencję naukową na Grenlandię i wprawdzie kilkudniowa konferencja sama w sobie była „dobrze opłaconą stratą czasu", jak twierdziła po powrocie, ale chodziła na długie spacery i sporo filmowała. „Uciekałam z konferencji i robiłam sobie wyprawy na okoliczne wzgórza porośnięte tundrą i fotografowałam, filmowałam. I któregoś dnia zobaczyłam mamę

Na Dziedzince, lata 90. XX w.

renifera z dzieckiem. (...) Położyłam się na ziemi i jak Indianin, jak żmija, czołgałam się do tych reniferów, żeby [je] sfilmować. (...) Przyjechałam do domu i do dzisiaj się zastanawiam: czy ja filmowałam dzikie renifery, czy zwierzę domowe Grenlandczyków, którzy mieli tam osiedle? Bo one nie były płochliwe, i żeby sobie nie psuć przyjemności, do dzisiaj wierzę, że to były dzikie renifery"[45].

Od tego czasu nie rozstawała się z kamerą. Zaczęła realizować swój pierwszy film *Życie żaby*. „Montowała filmy na sprzęcie pożyczonym od mieszkańca Hajnówki, który kręcił wesela — wspomina Ireneusz Prokopiuk, właściciel firmy zajmującej się produkcją filmów. — I z czasem ten zestaw montażowy odkupiła od tego człowieka".

Na początku nic nie wiedziała na temat filmowego montażu, wszystkiego uczyła się krok po kroku. „Filmy to był szał — opowiada Krzysztof Zamojski, leśnik z Białowieży, który pracował wtedy w IBL-u. — To była sieć kabli jak w studiu nagrań. Trzymała ten sprzęt w swoim pokoju w IBL-u, bo na Dziedzince przecież nie było prądu. Nie pozwalała tego nikomu ruszać, sprzątaczki wiedziały, że mają to ostrożnie traktować. Nie była ani filmowcem, ani elektronikiem, sama do wszystkiego dochodziła. Była dociekliwa, godzinami nagrywała, przegrywała, montowała".

Jak trzeba było, szeleściła papierem i nagrywała dźwięk, by podłożyć go pod obraz pełzającej gąsienicy — nie dawała głosu lektora, nie znosiła komentarza w filmach przyrodniczych. Montowała po godzinach pracy w IBL-u, pijąc przy tym dużo mocnej kawy i paląc długie marsy, odpalała papierosa za papierosem.

„Filmy kręciła non stop, dopóki nie trafiła do szpitala — pamięta Lech Wilczek. — Zobaczyłem ją kiedyś przez okno, szła taka zmarnowana z filmowym sprzętem, prawie wlokąc ciężki profesjonalny statyw. Zamiast odpocząć w domu, poszła jeszcze do ogrodu zobaczyć, czy nie dzieje się tam coś ciekawego".

W 2000 roku jej film *Życie żaby* otrzymał Nagrodę Specjalną dla Najlepszego Filmu Amatorskiego Międzynarodowego Festiwalu Filmów Przyrodniczych im. Braci Wagów. Za *Życie żaby* otrzymała także Grand Prix na Ogólnopolskim Festiwalu Filmów Amatorskich w Bełchatowie. Zaczęła realizować następne. „Praca nad filmem w moim wydaniu wygląda zupełnie inaczej niż u zawodowca, który najpierw pisze scenariusz, a potem go realizuje — tłumaczyła. — U mnie jest odwrotnie. Z mnóstwa scenek kręconych w dużej odległości czasowej powołuję świat, którego wcześniej nie było".

Wszystkie jej następne filmy, a więc *Kamasutra* (2002), *Opiekun* (2003) i *Motyle* (2005), powstawały w ogrodzie na Dziedzince[46]. „Gdy udało jej się w końcu nagrać turkucia podjadka, cieszyła się jak dziecko", wspomina Małgorzata Piotrowska.

Tak jak kiedyś w dzieciństwie, gdy jako Amona biegała do ojca pochwalić się nowo wypatrzonym ptaszkiem, motylkiem czy chrabąszczem, cieszyła się teraz z tego, co zobaczyła w puszczy. I tym, co sfilmowała, chwaliła się kolegom w pracy, białowieżanom i znajomym.

Filmowanie ją pochłonęło. „Te filmy to była Simony zabawka, robiła je na kolejne festiwale filmów amatorskich, żeby zaistnieć, sama tak mówiła — opowiada jeden ze znajomych. — Nie robiła tego dla pieniędzy. Nigdy jej na nich nie zależało. To było zaspokajanie własnej chuci. Tak jej w duszy grało".

Kiedy odbierała nagrodę za film *Motyle*, dostała od jakiejś kobiety kosz kwiatów. Wzruszyła się.

„Simona właśnie takich rzeczy potrzebowała — mówi bliska jej osoba. — Chciała czuć się docenianą, chciała odbierać nagrody. Przez całe życie szukała dziedziny, w której mogłaby się spełniać i być doceniana. Chciała być najlepsza i osiągnąć sukces". „Simona zawsze kierowała się ambicjami — dodaje bliska osoba z jej otoczenia. — Z Leszkiem było tak samo, chciała go zdobyć, to było jej ambicją. Miała dużo siły, by realizować swoje plany, zawsze była wytrwała. Tam, gdzie okazywało się, że nie będzie najlepsza, szybko rezygnowała, tak było z baletem, jazdą konną, ze szkołą aktorską. Simona robiła też bardzo dobre zdjęcia, ale nie chciała rywalizować z Leszkiem, dlatego zajęła się filmem".

Sama Simona na ludzkie ambicje spojrzała kiedyś okiem zoopsychologa: „Zaczęłam się zastanawiać, skąd to się bierze, że (...) uwielbiamy coś zrobić, żeby zaistnieć, żeby pobić jakiś rekord. (...) To jest proste — przetrwanie gatunku. Korzeniami te nasze chęci tkwią w tym, co się doskonali. Wojownik, który szybko biega, kobieta, która lekko rodzi, myśliwy, który ma dobry wzrok i wypatrzy zwierzynę i zagwarantuje przeżycie rodzinie. Na żonę wybierało się kobietę z szerokimi biodrami, na męża myśliwego, który wypatrzy zdobycz lub wroga. To jest źródło naszej fascynacji wszystkim, co jest «naj». (...) [a co] tkwi w starym instynkcie przetrwania gatunku". I z tym jest związana podstawowa ludzka chuć.

Ego

20 stycznia 2000 roku prezydent Polski Aleksander Kwaśniewski nadał doktor habilitowanej Simonie Kossak tytuł naukowy profesora nauk leśnych, a 24 lutego 2000 roku w Pałacu Prezydenckim Simona otrzymała akt nadania tytułu profesora. Odbierając dyplom, miała na sobie długą zieloną spódnicę,

założyła wyjątkowo buty na niewysokim obcasie i białą bluzkę z wyszywanymi na plecach, kolorowymi ptakami.

Prawie rok wcześniej, 22 lutego 1999 roku, profesor Kazimierz Rykowski w opinii w sprawie nadania jej tytułu profesora napisał między innymi: „Była inicjatorką szerokiej, uznanej nie tylko w szeregach specjalistów, dyskusji o szkodliwości i aspektach etycznych inwazyjnych metod badawczych w poznawaniu przyrody, w tym wypadku — zachowań dużych ssaków. (...) Humanizm i artystyczna wrażliwość oraz kultura współistnienia z przyrodą i ludźmi jest charakterystyczną cechą intelektualnej sylwetki i działalności Kandydatki, czyniąc z Niej wyróżniającą się, niebanalną postać uczonego — leśnika".

Pojawiają się głosy zdziwienia, że Simona została profesorem, choć nie znała angielskiego i nie miała doktorantów. Profesor Rykowski odpiera takie zarzuty: „Simona, jeśli wziąć pod uwagę jej działalność naukową, popularyzatorską oraz zaangażowanie w etykę badania dzikiej przyrody, była mocnym kandydatem i nie było żadnych wątpliwości na żadnym etapie przygotowywania wniosku o nadanie jej tytułu. Miała pod opieką doktoranta Aleksandra Rachwalda, publikowała w języku angielskim, była promotorem prac magisterskich i wtedy to wystarczyło, żeby zostać profesorem".

Ci, którzy stykali się z nią w Białowieży, mówią, że profesura ją zmieniła.

„Kiedy została profesorem, zaczęła nawet chodzić do fryzjera".

Po profesurze założyła sobie w pracy drugą garderobę. Koleżanka z czasów krakowskich wspomina: „Kiedyś powiedziała, że nie załatwi mi noclegu w Białowieży, tak jak zwykle, bo teraz jest profesorem i żebym nie zawracała jej dupy".

To nie stało się z dnia na dzień, to była metamorfoza, trwająca lata, zauważona przez jej bliskich.

„Były dwie Simony — twierdzi bliska jej osoba. — Pierwsza szukała akceptacji. W dzieciństwie nie była akceptowana przez rodziców i przez całe życie chciała udowodnić, że jest coś warta. Uspokajała się, gdy znajdowała potwierdzenie, że jest akceptowana i że jest w czymś dobra. Chciała robić karierę i była mocno skoncentrowana na pracy".

Lech Wilczek potwierdza nieustanne sprawdzanie się Simony: „Lubiła sprawdzać, czy poradzi sobie w lesie sama, czy da radę zreperować motocykl, czy przejedzie drogą, gdy spadnie na nią drzewo. Woziła z sobą siekierę i wszystko chciała zrobić sama, pokazać, że potrafi".

„Druga Simona — kontynuuje bliska osoba — urodziła się, gdy zdobyła tytuły naukowe i uwierzyła w siebie. Kiedy zaspokoiła już potrzebę akceptacji, osiągnęła wszystko, co można w nauce, czyli otrzymała tytuł profesora — urodził się człowiek wszechwiedzący. Zrobiła się apodyktyczna, nie słuchała innych. To inni ją musieli wysłuchiwać — wygłaszała monologi, pouczała i nie dała nikomu dojść do słowa. Traktowała ludzi instrumentalnie, nawet przyjaciół. (...) Nieraz miałam do niej żal, że nie zapyta się nawet, jak się czuję. Wymagała też potwierdzenia, że ma rację. Jak ktoś powiedział: «Simonka, może to nie tak...», to już był koniec. Urywała kontakty. Chciała pokazywać się w mediach, i to było dla niej najważniejsze, stała się pewnego rodzaju celebrytką. I wtedy urwały się wszystkie kontakty, nie miała czasu, by pomyśleć o innych ludziach. Gospodarstwem zajmował się Leszek, Simona miała więc gdzie wrócić, ale już nie było czasu na nic. Siedziała w pracy po nocach przy komputerze, montowała filmy, prowadziła dyskusje z fanami, odpisywała na listy. Zatraciła się w tym całkowicie".

„Zawsze uważałam ją za osobę zrównoważoną i tolerancyjną — mówi znajoma z czasów białowieskich — a w pewnym momencie Simona stała się czarno-biała i albo ktoś był w porządku, albo nie chciała go znać. To było przerażające".

Niektórzy przyznają, że miała świra na punkcie twórczości i własnego ego. „Pisała książki i robiła filmy, ale nigdy nie chciała słuchać żadnych uwag na temat tego, co robi. Nie potrafiła współpracować, nie znosiła krytyki, miała w sobie jakiś twórczy kompleks i dużo pychy. Kiedy ktoś opowiedział w jej obecności o jakimś swoim sukcesie, Simona protekcjonalnie poklepywała go po plecach i mówiła: dobrze, dobrze, rób tak dalej. Nie dało się z nią przyjaźnić, ona zawsze była lepsza i zawsze najlepiej wszystko wiedziała".

Jej znajomi podkreślają, że izolowała się od reszty świata, od rodziny, od przyjaciół, zerwała kontakt z Joanną. Otaczała się tylko ludźmi, którzy byli wobec niej pokorni, bez charakteru, którzy jej przytakiwali. Jeśli ktoś był grzeczny, to miał otwarte drzwi do Simony, jak miał własne zdanie, to go odsuwała. „Człowiek w jej towarzystwie czuł się spięty. Obawiał się, że Simona go upokorzy, złapie w jakąś pułapkę. Ale co to oznaczało? Oczywiście osobę zakompleksioną i niepewną siebie. Nie potrafiła się otworzyć, siedziała w niej latami przeszłość rodzinna".

Profesor Jerzy Gutowski z IBL-u wypowiada o swojej koleżance z pracy tylko jedno zdanie: „Simona miała zawsze rację".

W pracy Simona często mówiła: „Za to powinni mi dać Nobla", „Jestem genialna".

Urszula Niedzielska opowiada, że Simona powtarzała jej, że musi tak o sobie mówić, „bo za kilka lat już nikt nie będzie pamiętał, kto powiedział, że jest genialna, tylko to, że jest genialna".

Nie wszyscy tak oceniają „drugą" Simonę. „Simona zawsze taka była — twierdzi jej znajomy — tylko pewne cechy z wiekiem się u niej wyostrzyły. Z upływem czasu stawała się coraz bardziej bezwzględna, to dało się zauważyć. I to było u niej oryginalne, bo zwykle ludzie z wiekiem łagodnieją i godzą się ze światem".

Profesor Kossak na pewno nie obrastała w piórka. Tak jak wcześniej mieszkała na Dziedzince bez prądu. Tak jak wcześniej nie brała urlopu. Tak jak wcześniej jeździła maluchem. Miała jednak mało czasu na kontakty z ludźmi.

„Kiedy była już profesorem, i choć nie utrzymywałyśmy wtedy kontaktów, wyżyłam się na niej — wspomina Urszula Batycka — i wysłałam do niej kartkę, zaadresowaną «prof. dr hab.», że chciałam przeczytać jej *Sagę*..., a nigdzie nie mogłam jej dostać. Odpisała mi, wysyłając książkę i pocztówkę: «Nie przejmuj się. Ja po prostu już na nic nie mam czasu. Dlatego nie koresponduję i nie prowadzę życia towarzyskiego. Życzę miłej lektury, Simona». Simona nie miała chyba wtedy czasu, żeby mieć psa, kota ani nikogo. Zrozumiałam ją".

Zrozumieli ją także inni jej bliscy.

„To, że Simona została profesorem, potraktowała jak wygraną bitwę z własnym nazwiskiem", mówi Joanna Kossak.

Nie była już ani córką, która miała być chłopcem, ani beztalenciem, które piętnowała rodzina, tylko stała się kimś, kto osiągnął sukces, przypieczętowany tytułem profesora, w innej dziedzinie niż reszta Kossaków.

Radio

„Kiedyś postanowiłem, że wrócę z Hajnówki do Białegostoku na rowerze, przez puszczę — wspomina Jarosław Iwaniuk. — W jakiejś wsi koło Hajnówki zapytałem kogoś, jak dojechać do Narewki. «O, panie — usłyszałem — uważaj pan, bo jak tam żubr wyjdzie panu na drogę, to za tyłek pana złapie». Zacząłem się śmiać i jeszcze raz poprosiłem, żeby mi wytłumaczyli drogę. Przejechałem jakieś dwa-trzy kilometry, a tu na drodze stoi żubr. Stoi i patrzy na mnie. Odległość mniejsza niż sto metrów. I co tu, kurcze, robić? Wyciągam więc telefon i dzwonię do Jurka Leszczyńskiego. On się ze mnie śmieje, a ja mówię: «Jurek, stoi na poważnie, pamiętasz, co Simona mówiła?».

Na szczęście żubr zszedł z drogi, a ja pojechałem dalej, choć jeszcze przez dziesięć minut oglądałem się przez ramię".

A co Simona mówiła w radiu o żubrze? „Żubr samotnik, dawniej zwany odyniec, jest tak przekonany o swojej potędze, o swojej sile, że trzeba uważać. To jest osobnik, który już wie, że wszyscy na świecie mają mu ustąpić. I stoi nieporuszony. I mamy wybór: albo spokojnie się wycofać, albo ryzykować i iść dalej. I wtedy, choć rzadko, może się zdarzyć, że żubr atakuje"[47].

Jarosław Iwaniuk i Jerzy Leszczyński razem nagrywali gawędy Simony dla Radia Białystok, ale pierwszy poznał ją Leszczyński: „Na początku lat dziewięćdziesiątych słyszałem ją w radiowej Trójce. Chodziła po lesie i opowiadała o Puszczy Białowieskiej. U nas w Radiu Białystok długo nie było jednak na takie opowieści zapotrzebowania. Pierwszy raz spotkałem ją w 1991 roku, kiedy jako dziennikarz Radia Białystok pojechałem do Białowieży, gdy wybuchła słynna afera białowieska. Po tej aferze nagrywałem czasami dla radia, pytając, co się dzieje w przyrodzie. Opowiadała, ale uważała, że zbyt mało mówimy na antenie o przyrodzie, że jest dużo ciekawych rzeczy, o których mogłaby opowiedzieć.

Kiedyś pojechałem do niej znowu i zapytałem, jak ją przedstawić, upewniłem się: «Doktor Simona Kossak, tak?». Pani Simona była wtedy już docentem i powiedziała: «Docent Simona Kossak, docencie mnie!»".

W 2001 roku Jerzy Leszczyński z Jarkiem Iwaniukiem, kolegą z Redakcji Mniejszości Narodowych, wymyślili, że zrobią cykl gawęd o Puszczy Białowieskiej. I postanowili je nagrać z Simoną.

„Ucieszyła się, gdy zaproponowaliśmy jej współpracę — wspomina Jarosław Iwaniuk — i od razu się zgodziła. Ktoś w radiu wpadł na pomysł tytułu audycji: *Co w trawie piszczy?* Simona na to: «A kogo to obchodzi, co piszczy? Dlaczego w trawie piszczy? — oto jest pytanie!»".

Napisaliśmy scenariusz i nagraliśmy z Simoną próbne odcinki, zmieściła się z każdą opowieścią w reżimie czasowym od trzech minut do trzech i pół minuty. I wkrótce Radio Białystok wyemitowało jej pierwsze gawędy.

„U ptaków dość często zdarza się, że dwóch kawalerów zawiera małżeństwo — mówiła w jednej z gawęd (*Zboczenia kaczora*). — Takie przykłady obserwowano u kaczek. Był staw, po którym pływało pięciu kaczorów i jedna kaczuszka, jeden z nich był ptasi macho i próbował gąskę zniewalać. Ona biedna, zmęczona, zmarnowana, dała dyla i uciekła w trzciny. I co zrobił ten kaczorek? Zaczął gwałcić wszystkie po kolei samce[48]. (...). Ptaki, jak kopulują, to stykają się kloakami, czyli tymi swoimi otworami, przez które jednocześnie kupki robią i znoszą jaja, to jest wspólne ujście. I samiec, jeżeli dojdzie do prawdziwej kopulacji, to wprowadza do ciała konkurenta swoją spermę i w momencie, jak on szybko stworzy parę z prawdziwą kaczuszką, to zapłodni ją wcale nie swoją spermą, tylko właśnie [spermą] brutala, który go tam wcześniej naobracał na stawie"[49].

„Okazało się, że te pierwsze odcinki zostały bardzo dobrze przyjęte i zaczęliśmy nagrywać gawędy na każdy dzień tak, by starczyło na dwa tygodnie — opowiada Jarosław Iwaniuk. — Jechaliśmy do niej samochodem Radia Białystok. Staraliśmy się być punktualnie, jak coś się działo po drodze, to zawsze ją uprzedzaliśmy, bo nie lubiła niesłownych ludzi. Pierwsze, co robiła, to parzyła kawę. Mocną. Czarną. Sypaną. Z wody z Puszczy Białowieskiej".

„Zanim zaczęliśmy nagranie — dodaje Jerzy Leszczyński — przez pół godziny była rozmowa przy kawie, o tym, co w Białowieży, co w Białymstoku, czy o tym, co się dzieje w kraju. W 2002 roku w Polsce odbywał się spis powszechny i pytano między innymi o narodowość. A ponieważ obydwaj z Iwaniukiem należymy do mniejszości białoruskiej, chcieliśmy przekonać ludzi, by odpowiadali na to pytanie zgodnie z prawdą. Poprosiliśmy Simonę, by nas poparła, mówiąc, żeby być sobą, nie udawać, że się jest Polakiem, nie oszukiwać. Poparła nas i przekonywała miejscowych: «Jak ktoś się urodził żubrem, to niech nie udaje jelenia!». (...) Kiedyś pojechaliśmy z nią do puszczy, było tam zatrzęsienie komarów. Nie umiałem się od nich opędzić, tak że nie mogłem utrzymać mikrofonu, i proszę sobie wyobrazić, że gryzły tylko mnie i Jarka, Simony nie tknęły! Nie wiem, co ludzie puszczy mają takiego: krew, skórę, zapach, że komary do nich nie lecą. Innym razem w czasie nagrania uparły się na mnie szerszenie. Simona gada, ja trzymam mikrofon i nie mogę się przed nimi bronić. Zaczynam się pocić, umieram ze strachu, a Simona mówi: «Ty się nie bój, to są przecież trutnie, oszukują cię: wykonują takie ruchy, jakby chciały cię użądlić, ale nie mają żądeł, to nie robotnice. Nie ukąszą, trutnie są potrzebne tylko do zapładniania»".

„Wyjazdy w plener były zawsze najciekawsze — dodaje Iwaniuk. — Na Dziedzince też nagrywaliśmy, ale przeszkadzały nam krzyki pawi.

W gawędach Simona wiele razy wspominała o zwierzętach hodowanych na Dziedzince.

„Starzy górale, jak to się mówi, przewidują pogodę. No i starzy górale mówią, że będzie, panocku, na święta śnieg albo go nie będzie. A co my tu na niżu możemy mówić o pogodzie, no nie mamy górali. W związku z tym ja pytam się swoich nietoperzy, czy będzie zima wczesna, czy będzie zima ostra i kiedy spadnie śnieg i będzie mróz. Nieraz państwu opowiadałam, że mamy taką piwnicę wkopaną w ziemię i tam przed mrozem pojawiają się nietoperze. W październiku nietoperzyki były i były ochłodzenia. (...) Jakim cudem one wchodzą do tej piwnicy, to my nie wiemy. Wydawałoby się, że jest względnie szczelna, ale ponieważ one mają tam jakieś swoje szparki, w które się wciskają, na wszelki wypadek nie zmieniamy nic (...) żeby im jakiegoś otworu nie zatkać niechcący. (...) W zimie, jak są mrozy, wchodzimy do piwnicy i widzimy, że nietoperzyk przesunął się bliżej drzwi wejściowych, gdzie jest szron na suficie i jest chłodniej. Co to znaczy? Będzie odwilż, będzie kilka ciepłych dni. I zawsze tak jest”[50].

W pierwszych gawędach Simona opisywała to, co się aktualnie dzieje w przyrodzie. „Ale ile można w kółko Macieju mówić o tym samym? — mówiła. — Zaczęłam więc realizować swoją misję łagodzenia obyczajów. Opowiadać o zwierzętach — jakie mają myśli, namiętności — i przekładać to trochę na ludzi. Łagodzić ludzi wobec ludzi, łagodzić ludzi wobec zwierząt”[51].

„Na mnie duże wrażenie zrobiła opowieść o wyuczonej bezradności — wspomina Iwaniuk. — Zwierzę, które podchodziło do michy, było rażone prądem, bo czego to głupi naukowcy nie wymyślą. Kiedy stawiano mu michę bez prądu, to zwierzę nie podchodziło. Pani profesor przenosiła ten odruch na ludzi, mówiąc o bezrobotnych, którzy po tym, jak parę razy nie znaleźli pracy, mówią z wyuczoną bezradnością: i tak nam się nie uda żadnej pracy znaleźć. Mówiła więc o przyrodzie, ale tak naprawdę w tych gawędach opowiadała o ludziach i pokazywała nam, że od zwierząt możemy się bardzo wiele nauczyć, przede wszystkim uczuć, i to tych najważniejszych".

Simona Kossak często podkreślała, że obserwując zwierzęta, można się wiele dowiedzieć o sobie. (O matce, o instynkcie macierzyńskim i o kindersztubie. O strachu przed ludźmi. O rodzeństwie, o zemście rodowej, o partnerze. O przyjaźni i o izolacji. O ambicji czy o dominacji. I o rodzinie).

*

„Psychoanalitycy, psychiatrzy, a nawet psycholodzy często sięgają do przykładu ze świata zwierząt, gdyż tam znajdują odpowiedzi na skomplikowane zachowania ludzkie, których korzenie leżą w zwierzęcości naszej natury, w instynktach, w nieuświadomionych tęsknotach i uczuciach, a które ciężko wytłumaczyć racjonalnie. U zwierząt nie trzeba racjonalnego elementu. Wystarczy obserwować zachowania zwierząt, by odnajdywać zachowania te co u ludzi, które nam przysparzają kłopotów".

„Wszyscy uczeni, zajmujący się ekologią i zachowaniami zwierząt, czyli etologią, są zgodni i zaczynają się dogadywać z psychologami ludzkimi, że u podłoża wszystkich zachowań socjalnych i zachowań społecznych, to, co my mamy w naszym gatunku tak silnie wyrobione, to jest prosta sprawa: mama–dziecko. Na początku wszystkich socjalnych, altruistycznych, patriotycznych, ludzkich uczuć (...) jest zwykła więź, może nawet nie zwykła, a najbardziej niezwykła na ziemi, więź matka–dziecko".

„Obserwując zachowania zwierząt, ja jestem przekonana, że najmniejszy pisk dziecka, jeśli się obudziło, nawet jak jest

Na Dziedzince, lata 90. XX w.

nakarmione i przewinięte, to ten pisk to nie jest fanaberia i rozpuszczenie, tylko brakuje mu czegoś równie ważnego jak mleko matki. Kontaktu z matką. Im więcej będzie kontaktów z matką, tym lepszy będzie w dzieciach podkład do zachowań socjalnych".

„Dzikie gęsi całe dzieciństwo spędziły tuż przy mamie, cały czas w stadzie z mamusią i z mamusią uczą się latać, i z mamusią odlecą do ciepłych krajów, bo bez matki nie odnalazłyby drogi, jaką mają odbyć..."[52].

„Opowiadam o przykładach doświadczeń macierzyńskich. (...) Któregoś dnia rano weszłam do stodoły i zobaczyłam, że na sianie leży nasza stara wrzosówka. Ma wyciągnięte przednie nogi do przodu (co jest nietypowe, jeśli chodzi o leżące owce) i między tymi przednimi nogami leży maciupeńkie jagniątko. Ona ma pochyloną głowę i chucha na nie oddechem. Czegoś takiego, a dużo widziałam rodzących się owieczek (...), nie widziałam nigdy przedtem ani potem. I oczywiście został wydzielony pokój u nas w domu, ogrzewany, została zrobiona zagródka, przynieśliśmy grubą warstwę siana, została przetransportowana owca wrzosówka i jej dziecko do nas, do domu, i dziecko wychowało się u nas w mieszkaniu. (...) Ta umiejętność doświadczonej matki, żeby zrozumieć, że urodziła cherlaka, że ten cherlak nie przeżyje w zimną noc i że trzeba go grzać własnym oddechem, przyznam się szczerze, że bardziej mnie ujęła niż dziesiątki troskliwych psich matek, nie sięgnę do innych gatunków (...)".

„Dzięki badaniom nad skakuszkami, australijskimi gryzoniami, wiemy już, dokąd prowadzi zimny chów. Otóż, wniosek pierwszy, wysnuty na podstawie wyników eksperymentów:

nieustanny życzliwy kontakt pomiędzy dorosłymi a nowo narodzonymi dziećmi u gryzoni, nieustanne głaskanie, karmienie, czyszczenie i zabawy, bez odrzucania i karcenia jakiegokolwiek małego zwierzątka, i to we wczesnym dzieciństwie, od momentu przyjścia na świat, decydują o możliwości zawiązania w ogóle przyjacielskich układów z grupą tego samego gatunku. Gdy tego zabraknie w tym wczesnym dzieciństwie, nie nadrobi się tego już później żadnymi staraniami. Brak czułości i kontaktów z wieloma życzliwymi krewniakami równa się samotnictwo i przykry charakter w dorosłości. Kolejny wniosek: kontakty cielesne i zabawy dzieci z rodzicami są niezbędne przy późniejszym uczeniu się, w pracy w grupie, dla dobra grupy. (...) Przenieśmy to wszystko na ludzi (...)".

„My jesteśmy stworzeni do życia w grupie. Jesteśmy jednym z najbardziej usocjalizowanych zwierząt na kuli ziemskiej. A jakie z tego tytułu ponosimy wyrzeczenia? Cała ta kindersztuba, czyli proces wychowania małego człowieka polega na tym, żeby nauczył się liczyć z potrzebami i wolnością innych ludzi. Jest to dolegliwe i są jednostki, które w żaden sposób do tego nie przystają. I wprawdzie korzystają ze wszystkich osiągnięć społeczności ludzkich, natomiast sami izolują się i są nazywani ekscentrykami (...)".

„Jaka jest różnica w traktowaniu osobnika przez osobnika u gatunków, które żyją samotnie, i u gatunków, które wybrały społeczny tryb życia? (...) Niektóre wielkie drapieżniki, na przykład nasz ryś, tygrys zdają się same na siebie. W związku z czym kontakty z pobratymcami polegają tylko na tym: to jest mój teren, tu nie wchodź, jak wejdziesz, to się pobijemy, i czasem następuje zawieszenie broni, gdy spotykają się przeciwne płcie. Gdy tygrys spotyka panią tygrysicę, to ich zaloty wyglądają jak coś w rodzaju walki. Obie strony się boją i obie strony wykonują te swoje przyrodnicze czynności, jak gdyby z przymusu i jak najszybciej starają się odejść (...)".

„Opowiadając o regułach gry i ich łamaniu, opowiem coś o nas, ludziach. Jedno z takich uczuć, których my nie potrafimy opanować (...), to jest oburzenie, gniew na niewdzięczność, nielojalność, nieuczciwość, jak nas spotka ze strony osoby, której czyniliśmy dobro, której nie zrobiliśmy nic złego, której ufaliśmy. To oburzenie i ten gniew nie powstają w nas, jeśli skrzywdził nas, zawiódł nas ktoś, o kim mieliśmy fatalne zdanie: rzezimieszek. (...) Natomiast to święte oburzenie i ten gniew nie jest taki, jeśli spotka nas zawód od kogoś bliskiego. Zostało wtedy w nas uderzone to, co jest najbardziej głębokie u wszystkich socjalnych zwierząt. (...) Ten gniew, to oburzenie to jest emocja, a emocje mamy wspólne ze zwierzętami (...)".

„Opowiadam już od kilku dni o tym, w jaki sposób życie czy predyspozycje z jakiegoś zwierzaka czynią wodza albo istotę podporządkowaną. No i teraz trzeba się zastanowić, co dalej dzieje się z takim słabeuszem, czyli zwierzęciem, które potencjalnie wcale nie było stworzone na wodza, co się z nim dzieje, gdy on tym dominantem zostanie dzięki sprzyjającym okolicznościom albo pomocy z zewnątrz. Otóż często jest tak, że takie zwierzę z biegiem czasu przeobraża się w mocarza. Staje się rzeczywistym silnym dominantem, przywódcą, władcą. Właściwie dwa źródła tego są pierwsze: to jest czyste pochodzenie z organizmu samego, ponieważ zwierzę, które przejawia zachowania wojownicze i odnosi sukcesy, jego organizm produkuje więcej testosteronu, a to jest taki hormon męski, który równocześnie jest hormonem wzrostu. Zwierzę młode, które ma tego testosteronu dużo, produkuje [dużo], to automatycznie zamienia ten hormon w mięśnie, w tkanki i trenując jednocześnie na słabszych swoje zachowania, staje się rzeczywiście mocarzem i przywódcą. Takie obserwowałam zdarzenia u saren. (...) Jednej z samic urodziło się dwoje dzieciaków. (...) I było dla mnie niepojęte, dlaczego jeden z tych koźlaków jest bardzo silny, dominujący, a drugi jest niebywale ustępliwy, chowający się po krzakach, ustępujący wszystkim naokoło. (...) Okazało się, że to jest tylko charakter. Jeden z nich był pewny siebie i dość szybko podporządkował sobie inne koźlątka, a drugi — wszystkie sarenki mogły mu grać na nosie, a w dzieciństwie szanse miały identyczne. I okazało się, że pierwsze zabawy małych sarenek zadecydowały o jego randze w stadzie dorosłych saren. I tu chcę powiedzieć złotą regułę dominacji, ponieważ ona jest ważna dla wszystkich zwierząt i wszystkich ludzi, a mianowicie, brzmi ona tak: nie najsilniejszy zwycięża, tylko zwycięzca staje się najsilniejszym. Jak to możemy przełożyć na nasze ludzkie stosunki? Jeśli synek albo nasza córeczka nie reprezentuje krzepy fizycznej, bezczelności, tupetu, to wcale nie znaczy, że jest ten nasz dzieciak skazany na to, by się podporządkowywać, być wykonawcą poleceń, nie być nigdy nikim ważnym. Nieprawda. Jeśli pomożemy dziecku zdobyć pierwszy, drugi, trzeci sukces, wszystko jedno, w konkursie recytatorskim czy na podwórku itd., to hodujemy przyszłego zwycięzcę, a zwycięstwo z niego zrobi krzepkiego człowieka (...)".

*

„*Dlaczego w trawie piszczy?* to był niewątpliwy antenowy sukces — mówi Jarosław Iwaniuk. — Okazało się szybko, że nie dość, że mamy dobrą słuchalność, to kupują od nas te gawędy inne rozgłośnie: z Gdańska czy z Poznania".

Tak jak profesora Romana Wojtusiaka w czasie jej studiów w Krakowie, tak teraz jej, kiedy mówiła o buncie ośmiornicy, zazdrości u gołębi, płaczu u słoni, orgiach radości delfinów, śpiewach mrówek, agresji u kruków, problemach owiec tłustopośladkowych, rozmowach mrówek, depresji małp, plotkowaniu kawek, histerii rybek sumików szklistych albo o tym, jak lisica nauczyła ją, że też ma potrzebę wolności, wielu słuchało z otwartą gębą. Ludzie dzwonili do radia, przychodzili, by się z nią spotkać, pisali listy.

„Zdarzały się w tych gawędach jednak błędy — uważa kolega Simony z Białowieży. — Jak mówiła o pszczołach, to gadała głupoty. Jak ktoś jest ekspertem od wszystkiego, to niestety robi błędy, a Simona znała się na wszystkim. Generalnie opowiadała jednak o przyrodzie z takim przejęciem, że mimo potknięć wszyscy jej słuchali".

„Nie było tam błędów, raczej uproszczenia", zaprzecza Elżbieta Malzahn.

„Czy są uproszczenia w tych gawędach? — zastanawia się Aleksander Rachwald. — No przecież to nie jest robione dla naukowców, tylko dla normalnych ludzi".

„Sama przyznawała się do błędów i mówiła, że się dokształca i nieraz sprawdza na przykład kolor ciapek na ptasich jajkach. Pamiętała na przykład, że w jednym z pierwszych odcinków «wpuściła gąsiora w szuwary, a wypłynął z nich kaczor». Dopiero gdy słuchała radia, zorientowała się w swojej pomyłce"[53].

„Dla nas z Jarkiem ta praca z Simoną to były ciekawe spotkania i fajne lekcje — wspomina Jerzy Leszczyński. — Nauczyła nas nie tylko tego, że sarny szczekają, a czarne bociany syczą, a nie klekoczą, lecz także tego, że trzeba szerzej patrzeć na środowisko. Jest takie białoruskie przysłowie, które oddaje to, co ona starała się przez cały czas ludziom przekazywać:

Na Dziedzince, lata 90. XX w.

«Nie cały świat ten, który zobaczysz w oknie». I Simona ludziom w gawędach cały czas świat rozszerzała".

W gawędach opowiadała nie tylko o przyrodzie, Lechu Wilczku, z którym mieszkała — jak mówiła — czy o zwierzętach na Dziedzince, lecz także o swoich znajomych z Białowieży. „Nasz bocian czarny sobie tkwił nieruchomo na środku podwórka, najedzony, zadowolony z życia i ani mu było w głowie myśleć o wędrówce. (...) I jak to w życiu bywa, moja głupia znajoma, a że głupia, to się właśnie okazało w tym momencie, przypadkiem postanowiła, akurat w tym dniu, pojechać sobie na spacer do lasu, akurat tą drogą, którą prawie nigdy nie jeździła, i jeszcze sobie umyśliła, że weźmie na ten spacer swojego pieska, który jest pieskiem myśliwskim, źle wychowanym, samowolnym, i jeszcze sobie umyśliła, że nie ma potrzeby brać ze sobą obroży i smyczy. I państwo się już domyślacie, co się stało. Jak przejeżdżała koło leśniczówki, piesek zobaczył drób, swoją panią zostawił razem z tym rowerem, wpadł na podwórko i panika. Wszystkie ptaki z krzykiem w powietrze, alarm na całego. Piesek się łaskawie raczył rzucić na kogucika i go zadusił na środku podwórka. I tego bocian nie wytrzymał. Jak Leszek wyleciał ratować kury, to pies zaduszał kurę, a bocian krążył wysoko. Ratował koguta i wołał bociana, ale bocian wzniósł się i odleciał, natomiast zadowolona z siebie pani zaczęła szybciej kręcić pedałami, żeby nie było na nią, że to ona, że to jej pies, zamiast rzucić się na ratunek czemuś, co dzieje się na podwórku. Co ta pani usłyszała ode mnie potem, no to już państwu daruję, ale możecie się sami domyślić".

Jeśli się państwo nie domyślają, było to „rzucenie kurwą", jakie usłyszał przez telefon mąż tej pani.

Ci, którzy znali ją blisko, mówią, że w gawędach mówiła „nie ta Simona". Na co dzień mówiła szybko, strzelając jak z karabinu maszynowego, używała mocnych słów, często padały wulgaryzmy. Ktoś: — Kurwami rzucała nieraz. W emocjach nie dobierała słów. I to był język soczysty. Używała słów „kurwa", „pizda" i „skurwysyn" regularnie.

(Na Dziedzince mogła słyszeć coraz to nowe wierszyki, na przykład:

W sęczku, co się z drzewa urwał, żył robaczek, straszna kurwa.
Czy po woli, czy niewoli on każdego wypierdoli.

Jak mówi jednak dzisiaj z pełnym przekonaniem jej towarzysz życia — nie bawiły jej te rymowanki).

„Ostatni raz nagrywaliśmy z nią gawędę w szpitalu w Hajnówce — wspomina Jarosław Iwaniuk. — Usiedliśmy na jej łóżku i nagrywaliśmy. Opowiedziała wtedy ponad dwadzieścia gawęd. Simona doskonale rozumiała, że w radiu najważniejszy jest słuchacz, nie prezes, nie dziennikarz czy ktoś inny. Czuła odpowiedzialność przed słuchaczem. Miała duszę radiowca. Nie była profesorem z piedestału, nie mówiła ex cathedra. Gawędziara była, miała zrobione notatki, ale do nich nie zaglądała. Inna osoba, trafiając do szpitala, powiedziałaby: «Dajcie audycje z poprzedniego roku, bo jest ta sama pora roku, mówiłam już, co o tej porze dzieje się w przyrodzie», a ona zgodziła się nagrywać w szpitalu. Nie sądziłem, że jest aż tak bardzo chora. Byłem przekonany, że po wyjściu ze szpitala będziemy dalej razem pracować.

Minęło sześć lat od jej śmierci, a w naszym radiu przez cały czas puszczamy jej gawędy.

Bardzo przeżyłem odejście Simony. Dzisiaj nie piję kawy. Zaraz po jej śmierci przestałem ją pić, bo zabrakło tego rytuału, który towarzyszył naszemu wspólnemu piciu kawy".

Świerk

„Dość już wyrąbaliście. Dość — już — wyrąbaliście" — powtarzała w czasie przerwy na papierosa leśnikom, spotykanym na KTG, czyli Komisjach Techniczno-Gospodarczych, na których bywała jako profesor z Instytutu Badań Leśnictwa. „Kiedyś na Dziedzince potężny świerk o metrowej średnicy został zaatakowany przez kornika — opowiada leśnik z Nadleśnictwa Białowieża. — Świerk obumarł i leśniczy dostał polecenie, żeby go wyciąć. Simona się uparła, że ma zostać i sam runąć, rozsypać się ze starości. Powiedziała, że nie pozwoli go ściąć. Leśniczy przyjechał jednak z pilarzami i zgodnie z poleceniem nadleśniczego chciał ścinać to drzewo. Simona, gdy ich zobaczyła, powiedziała, że nie pozwoli, i usiadła w tym miejscu, gdzie miało paść ścięte drzewo. Leśniczy się wkurzył i mówi: «Ja ścinam!». A Simona dalej siedzi. W końcu ten leśniczy zadzwonił do nadleśniczego i zapytał go, co robić. Nadleśniczy powiedział: «Dobra, zostawmy to drzewo». Leśniczy powtarzał potem: «Ja bym nie usiadł, co za wariatka!»".

„Simona miała sentymentalny, ale i racjonalny stosunek do przyrody. Nie była wariatką i nawiedzonym fanatykiem, ochroniarzem oszołomem — przekonuje leśnik z Nadleśnictwa Hajnówka. — Do tamtego świerka była akurat przywiązana, bo rósł tam, gdzie miała wcześniej zagrodę i sarenki. (...) Simona nie bała się pracy z leśnikami. Jako jedyna ze środowiska naukowego postanowiła uczyć leśników zarządzania zwierzyną łowną w puszczy. W Białowieży nie było żadnej innej osoby, żadnego naukowca, oprócz niej, z którym można było o tym rozmawiać. Jej stosunek do puszczy przez cały czas się zmieniał. Miała otwarty umysł, dużo czytała. Zawsze przedstawiała swoje argumenty.

Nie chciała zamknąć puszczy przed człowiekiem. I nie skupiała się tylko na badaniach naukowych, ale robiła tu ponadczasowe rzeczy zarówno dla ludzi, żyjących w okolicy, jak i przyjeżdżających do puszczy".

W 2001 r. Simona wydała książkę: *Saga Puszczy Białowieskiej*. Saga jest historią królewskiego lasu i opowieścią o plądrowaniu najstarszego lasu w Europie.

To też dokumentalny zapis walki ekologów, naukowców, ludzi kultury, którzy domagali się objęcia ochroną obszaru całej polskiej części Puszczy Białowieskiej i mówili stop wyrębowi lasów, przeróbce dębów i świerków na deski, parkiety, meble, okleinę, wióry i inną galanterię.

Simona Kossak powtarzała, że dla niej ta książka, opisująca pół prawdziwe, pół legendarne dzieje puszczy od czasów pradawnych po współczesne i jednocześnie fakty, jest spłatą długu za ponad trzydzieści lat życia „u Pana Boga za piecem; w zielonym raju, w Puszczy Białowieskiej"[54].

Uważała, że należy zostawić puszczę w spokoju, nie eksploatować jej, tak jak robiono w PRL-u. Książka jest jednym z elementów jej „kampanii wojennej" — wołaniem o potrzebę ochrony puszczy i sagą o wycince, księgą, w której ona, profesor nauk leśnych, jak sama mówiła, „dowaliła leśnikom".

WILCZEK

Zanim osiemdziesięciotrzyletni Lech Wilczek (tak naprawdę Wacław Leszek Wilczek), towarzysz życia Simony Kossak, artysta plastyk, fotografik i z zamiłowania przyrodnik, powie w 2013 roku w Białowieży: „Najważniejsze w życiu to móc realizować dziecięce marzenia" — najpierw zaproponuje ozorek.

— Chcesz? Mogę ci zrobić.

— Dziękuję — odmawiam.

— Simona lubiła, wiesz? To może chcesz?

— Nie, dziękuję.

Zatrzymuje się w drzwiach do kuchni, patrzy prosto w oczy i mówi: — Wiesz, masz bardzo dobry instynkt samozachowawczy.

— Tak? Dlaczego? — pytam.

— Bo ten ozorek ma osiem lat. No, ale jest dobry! Nie otrułbym cię, nie bój się. Grzybki mam sześcioletnie, ale też są dobre, bez obaw.

Tak jak kiedyś na Dziedzince w domu w Białowieży wekuje dzisiaj: mięso, jajka, owoce, warzywa.

Ci, którzy znają go od lat, mówią: „Najważniejszy człowiek w życiu Simony".

„Człowiek zagadka, przyjaźnimy się od wielu lat, ale Leszek jest nieodgadniony".

„To jest mężczyzna, który nie nosi okularów, ale nie dlatego, że nie ma wady wzroku, bo ma, tylko dlatego, że go postarzają. Mężczyzna typu macho? — Nie, raczej cyganeria artystyczna".

„Leszka Simona autentycznie kochała".

„Simona Leszka zdominowała, robił albumy fotograficzne i malował obrazy, a zaczął hodować barany".

Znajomi z Białowieży, którzy znają go od lat, powiedzą także:

„To jest człowiek, który nie zabił w sobie dziecka, a to jest bardzo rzadka umiejętność".

Jako dziecko biegał po poligonie i oglądał rośliny w miejscowości Miłosna Cechówka, na terenach dzisiejszego podwarszawskiego Sulejówka. Obserwował sójki, kawki, kraski, zięby. Mieszkało to towarzystwo u niego na obszernym poddaszu albo obok domu.

Kopał też nory w ziemi, by osy zawiązały gniazdo i żeby mógł je obserwować. Sadził i wyrywał rośliny, urządzał miniogródki. Wertował *Atlas państwa zwierzęcego*. Lepił z plasteliny i malował to, co podpatrzył w przyrodzie. Wychowywał się ogrodzie, w którym jego matka sadziła dalie.

Do szkoły powszechnej odprowadzały go zaprzyjaźnione kawki, sroka i sójka.

Przed jego domem rodzinnym rósł krzew forsycji.

Dom został zaprojektowany przez jego matkę, która nie była architektem, ale była kobietą z wyobraźnią. W głowie i na podstawie rysunków w gazetach stworzyła projekt domu i doglądała murarzy, czy realizują jej wizję.

Nie przyjmowała w tym domu gości, nie było w nim życia towarzyskiego. „I między innymi dlatego ja się zrobiłem nietowarzyski", powie po latach.

Nie dopuszczała, by — jak to bywało w czasach komuny — zasiedlono w nim lokatorów. Kiedyś udała, że jest niepełnosprawna umysłowo, żeby wyrzucić jakiegoś lokatora, którego przydzielili do ich dużego domu. Chodziła i odgrywała, że nie poznaje syna. „Urobiła" lekarzy i dostała potem świadectwo lekarskie, że wymaga spokoju. Nie dostali lokatora.

Dziś Lech Wilczek mówi o swoich rodzicach, że to było piekielnie niedobrane małżeństwo i dlatego on, obserwując ich relacje, zawsze był za wolnymi związkami.

Jego najstarszy brat zmarł na dyfteryt w Rostowie nad Donem w Rosji, gdzie wtedy mieszkali. W domu, obok portretu tego brata, matka kładła kwiaty. Drugiego brata zastrzelili na podwórku przed domem Niemcy we wrześniu 1939 roku.

Gdy polscy żołnierze ćwiczyli na pobliskim poligonie, jego siedemnastoletni brat zbierał ślepe łuski, które wylatywały z karabinu. Nosił je w kieszeni i wymieniał się nimi z kolegami. Jedna łuska była starorosyjska. Kiedy Niemcy wyciągnęli ich ze schronu, wszystkich zrewidowali. Znaleźli u brata w kieszeni łuski i wypchnęli go na środek podwórka. Zastrzelili go na oczach młodszego brata Lecha.

W czasie wojny, po tym zdarzeniu, Wilczek pytał matkę, czy łatwiej jest zastrzelić człowieka z karabinu, czy z rewolweru.

Uroczystości rodzinne przypominały matce Gwiazdki z bratem. Nie chciała do tego wracać i nie celebrowano w domu urodzin czy Bożego Narodzenia. W czasie Wigilii chodzili całą rodziną na cmentarz.

Matka po urodzeniu dwóch chłopców marzyła o córce, dlatego jego, trzeciego syna, ubierała jak dziewczynkę. Do jedenastego roku życia nosił długie włosy.

W czasie wojny, z której zapamiętał, jak robił cukierki z razowej mąki z marmoladą (nie było mięsa, nie było cukru, były aresztowania, wymordowani sąsiedzi Żydzi i strach), nie mógł wychodzić poza podwórko. Po wojnie biegał tylko nieco dalej, na poligon i rozlewiska.

Z poligonu zapamiętał jeszcze drzewa, wycinane przez Rosjan, którzy tam stacjonowali i pod koniec wojny cięli je piłą motorową. Gdy Rosjanom potrzebne było drewno na opał, podjeżdżali ciężarówką i nie schodząc z niej, piłowali drzewo, tak jak im było wygodnie. Obcinali połowę, a pnie zostawiali. Po zwaleniu drzewa obcinali gałęzie. I on z matką przewozili te gałęzie pod dom wózeczkiem, żeby było czym palić.

Zapamiętał jeszcze, że po wyzwoleniu do domu wszedł Mongoł, który szukał zegarków. Rodzice zaczęli z nim mówić po rosyjsku, a wtedy on zaniepokoił się i wyszedł.

Po wojnie matka nie pozwalała mu bawić się z innymi dziećmi. Na pierwszy wyjazd z młodzieżą wyjechał w wieku dziewiętnastu lat. To było dzieciństwo w klatce. Matka straciła dwóch synów, dlatego obsesyjnie pilnowała jedynaka.

Dom pod Warszawą sam porównuje do Kossakówki, do domów, które zabijają. Na podwórku zabito jego brata, umarł ojciec, matka zginęła w pożarze. Człowiek, który kupił potem ich dom, przerobił go i wybudował obok basen, utopił się w tym basenie.

Lech Wilczek przechował z domu rodzinnego kafel, który leży w ogrodzie. Nie chce go wnosić do środka, bo — jak mówi — może jest naładowany złą energią. Na półce w domu w Białowieży ma książkę *Domy, które zabijają*.

W 1956 roku Lech Wilczek ukończył warszawską Akademię Sztuk Pięknych i otrzymał tytuł artysty plastyka.

Kiedy wyprowadził się z domu rodzinnego, zamieszkał w Warszawie na rogu ulicy Długiej i Miodowej. Założył studio fotograficzne i akwaria, osiemdziesiąt centymetrów wysokości, pięć metrów długości. Pływały w nich welonki i brzanka sumatrzańska (z rodziny karpiowatych). Z Wisły wyłowił też i przyniósł w kociołku słonecznice. W pracowni hodował dwa szopy pracze i puszczyka. I rzekotkę, która mieszkała na filodendronie.

Pracował nad albumami fotograficznymi o zwierzętach, wydawał je po polsku, rosyjsku, niemiecku i szwedzku w wydawnictwie Nasza Księgarnia.

W 1967 roku napisał list do Naszej Księgarni: „Jestem przerażony jakością czarno-białego druku. Jeśli czarno-biały druk jest tak zły, to jaki będzie efekt ilustracji kolorowych, które stanowią 30% materiału. (...) Druk na tym poziomie zamknie drogę na rynki zagraniczne. Jest szkodnictwem kulturalnym i antyreklamą dla polskiego drukarstwa. Czy naprawdę nie ma wyjścia i trzeba będzie wstydzić się zagranicznych wydawców i krajowych odbiorców tego niedbalstwa i brakoróbstwa drukarni? Nie należy również bagatelizować zatraty walorów estetycznych, a co za tym idzie, zubożenia emocjonalnego treści. Podpis pod żenująco wydrukowanym zdjęciem u wrót grzybowego raju w tej sytuacji zakrawa na satyrę (...)". W 1971 roku (tuż przed jego wyjazdem do Białowieży) pracownię Wilczka odwiedziła reportażystka Polskiego Radia Maria Raizer. „Wysokie pomieszczenie udekorowane pniami drzew, hubami leśnymi, przedziwnymi lampami, lustrami, kryje w swoich zakamarkach mnóstwo zwierząt i ptaków"[55], opowiadała w swoim reportażu.

W pracowni Wilczek miał też sowę, koty i oswojonego szczura, który lubił pić wino i przybiegał, jak pies, na zawołanie. „Kiedyś do pracowni przyszedł mój ojciec i bawił się ze szczurem — opowiada. — W pewnym momencie ojciec go złapał, po czym szczur go ugryzł. I jak szczur się zorientował, że ugryzł znajomą osobę, zaczął piszczeć, biegać w kółko, jakby był wystraszony, że w jakiś sposób zrobił ojcu krzywdę".

Rozmowie z dziennikarką radiową przysłuchiwała się sowa, która w czasie wywiadu czyściła sobie pióra. „Czy pan może znosić na sobie wzrok takiego ptaka?", pytała dziennikarka. Lech Wilczek odpowiadał: „Częściej mi przeszkadza obecność ludzi, obecność zwierząt nie absorbuje w ten sposób. Zwierzęta nie są takie absorbujące psychicznie".

W pracowni, tak jak później na Dziedzince, miał orkiestrę zegarową, czyli dźwięki, poczynając od starego zegara po muzykę jak z pozytywki.

Wypowiadał się na temat zwierząt w mediach w Warszawie i potem w Białowieży. Kiedyś, gdy mieszkał na Dziedzince, przyjechała do niego ekipa telewizyjna z programu przyrodniczego. Miał opowiadać o ulach. Zaczął mówić, ale już wtedy zmuszał się do takich wystąpień. Zaczął więc mówić drugi raz, po trzecim powiedział, że nie będzie pajacował i niech sobie dadzą spokój z publicznymi wystąpieniami. Ekipa telewizyjna z Warszawy wróciła do stolicy bez materiału.

O rodzinie Kossaków Lech Wilczek dowiedział się, gdy jego mama przeczytała w prasie wywiad z Glorią Kossak. Spodobał jej się wywiad z siostrą Simony, to było długo przed tym, jak poznał ją w Białowieży.

Simona o Lechu też dowiedziała się od swojej matki. Elżbieta Kossak oglądała telewizję. Pokazywali akurat reportaż z pracowni fotograficznej Wilczka, Simona mogła być wtedy licealistką. Matka zawołała do niej: „Simonaaa! Zobacz! To byłby świetny facet dla ciebie!".

Lech wyprowadził się z domu rodzinnego, gdy miał trzydzieści lat. Kiedy miał czterdzieści, przyjechał do Białowieży.

Z kobietami w jego przypadku było tak, że zawsze to one się do niego zgłaszały. Wystarczyło, że czasem tylko dłużej na którąś popatrzył.

W Białowieży życie toczyło się wolno. Pierwszy raz przyjechał tu w 1952 roku i od tamtego czasu wracał regularnie. Na wiejskiej drodze poniewierały się wtedy krowie placki. Po południu przez środek Białowieży szły krowy i wlokły za sobą łańcuchy. Kiedy jechał motocyklem po kocich łbach, nieraz zahaczył o te łańcuchy.

W Białowieży był fotograf i fryzjer. Była też piekarnia i masarnia. Połowa chat z bali była kryta dranicą (drewno na dach przygotowywane było specjalnym nożem), dzięki temu wieś wyglądała malowniczo, nie tak jak teraz, jak mówi Wilczek — bez charakteru. W dwóch lokalnych barach, „mordowniach", czasami polała się krew, ale w zasadzie było bezpiecznie. Spokój absolutny. Od czasu do czasu tylko kogoś zabijali i nie wiadomo było, czy sam spadł ze schodów, czy ktoś mu pomógł.

„Potężny brodacz w baranicy" — tak go Simona zapamiętała z pierwszego spotkania — który „przypominał bohaterów powieści Londona"[56].

Dlaczego trafił do puszczy? Białowieża zapewniała warunki do obserwacji zaprzyjaźnionych zwierząt w naturalnym środowisku. Chciał robić im zdjęcia. W mieście nie było do tego warunków. Kiedy przyjechał do Białowieży, był gwiazdą mediów przyrodniczych. Miał na koncie osiem albumów fotograficznych w wydaniach zagranicznych, między innymi *Uroda ryb*, *Chomiki*, *Grzybów jest w bród*, i popularność, a Simona — jak mówi Lech — miała tylko nazwisko i o puszczy, roślinach puszczańskich i zwierzętach musiała się jeszcze wiele nauczyć.

Wynajął część Dziedzinki i nosił wtedy sweter z owczej wełny. Wkładał go ciągle i ten sweter się rozlatywał. Kiedy poznali się z Simoną, ona nauczyła się gręplować wełnę i zrobiła mu nowy.

Nie potrafi dziś powiedzieć, jak to się stało, że nienawidziła wełny, a wtedy się do niej przekonała. Przypuszcza, że miała mocne ręce. Lech Wilczek zarabiał na życie w Białowieży między innymi panoramami — wielkoformatowymi barwnymi diapozytywami. Wykonał jedenastometrową panoramę dla zarządu lasów, a także inne dla białowieskiego Technikum Leśnego. Kilkumetrowe panoramy, podświetlane jarzeniówkami zdjęcia puszczy i żubrów, rysia, lisa czy saren, można obejrzeć na każdym piętrze szkoły (i w internacie) do dziś.

W Białowieży, prawdopodobnie w latach osiemdziesiątych, zaczął hodować owce wrzosówki w dwunastu kolorach (w porywach było 270 sztuk), żeby zapewnić materiał koleżankom, znanym polskim artystkom z Akademii Sztuk Pięknych w Warszawie, które tkały z wełny.

W tym czasie zarzucił fotografowanie. Żeby móc się utrzymać na Dziedzince, nakarmić zwierzęta i prowadzić to „rajskie" życie, poświęcił wiele pracy i pieniędzy. Bo życie na Dziedzince to nie była bajka. Do dziś żałuje, że nie zrobił wtedy ani jednego zdjęcia.

Jego albumy i opowieści o faunie i florze pokazywały uczuciowość zwierząt i ich psychologiczne podobieństwo do ludzi, jak tłumaczy. Miał nadzieję, że te obserwacje złagodzą ludzkie zachowania wobec innych istot i wobec swojego gatunku.

W popularyzowaniu wiedzy o przyrodzie było to potem dla Simony inspiracją.

Ich publikacje mówią same za siebie. W 1985 roku Lech Wilczek powiedział Zbigniewowi Święchowi w wywiadzie dla „Przekroju", że planuje wydać *Opowiadania o ludziach, lasach i zwierzętach*. W 1995 roku, dziesięć lat później, *Opowiadania o ziołach i zwierzętach* opublikowała Simona Kossak.

Wilczek powtarza, że Simona go uczłowieczała, ale wyjaśnienie zostawia innym.

Mówią, że: „Strzelał w tyłek dzikowi z procy. Przywiózł skądś świerszcze albo inne zwierzątka, po czym o nich zapominał, one zdechły, ona się na niego wściekała".

„Zdarzało mu się walnąć kruka".

„Wkładał do woliery dwa różne gatunki zwierząt i sprawdzał, czy się zagryzą, czy nie".

„Simona traktowała zwierzęta jak członków rodziny, przelewała uczucia na zwierzęta, wszystkie były traktowane jak dzieci. Z jamniczką jadła z jednego talerza, traktowała ją jak dziecko. W przeciwieństwie do Leszka, który tak naprawdę nie umiał zajmować się zwierzętami. Traktował je użytkowo, ona emocjonalnie. I ona go uczłowieczała".

Znajomi z Białowieży twierdzą, że Lech uwierzył w stworzoną przez siebie legendę Simony. „Uważa, że ona była święta, nie da o niej złego słowa powiedzieć i jest przekonany, że tylko on ma rację, patent i monopol na opowieść o Simonie Kossak".

On temu zaprzecza. Mówi, że wcale nie gloryfikuje Simony i nie buduje jej legendy, ale prosi jednak, by zamieścić w książce takie zdanie: „Jej zasługi w krzewieniu przyrodniczej wiedzy i kultury uczuć na Podlasiu nie tylko są niepodważalne. Ja osobiście, znając ją z pewnością najlepiej i najwięcej z tytułu trzydziestu pięciu lat pod wspólnym dachem w Puszczy Białowieskiej, zaświadczam o człowieczeństwie Simony, że zasłużyła w życiu publicznym i prywatnym na szóstkę".

Na pytanie, jak wyglądał związek z Simoną, odpowie: „Obydwoje chcieliśmy być wolnymi ptakami".

I przejdzie do ptaków.

„Wiesz, że z bocianami jest tak, że trzymają się w parach przez całe życie, a jak jednej części pary zabraknie, to ta druga już nikogo nie znajduje?"

„A wiesz, u tygrysów jest za to tak, że jak tygrys pokryje tygrysicę, to po akcie płciowym musi wiać, bo ona go gryzie. Gdy są razem w klatce, to tygrysica usiłuje tego tygrysa zagryźć. U lwów jest z kolei tak, że inicjatorką jest lwica i kopulacja odbywa się setki razy co godzinę. I on, ten lew, ma dosyć". No, ale on nie miał nigdy takiej kobiety.

Rodzina

Białowieża jest jak rodzina Kossaków. Wszyscy: „swoi", „nawołocz" i „matany", kochają Puszczę Białowieską. I białowieżanie, i naukowcy, i ekolodzy, i leśnicy. I tak, jak kiedyś cztery pokolenia Kossaków w Kossakówce, te cztery grupy żyją na Polanie Białowieskiej.

I wszyscy wyznają puszczy miłość.

Każdy jednak na swój sposób. Kochać to dla naukowców badać, dla miejscowych czasem wykorzystywać, dla ekologów chronić, dla leśników gospodarować. Nie da się obiektu miłości badać, jednocześnie wykorzystywać, chronić i jeszcze mu mówić, jak ma się rozwijać.

I przy tym się nie pokłócić.

Dlatego wszyscy: „swoi", „nawołocz" i „matany", kłócą się o Puszczę Białowieską, tak jak o swoje krakowskie gniazdo rodzinne kłóciła się rodzina Kossaków.

Kiedy Lidia Radziwanowicz, dyrektorka Liceum Plastycznego w Łomży, jej zastępca Antoni Mieczkowski i Cezary Radosław Gwizdon, nauczyciel historii sztuki, przedstawiciele szkoły, 3 lutego 2004 roku wjeżdżali do Białowieży na spotkanie z Simoną Kossak, mieli za chwilę usłyszeć co nieco na temat tej białowieskiej miłości.

„Jechaliśmy do niej do Białowieży na kolanach, jak do papieża — mówi Cezary Gwizdon. — Widzieliśmy ją w programach o wilkach na Discovery".

„W moim domu wisiała replika *Olszynki Grochowskiej*" — opowiada Lidia Radziwanowicz. „Znaliśmy głos Simony — dodaje Gwizdon — z audycji o zwierzętach w Radiu Białystok. Zastanawialiśmy się, jak nas przyjmie, denerwowaliśmy się, bo to w końcu profesor, a okazało się, że kupiła nas w całości. Pierwsze wrażenie: ciepła, normalna, fajna baba. I do tego weszła w to, po co przyjechaliśmy, bez problemu".

„Wojciech Kossak był tytanem pracy i tak pojmował sztukę, jak ja chciałabym, żeby ją pojmowali uczniowie w naszym Liceum Plastycznym, powiedziałam podczas tego spotkania — kontynuuje Radziwanowicz. — Mówiłam, że zależy mi, żeby szkoła była prawdziwa, wolna od sztuczności zarówno w sztukach plastycznych, jak i w życiu. I że Wojciech Kossak bywał

na ziemi łomżyńskiej, a my przyjeżdżamy właśnie z liceum w Łomży i chcielibyśmy, żeby szkoła nosiła imię Wojciecha Kossaka. Jak to powiedziałam, zapadła cisza. Simona się nie odezwała, miała łzy w oczach. Po chwili powiedziała, że się cieszy, że jest całym sercem i zapytała, jak może pomóc. I wszystko było potem tak, jakbyśmy się znali latami.

W kontaktach z nami otworzyła się na taką przestrzeń rodzinną, nie zawodową, w której bardzo mocno siedziała — mówi Cezary Gwizdon. — Sprawiała wrażenie osoby trochę samotnej na terenie Białowieży. Miała tam chyba wrogów, myślę, że wielu ludzi jej nie rozumiało i nagle przyszli tacy, którzy ją chcą.

Simona w IBL-u, pierwsze spotkanie z delegacją z Liceum Plastycznego w Łomży, Białowieża 2004.

Ona wcześniej uciekała w życiu od wątku rodzinnego i od Krakowa, a przy nas jakby dotknęła korzeni. Tak, jakby się na nowo odnalazła, coś się jakby skleiło. Nawet tak chyba sama powiedziała, że wróciła do siebie, czy że powróciła do domu.

Simona miała takie krakowskie powiedzenie: spuścić kogoś po brzytwie, czyli potraktować tak lekko, niepoważnie, nawet trochę odepchnąć. Nigdy nie poczuliśmy się tak w jej obecności. Czuliśmy, że traktuje nas poważnie, i to, że się spotkaliśmy, jest dla niej ważne.

Kiedy później zobaczyła naszą szkołę, poczuła się z nami jeszcze lepiej, a raczej jeszcze bliżej.

Dzisiaj mamy kontakt z obiema jej siostrzenicami: z Joanną i z Dagmarą.

Simona zadzwoniła kiedyś przy mnie do Dagmary, żeby pomogła nam w Krakowie w jakiejś sprawie, czy żeby nas ze sobą poznać. I powiedziała do Dagmary: «Tylko nie spuść ich po brzytwie!».

Wprowadziła nas w rodzinę".

Skandalizowanie

Uczyła się od kolegów z pracy, co zrobić, by dany kwiat się przyjął, jak go pielęgnować. Simona nie miała ręki do kwiatów, ale miała ambicję. Wyhodowała wreszcie skrzydłokwiat z kwiatami podobnymi do kalii. Postawiła go pod oknem w swoim pokoju w IBL-u i była dumna, że ma wreszcie kwiat, który ją kocha.

W domu, oprócz ogrodu z kwiatami, miała porcelanę i zasłony, ozdobione różami, ulubionymi kwiatami jej babci Marii.

Nic dziwnego, że jej babcia Maria Kossak, czyli Wojciechowa Kossakowa, zwana w rodzinie Mamidłem albo Maniusią, chciała w Kossakówce na dzień dobry całować róże. W jej rodzinnym dworze w Stawiskach koło Łomży w ogrodzie rosło trzysta pięćdziesiąt odmian tego kwiatu.

W Marii Kisielnickiej z dworu w Stawiskach, która kochała róże, zakochał się na zabój dziadek Simony Wojciech Kossak. W listach z Krakowa pisał do niej: „Marysiątko moje najsłodsze, całuję strasznie oczka, czółko, włoski, buzię (długo), uszka, gardziołko, łapki, nózie i każdy paluszek i łydeczki także (jeżeli Cię to nie skandalizuje, bo mnie nic a nic), okropnie kochający mąż przyszły — Wojtek"[57].

Kiedy Wojciech Kossak przyjeżdżał z Krakowa do Stawisk, narzeczeni spotykali się w dworze Kisielnickich w Stawiskach albo w kolejnym gnieździe rodzinnym Kisielnickich — w dworze w Korzenistem.

Trzy razy Wojciech Kossak musiał prosić Marię Kisielnicką o rękę. Kiedy na balu w Zakopanem dwa razy jej się oświadczał, za każdym razem odmawiała. Jak tłumaczyła po latach swoim córkom Marii i Magdalenie, zrobiła to z premedytacją, żeby bardziej ją cenił i szanował. Za trzecim razem przyjęła oświadczyny Kossaka.

„Maryś, dzięki Bogu, może to już będzie i ostatni mój list jako Twego narzeczonego. Do widzenia za parę dni. Całuję namiętnie usteczka Twoje najsłodsze, oczka, nosek, uszka, strasznie mocno i bez końca i nóżki, i rączki, i wszystko, i wszystko. Maryś, ja wariuję na myśl, że będziesz moją, naprawdę! Twój, ale to zupełnie tylko Twój — Wojtek Kossak"[58] — pisał 3 lipca 1884 roku do narzeczonej.

Trzynaście dni później Maria Kisielnicka i Wojciech Kossak wzięli w końcu ślub. Uroczystość odbyła się w kościele we wsi Poryte, pięć kilometrów od Stawisk.

Ze Stawisk do wsi Poryte prowadzi kręta droga nazwana w 2002 roku na cześć malarza ulicą Wojciecha Kossaka.

W 1884 roku jechali tą drogą narzeczeni oraz zaproszeni na ich ślub goście. Nie mógł przyjechać ku ubolewaniu Wojciecha Jacek Malczewski, nie mógł też Stanisław Wyspiański, gdyż zachorował.

Akt ślubu, który znajduje się dzisiaj w kancelarii parafii Poryte, a dokładnie w brązowo-żółtawej „Księdze Unikat Zaślubionych Rzymsko Katolickiej Parafii Poryte od dnia 31 lipca 1882 r. do 10 lutego 1890 r.", został sporządzony w języku rosyjskim.

„Wieś Stawiski i miasto Kraków. Odbyło się to we wsi Poryte szesnastego lipca 1884 o godzinie siódmej po południu. Stwierdza się, że w obecności świadków: Stanisława Kisielnickiego, brata rodzonego panny młodej, właściciela posiadłości Stawiski, 26 lat, zamieszkałego w Stawiskach, Kazimierza Kisielnickiego, właściciela posiadłości Korzeniste, zamieszkałego w Korzenistem, 25 lat, w dniu dzisiejszym w kościele zawarto związek małżeński pomiędzy Wojciechem Michałem Kossakiem, kawalerem, artystą malarzem, synem państwa Kossaków, Juliusza i Zofii z domu Gałczyńskiej, urodzonym w Krakowie, w Galicji, 27 lat, z Anną Marią Apolonią, panną z Kisielnickich, córką państwa Kisielnickich..."[59].

Sto dwadzieścia lat i dwa dni później, 18 lipca 2004 roku o godzinie dziewiątej ksiądz Janusz Kotowski, ówczesny proboszcz parafii Poryte, i gmina Stawiski zorganizowali obchody studwudziestolecia ślubu Kossaków. „Wojciecha Kossaka, malarza batalisty" — jak napisano na zaproszeniu na uroczystość, i „Marii zd. Kisielnickiej, ziemianki łomżyńskiej".

Simona Kossak została zaproszona na jubileusz. Janusz Kossewski, który był wtedy sekretarzem gminy Stawiski, mówi, że na pomysł zaproszenia Simony na te uroczystości wpadł pasjonat historii ksiądz Janusz Kotowski.

Według jubileuszowego scenariusza, opracowanego przez władze lokalne i księdza, profesor Kossak miał się zająć właśnie Kossewski: „Tego dnia był upał trzydzieści stopni. Profesor Kossak przyjechała do nas swoim zielonym maluchem, ubrana też na zielono. Kiedy przy kościele w Porytem przemawiał biskup Stanisław Stefanek, ona stała w cieniu pod lipą, ale spoglądała bardziej na drzewo niż na biskupa. Zainteresowałem się tym i zapytałem potem: «A czego pani profesor wypatrywała na tym drzewie?». «Obserwowałam fascynujące zjawisko — wilgi karmiły młode», powiedziała.

Po uroczystościach był obiad i na stół wjechały mięsiwa, ale profesor Kossak zjadła tylko sałatkę warzywną, tłumacząc: «Ja jem jak ptaszek», i za mięso podziękowała. A po obiedzie poszliśmy w Porytem na cmentarz na grób rodziny Kisielnickich. Kwitły tu wtedy drzewa przy cmentarzu, była ładna pogoda, słonecznie, zielono i ona powiedziała: «Jak tu pięknie, może i ja się tu kiedyś położę?»".

Simona Kossak odwiedziła tego dnia miejsce, gdzie stał dwór w Stawiskach i Korzenistem, i pierwszy raz w życiu spotkała się z rodziną ze strony swojej babki Marii Kossak (z domu Kisielnickiej, nazywanej też w rodzinie Kossaków matką geniuszów — Jerzego oraz jego sióstr, Marii i Magdaleny Kossaków).

W Korzenistem Simona zobaczyła figurę Matki Boskiej, identyczną jak ta stojąca w ogrodzie w Kossakówce, przy której kucharka Kossaków dziękowała za przeżyty dzień, zapalała świeczkę i pielęgnowała róże.

W Korzenistem mogła też przypomnieć sobie o kolejnej ciotce pisarce w swojej rodzinie — „Estei" Józefinie Kisielnickiej, która publikowała w „Bluszczu" (1892) i startowała w konkursie literackim „Kuriera Warszawskiego" (1888) razem z Marią Rodziewiczówną.

„*W sieci pajęczej* aż gorąco było od miłosnych oparów" — pisała o jednej z książek „Estei" Magdalena Samozwaniec, która zaczytywała się w powieściach swojej ciotki razem z siostrą Marią Pawlikowską-Jasnorzewską. „Występował w niej «wamp» z najlepszego mondu, nazywany Satanella, a dziewczynki, czytając, jak jej «falowało łono» i jak «śmigała mężczyzn przez twarz biczem ognistego spojrzenia», dostawały wypieków i nie mogły sypiać po nocach"[60].

O dworze w Korzenistem feministka Narcyza Żmichowska, która, jak Wojciech Kossak, też pisała listy miłosne, tylko że do swoich uczennic, „mawiała, że był dla niej drugim rodzinnym domem"[61].

Narcyza Żmichowska, która bywała w domu korzeńskim, uczyła Marię Kisielnicką ze Stawisk.

W czasach gdy „Narcia" Żmichowska, jak ją nazywała ciotka Simony Kossak Zofia Kossak-Szczucka, tu przesiadywała, Simonie Kossak pewnie by się okolica domu korzeńskiego spodobała. „Parku nie odgraniczał rów, parkan lub mur. Wprost z cienistej latem alei wychodziłeś na szeroką płaszczyznę, obrzeżoną lasem"[62].

Zofia Kossak-Szczucka w książce *Dziedzictwo* opisywała Korzeniste: „W Korzenistem ciągłość była utrwalona, wrośnięta, stanowiąc cenne dziedzictwo". I jak tłumaczyła: „Na tradycji (jeśli kto woli ciągłości) wszystko się w życiu opiera, lecz zapoczątkować dobrą tradycję jest równie trudno, jak posiadać seradelę na nowinie"[63].

Nikt dziś nie powie, czy 18 lipca 2004 roku w czasie wizyty w Korzenistem i Porytem Simona Kossak myślała o swoim miejscu w rodzinie Kossaków jak o „seradeli" na nowinie.

„Serdecznie dziękuję za rodzinną i ciepłą gościnę w Porytem — gnieździe rodzinnym mojej Babki. Simona Kossak. 18 lipca 2004 r." — tylko tyle napisała na sto trzeciej stronie do kroniki gminy Stawiski, dzieląc się wrażeniami ze spotkania w Porytem.

W majątku Stawiski, należącego kiedyś do rodziny jej babki, Simona Kossak nie miała co zwiedzać. Z jasnego, tonącego w zieleni i przypominającego zamek dworu, w którym po wojnie urządzono PGR, oprócz kolumn przy bramie nie zostało prawie nic.

23 lipca 2004 roku ksiądz Janusz Kotowski napisał w relacji z obchodów studwudziestolecia zaślubin Kossaków na stronie internetowej parafii Poryte: „Uroczystość starała

Serdecznie dziękuję za rodzinną, ciepłą gościnę w Porytem – gnieździe rodzinnym mojej Babki

Simona Kossak

18. lipca 2004 r.

Wpis do księgi pamiątkowej w gminie Stawiski, 2004.

się uświadomić, iż słowa sakramentalnej przysięgi małżeńskiej: ślubuję ci miłość, wierność i uczciwość małżeńską, mają swoją kontynuację, budując życie rodziny zgodnie ze słowami hymnu o miłości św. Pawła: «miłość wszystko znosi, wszystkiemu wierzy, wszystko przetrzyma, miłość nigdy nie ustaje». Ta miłość stała się udziałem jednej z wielu rodzin, dając jej taką moc, iż mówimy o niepospolitym Rodzie Kossaków". O flamach Wojciecha Kossaka, jako pospolitym zjawisku w jego małżeństwie z Marią Kossakową, w swojej relacji ksiądz nie wspomniał.

18 lipca 2004 roku Simona Kossak, chwilę przed odjazdem do Białowieży, stanęła przy resztkach bramy wjazdowej do majątku babki w Stawiskach i powiedziała: „Tu zaczęła się moja historia".

Tu, za jakiś czas, jej historia też się zakończy.

Freak

„Wypuszczam parę jak smok wawelski" i... po tych słowach Simony nastąpił jej monolog. Wypuściła do góry w powietrze, jak smok, dwa razy dym z papierosa i przez dwie godziny opowiadała przed kamerą o małpie na Podlasiu.

Ireneusz Prokopiuk pracował w 2006 roku nad krótkim filmem dokumentalnym o siwej małpie, która rzekomo biegała w okolicach Bielska Podlaskiego. Simona Kossak zgodziła się skomentować to niecodzienne zjawisko.

„Kiedyś rozmawialiśmy przy papierosie, gdy pracowałem jeszcze jako dziennikarz Radia Białystok — mówi Ireneusz Prokopiuk. — Gdy jej powiedziałem, że mam taki materiał,

Pozostałość bramy wjazdowej do dworu Stawiski, gdzie przyjeżdżał Wojciech Kossak do swojej przyszłej żony.

zadumała się, odłożyła papierosa i ku mojemu zaskoczeniu potraktowała to serio. Bardzo mnie zachęcała, żebym zrobił z tego film. Nagrałem czterdzieści pięć minut wypowiedzi różnych ludzi o małpie i dwie godziny monologu Simony Kossak, od której potrzebowałem tak naprawdę jednej minuty.

Przesłuchanie materiału z Simoną było najdłuższym procesem podczas realizacji tego materiału, bo sam film ma dziewięć minut" — wspomina.

Wygłosiła monolog, tak jak wygłaszała je w pracy, w rozmowie ze znajomymi czy na przerwie na papierosa podczas konferencji z leśnikami.

Z czasem wszystkie jej monologi stawały się coraz dłuższe i coraz częściej używała słowa: «walka»".

„Wpadała do mnie do domu — opowiada znajomy z Białowieży, i mówiła: «Słuchaj! Musimy o to i o to walczyć». To były jakieś intrygi. Simona była świetnym politykiem i zręcznym manipulatorem. Działała wtedy pod wpływem negatywnych emocji. Nie chciałem się w to mieszać".

Gwałtownie wybuchała. Coraz częściej po jedzeniu źle się czuła. Chudła. Odmawiała kraszonej cebulki do ulubionych pierogów ruskich.

Gasiła i zapalała papierosa. Woziła ze sobą cały karton mentolowych marsów. Nie mogła powstrzymać się od palenia ani w samochodzie, ani w miejscach dla niepalących, ani na zebraniach, ani przy dzieciach.

Wyglądało to na jakąś chorobę.

„Wiedziała, że jest chora, dlatego tak dziwnie się zachowywała", przekonuje białowieski mechanik Simony Kossak. Tak też uważa wielu ludzi z Białowieży, z którymi miała na co dzień kontakt.

Ludzie młodsi wspominają ją z tego okresu, że to była po prostu energia do działania, chodząca inspiracja, motor, żeby coś zrobić, stworzyć, wymyślić. Wiele młodych osób mówi, że sama ich do tego zachęcała.

Ireneusz Prokopiuk: „Simona była *freakiem*, była nakręcona i miała dużo energii. Wyglądała na kobietę, która ma swoje lata, ale była pełna wigoru, była taka rockendrollowa, taka młodzieżowa jak nastolatka.

Kiedy spotykałem ją jako dziennikarz, po tych spotkaniach z Simoną chciało się coś robić, płynęła energia. Człowiek wychodził z takiego spotkania jak po dobrym filmie. Z takim poczuciem: Zrób coś! Zróbmy coś!".

„To, co się stało z Simoną, zdarza się często u naukowców, którzy pracują z ogromnym zaangażowaniem, albo w ogóle u pasjonatów — twierdzi profesor Ryszard Dzięciołowski. — Znam wiele takich osób, które przez żrącą ich pasję zagoniły się na śmierć. Simona właśnie tak pracowała, często po nocach. Nie odżywiała się dobrze, nie dbała o siebie. Wyglądała źle, coraz gorzej. Paliła jak lokomotywa. Prosiłem ją, żeby chociaż przestała tyle palić, ale jak widać — wskazuje na papierosa — nie dawałem dobrego przykładu".

Amok

W styczniu 2007 roku Simona Kossak była przez kilka dni diagnozowana najpierw w Klinice Gastroenterologii i Chorób Wewnętrznych, a potem leżała na oddziale II Kliniki Chirurgii Ogólnej i Gastroenterologicznej Uniwersyteckiego Szpitala Klinicznego w Białymstoku.

12 marca 2007 roku w poniedziałek wieczorem, koło dziewiętnastej, Lidia Radziwanowicz, dyrektorka Liceum Plastycznego im. Wojciecha Kossaka w Łomży, usłyszała w słuchawce swojego domowego telefonu głos Lecha Wilczka.

„Leszek powiedział, że Simona Kossak prosi, żebym jak najszybciej przyjechała do niej do szpitala. Zawsze uczestniczyliśmy we wszystkich spotkaniach z Simoną we trójkę. Ja, mój zastępca Antoni Mieczkowski i Cezary Gwizdon, historyk sztuki. Chciałam, żebyśmy pojechali do niej wszyscy razem. Zadzwoniłam do nich jeszcze tego samego dnia wieczorem i powiedziałam: «Simona chce, żebyśmy odwiedzili ją w szpitalu. Chce nam chyba powiedzieć coś ważnego, prosiła żebyśmy przyjechali natychmiast. Jedziemy jutro do Białegostoku».

Umówiliśmy się na jedenastą. Już za Łomżą, byliśmy w samochodzie, zadzwonił telefon. Lech Wilczek dopytywał, gdzie jesteśmy, czy na pewno jedziemy i kiedy dotrzemy.

Wszyscy w szkole wiedzieli, że jest chora i leży w szpitalu.

W grudniu 2006 roku Simona przysłała do szkoły list, w którym przepraszała, że nie przyjedzie na szkolną Wigilię. Pisała: «Tak się nieszczęśliwie złożyło, że z nagła dopadła mnie poważna choroba. Dziś wróciłam ze szpitala po serii dogłębnych badań, jednoznacznej diagnozy jeszcze nie ma, ale już wiem, że w bardzo krótkim czasie (może już przed świętami, w najbliższy wtorek to się zadecyduje) czeka mnie poważna operacja. Mam więc przerwę w życiorysie. Jak długą? Nie wiem».

Jak szliśmy w Białymstoku szpitalnym korytarzem, miałam wrażenie, że wszyscy na nas patrzą, tak jakby tam na nas czekali", opowiada Lidia Radziwanowicz.

Kiedy zobaczyli na korytarzu Lecha Wilczka, już wiedzieli, że nie jest dobrze.

Zaprowadził ich do jednoosobowej sali na końcu korytarza. Mieli świadomość, że Simona Kossak traktuje ich jak bliską rodzinę, ale nie przypuszczali, że za chwilę wręczy im testament.

„Przy łóżku, na którym leżała, byłam ja, Lech Wilczek, Cezary Gwizdon, Antoni Mieczkowski i ksiądz Kotowski —

opisuje Lidia Radziwanowicz. — Czuliśmy się jak rodzina Kossaków. «Co słychać w szkole?», to było pierwsze pytanie. I w pewnym momencie powiedziała: «Słuchajcie, nie wiem, co ze mną będzie, ale chciałabym wam przekazać rzeczy i utworzyć stypendium im. Simony Kossak dla najlepszego ucznia». Lech Wilczek odczytał nam spisany przez nią testament. Złożyliśmy podpisy.

Trzy razy mi powtarzała: «Tylko pamiętaj, proszę cię, idź jeszcze dzisiaj do notariusza, niech powie, czy jest wszystko dobrze, w razie czego jeszcze poprawię».

Miała świadomość odchodzenia i chciała po sobie zostawić jak najmniejszy bałagan, a szkoła imienia Wojciecha Kossaka była dla niej bardzo ważna. Zawsze jak mieliśmy coś ważnego do załatwienia, ona odkładała inne sprawy i zajmowała się natychmiast tym, co jest ważne dla szkoły".

Miała kłopoty z oddychaniem, co chwila dotykała maski z tlenem, bała się, że straci przytomność. W pewnym momencie powiedziała, że czuje się zmęczona i chce zostać sama z księdzem.

Z księdzem była umówiona na 13.30.

„Pożegnaliśmy się, mówiąc: do widzenia. Wyszliśmy z Lechem Wilczkiem, została z księdzem sama — mówi Lidia Radziwanowicz. — Na korytarzu rozmawialiśmy z lekarzem. Dowiedzieliśmy się, że jest to nowotwór z przerzutami i lekarze nic już nie są w stanie zrobić, musiałby się zdarzyć cud. Zaczęliśmy rozmawiać o niekonwencjonalnych sposobach leczenia, lekarze byli na to otwarci. Ktoś wspomniał o jakimś bioenergoterapeucie, ktoś inny o ziołach z Niemiec.

Kiedy we trójkę opuściliśmy szpital, byliśmy w amoku, niczego takiego się nie spodziewaliśmy, przez pół godziny siedzieliśmy na ławce w milczeniu.

Simona w czasie uroczystości szkolnych w Liceum Plastycznym w Łomży, nadanie szkole imienia Wojciecha Kossaka, 3 VI 2005.

Nie mogliśmy dojść do siebie. W końcu przerwałam to milczenie i powiedziałam: «To jest niemożliwe, żeby ona umarła». Cezary Gwizdon odpowiedział, że zna kogoś, kto rozdał wszystkie swoje rzeczy i wcale nie umarł. Zaczęliśmy się zastanawiać: to może wszystko jeszcze będzie dobrze?".

Wrócili do Łomży. Lidia Radziwanowicz, zgodnie z wolą Simony Kossak, poszła do notariusza, który, ze względu na podpis na akcie księdza, uznał testament.

W dniu 14 marca w środę w Liceum Plastycznym w Łomży odbył się uroczysty apel, podczas którego ogłoszono, że szkoła dostała spuściznę po Kossakach, i młodzież poszła się pomodlić za zdrowie profesor Simony Kossak do małego kościółka przy Seminarium Duchownym w Łomży.

Następnego dnia, 15 marca 2007 roku, w czwartek, przypadała sześćdziesiąta czwarta rocznica śmierci Marii Kossakowej, z domu Kisielnickiej, babki Simony Kossak.

Tego dnia po południu, w wieku sześćdziesięciu czterech lat, w Uniwersyteckim Szpitalu Klinicznym w Białymstoku zmarła Simona Kossak.

Królowa

16 marca 2007 roku „przez cały dzień o Simonie Kossak mówili wszyscy w Białowieży. W aptece, na ulicy, w sklepach, kogo nie zapytać, każdy wyrażał się o niej z wielką życzliwością, jak o najbliższej osobie”[64].

W Liceum Plastycznym im. Wojciecha Kossaka w Łomży, w centralnym punkcie szkoły, został wystawiony, przepasany żałobną wstążką, portret Simony Kossak. Na budynku szkolnym wywieszono, otoczone kirem, biało-czerwone flagi.

O jej śmierci pierwsze poinformowało, 15 marca, Polskie Radio Białystok, z którym współpracowała od sześciu lat, przygotowując gawędy, a następnie inne media i współpracownicy Simony Kossak.

„Odeszła królowa puszczy”, donosił 16 marca na pierwszej stronie „Kurier Poranny” w tekście *Pożegnanie*. I dodawał, jak prawie wszystkie media: „Córka Jerzego, wnuczka Wojciecha, prawnuczka Juliusza — trzech znanych malarzy. Bratanica Marii Pawlikowskiej-Jasnorzewskiej i Magdaleny Samozwaniec".

„Pusto w Puszczy — pisał o jej odejściu dziennikarz «Gazety Wyborczej Białystok» (17–18.03.2007) Jakub Medek. — Umiała pasjonująco opowiadać nawet o stworzeniach tak nieprzyjemnych jak osy. Ci, którzy znali ją osobiście, wiedzieli, że czasami, zwłaszcza gdy nie zgadzała się z rozmówcą, sama potrafiła żądlić jak osa".

Wszyscy byli ciekawi: Kiedy będzie pogrzeb? Gdzie? Jaki to będzie pogrzeb? Katolicki? A czy ona nie była buddystką? Czy serce wróci do Krakowa? Czy położy się tam na cmentarzu? Nie, na pewno u nas w Białowieży[65].

Wszystkie spekulacje uciął ksiądz Janusz Kotowski, który powiedział w mediach, że pogrzeb odbędzie się w kościele koło Łomży, we wsi Poryte w gminie Stawiski, gdzie dziadkowie Simony Kossak, Wojciech Kossak i Maria Kisielnicka ze Stawisk, wzięli ślub.

I Simona Kossak, zgodnie ze swoją ostatnią wolą, zostanie pochowana na cmentarzu w Porytem, ponieważ chciała, żeby w ten sposób jej historia rodzinna zatoczyła koło.

Według księdza Kotowskiego Simona Kossak, która przez całe życie zadawała sobie pytanie o sens życia i szukała Boga w różnych religiach, po przyjęciu w szpitalu delegacji z Liceum Plastycznego w Łomży przystąpiła do spowiedzi, przytomna i świadoma złożyła wyznanie wiary i wyraziła wolę powrotu na łono Kościoła.

Gdy ksiądz Kotowski usłyszał od Simony, że chciałaby być pochowana w Porytem, z wrażenia aż usiadł na jej szpitalnym łóżku.

„Po spowiedzi nastąpił też taki komiczny moment, przeszliśmy z Simoną na ty — opowiada ksiądz Kotowski. — Wcześniej myślała, że jestem o piętnaście lat starszy, miałem siwe włosy. Kiedy okazało się, że jesteśmy sobie wiekowo bliscy, powiedziała: «To mów do mnie Simona»".

Wiadomości o miejscu pochówku Simony Kossak (zdeklarowanej sai babistki[66]) i o jej katolickim pogrzebie zaskoczyły wielu katolików i prawosławnych w Białowieży, którzy znali Simonę Kossak i chcieli ją pożegnać („Poryte? Gdzie to w ogóle jest?").

Film

Lech Wilczek przekroczył już osiemdziesiątkę, ale nigdy jeszcze nie robił przed nikim pokazu swojej kolekcji swetrów. Z wełnianych ma między innymi: żółty z golfem, czarno-biały, który grzeje tak, że nie ma szans, żeby się przeziębić, albo ten, proszę bardzo — z góralskim wzorem, szarobrązowy.

Na pogrzebie Simony Kossak, w chłodny marcowy dzień (22 marca 2007, o godzinie 13.00 czuwanie w kościele, o 14.00 msza) był w czarnym płaszczu i w rozpinanym jasnym swetrze z wełny, który zrobiła mu kiedyś Simona.

Dzisiaj o tamtym dniu, a także o poprzednich, nie potrafi powiedzieć zbyt dużo. „Na pogrzebie był kręcony film" — pokazuje płytę DVD. Nie doda za wiele od siebie, sam czuł się wtedy tak, jakby brał udział w jakimś filmie.

Film z pogrzebu *Ostatnia droga Simony Kossak* jest wprawdzie dostępny i każdy może go obejrzeć, ale nie rejestruje wszystkich zdarzeń, do których doszło na cmentarzu i na stypie.

Nie ma w nim na przykład sceny, gdy Kazimierz Rykowski, nazywany przez Simonę Kazimierzem Wielkim, jadąc z Warszawy na pogrzeb, tak się zamyślił, że wjechał w czyjąś bramę w Porytem.

Nie ma kadru pokazującego scenę w kościele — siedzące obok siebie w jednej ławce dwie pokłócone osoby z bliskiego otoczenia Simony. Ten akt pokoju to chyba cud, oddycha z ulgą Bożena Wajda.

Nie ma w nim też sceny ze stypy, na której jej organizatorzy widzą się pierwszy raz w życiu, na obiedzie dla siedemdziesięciu osób, w restauracji w Nowogrodzie.

Nie ma w nim rozmowy Joanny Kossak z księdzem Januszem Kotowskim, który przekazał jej to, o co przed śmiercią poprosiła go Simona.

Każdy z uczestników pogrzebu miał swoją Simonę Kossak. I swoje przemówienie.

„Simona była zerojedynkowa: kochaj albo rzuć, ludzie ją kochali albo nienawidzili — mówi jej były współpracownik Marek Stolarski. — Jeśli na świecie jest milion sześćset tysięcy miłości to tak, kochałem Simonę jakąś miłością. Kochałem ją za to, że miała gotowość do służenia sobą w każdej chwili i była pozytywnie nakręcona sprawami, którymi się zajmowała. Myślę, że właśnie dlatego na pogrzebie Simony każdy człowiek uważał, że ona jest cała jego. Ja też uważam, że była nasza, to znaczy moja i zespołu, z którymi współtworzyliśmy ochraniacze zwierząt, bo angażowała się w naszą sprawę maksymalnie i zawsze miała dla nas czas. Tak było też u innych, naprawdę każdy myślał, że Simona to jest jego, pokazywała to każda przemowa na tym pogrzebie".

Andrzej Karczewski, przedstawiciel dyrektora Białowieskiego Parku Narodowego, powiedział, że „Puszczy Białowieskiej oddała swe najlepsze lata, a cały dorobek naukowy powierzyła sercem przyrodzie i Białowieży".

I to było też przemówienie (według niektórych nie do końca potrzebne) typu: „wbić kij w mrowisko":

„Duszą i ciałem była za ochroną całej puszczy w granicach Parku Narodowego, stoczyła w tym celu walkę życia — mówił Andrzej Karczewski. — Bezkompromisowo walczyła o etykę badań naukowych, piętnowała wszelkie przejawy patologii w tym zakresie, że wspomnę tylko wygraną batalię o puszczańskie rysie. (...) Białowieża nie do końca zdawała sobie sprawę, jakiego formatu człowieka ma wśród swoich mieszkańców. Utrata profesor Simony Kossak powinna nam uzmysłowić, że tracimy autorytety, nie doceniając ich za życia". Pogrzeb Simony Kossak wspomina również Janusz Kossewski, mieszkaniec Porytego: „Tak zielono to nie było u nas nigdy. Tak było dużo zielonych mundurów, tylu było leśników. Dawno nie było tu tak dużego pogrzebu — pięćset osób i dwanaście pocztów sztandarowych. Na pogrzeb przyjechał też król bagien biebrzańskich Krzysztof Kawenczyński, który na chwilę opuścił bagna; jak go o to zapytałem, odpowiedział: «Dla Simony pojechałbym nawet na drugi koniec świata»".

O zielonym pogrzebie pisała też prasa: „Zielono było wczoraj na niewielkim cmentarzu w Porytem od mundurów leśników i pracowników parków narodowych, zielono od licznych wieńców, jakimi pożegnana została profesor Simona Kossak"[67].

Na trumnie leżała róża — ulubiony kwiat jej babki Marii.

Białowieżanka, obecna na pogrzebie, wspominała: „Simona Kossak nie chodziła na pogrzeby, ale jak zmarł mój brat, przyszła na wyprowadzenie zwłok. I jakiś czas po pogrzebie zapytała, czy zauważyłam, że jak wynosili zwłoki z domu, to leciał klucz żurawi. «To przecież dusza odlatywała», powiedziała".

Kiedy chowano Simonę, w niebo wzbił się bocian.

FIGURA

„Figura białowieska — mówi o Simonie Kossak Tomasz Niechoda, z którym brodzimy właśnie w wodzie, wchodząc do centralnej części polskiej Puszczy Białowieskiej. — Figura, bo licząca się postać w puszczy".

Tomasz Niechoda zna się na puszczańskich drzewach — opisał dwa tysiące dębów, a nazwał kilkadziesiąt. Kiedyś zobaczył zdjęcie Lecha Wilczka z siedzącą pod dębem Simoną Kossak i postanowił nazwać drzewo z fotografii jej imieniem.

To było w 2007 roku. Na miejscu okazało się, że już jest po dębie — przewrócił się, jest martwy. Nie ma go, tak jak nie było już na świecie Simony Kossak.

W związku z tym wyselekcjonował inny dąb, w innej, centralnej części puszczy.

„W tej części Puszczy Białowieskiej Simona Kossak może nawet nigdy nie była, ale Mickiewicz na Wawelu też nigdy nie był, a w Krakowie spoczywa", przekonuje.

Dąb Simony Kossak rośnie teraz trzysta metrów od wsi Budy.

„Z drzewem może być tak samo jak z człowiekiem: zdrowy, a za kilka miesięcy już go nie ma", mówi Tomasz Niechoda.

(Ale ten jest. „Obwód pnia sześć i pół metra, wysokość około czterdziestu metrów, wiek około czterystu pięćdziesięciu lat, dobra kondycja: pełne ulistnienie w koronie, nie ma ubytków kory na pniu — opisuje Niechoda. — Jeden z najpotężniejszych puszczańskich dębów".)

Simona nigdy nie chodziła do lekarzy. Jeżeli coś jej dolegało, leczyła się sama. Ziołami albo lekami bez recepty. Już wyobrażam ją sobie, jak idzie do lekarza i mówi, co jej dolega, dlaczego, z czego to wynika i na co jest chora. I że to ona ma rację, jeśli chodzi o diagnozę, i jest o tym przekonana. Mało tego. Że ona wie, co ma brać, żeby pomogło, i jest na sto procent pewna, że to pomoże, i absolutnie to ona ma rację. Wymiękłby chyba każdy lekarz.

„W domu miała chorobotwórczego grzyba, piła zioła, gdy jej coś dolegało. Nie ufała lekarzom", mówią jej znajomi.

„Jak miała jakieś zmiany skórne, operacje robiła sobie sama — mówi koleżanka Simony Kossak z Białowieży. To było jakoś na przełomie lat siedemdziesiątych i osiemdziesiątych. Nie chodziła do lekarzy, nauczyła się, że tu nie ma lekarzy i trzeba sobie samemu radzić. Nie chciała się leczyć też tu w okolicy. Nie chciała, żeby ktoś wiedział, na co jest chora. Próbowała sama sobie z tym radzić i robiła te półoperacje, ale ja w pewnym momencie nie wytrzymałam i powiedziałam: «Koniec tego wariactwa. Wsiadajmy w pociąg, jedziemy». I pojechałyśmy do szpitala daleko stąd. W szpitalu w mieście pod Warszawą pod okiem lekarzy zrobiła z tymi zmianami porządek".

Leczyła też innych.

„Simona wyleczyła mnie ziołami z moich dolegliwości żołądkowych — opowiada Wojciech Niedzielski. — Miałem gastroskopię, lekarz przepisał mi jakieś lekarstwa i kazał mi się lepiej odżywiać. Simona powiedziała: «Zostaw te leki w cholerę, ja ci zrobię zioła». I przygotowała dla mnie specjalnie zestaw ziół według przepisu doktora Klimuszki. Od tamtej pory nie mam żadnych dolegliwości".

Zdiagnozowała się sama jesienią 2006 roku.

„Słuchaj, mam raka" — powiedziała do Urszuli Niedzielskiej któregoś dnia w pracy. To było w połowie grudnia. Mówiła, że nie ma oficjalnej diagnozy, ale ona to wie.

„I dowiedziałam się, że idzie do szpitala do Hajnówki, że czekała na mnie, żeby mi to powiedzieć. Ja po pół roku po

„Simonie się udało, miała odwagę realizować swój model życia".

zwolnieniu lekarskim wróciłam właśnie do pracy — wspomina Urszula Niedzielska. — Zostawiła mi, w razie czego, dwa listy, z prośbą, żeby je przechować w sejfie w IBL-u. Jeden list był do zakładu, drugi do Leszka. Potem już Simony nie widziałam".

„Dla wielu ludzi nagła choroba Simony to był szok, nie mogli się pozbierać — uważa Małgorzata Piotrowska. — Ona nigdy wcześniej nie chorowała. Simona w szpitalu to dla mnie też było coś niewyobrażalnego. Była niezniszczalna".

„Wiedziała, że umrze — twierdzi Krystyna Borkowska. — I mówiła o tym wprost. Gdy była u mnie bezpośrednio przed tym, jak poszła do szpitala, powiedziała nawet, że widzimy się ostatni raz, odebrałam to tak, jakby chciała się pożegnać. Uważała, że to jest normalne, że umrze, bo wszyscy umierają. I ludzie, i drzewa, i zwierzęta. Podchodziła do tego bardzo prosto, powiedziała: «Moja mama zmarła w tym samym wieku, też na raka». To było powiedziane w taki sposób, że nie można było reagować: Co pani mówi, niech pani idzie do lekarza. To nie była osoba, której można było coś sugerować".

Kiedy wyszła ze szpitala na przepustkę, przez kilka dni siedziała przy piecu i paliła, paliła, paliła — papiery, listy, dokumenty. „Muszę zostawić po sobie porządek" — mówiła. Oddała znajomym swoje książki i filiżanki, prosiła, żeby przynosili książki jej autorstwa, bo chciała napisać dedykacje. W swoim pokoju w IBL-u poukładała rzeczy i spakowała w kartony z napisem „prywatne". W liście dla Lecha Wilczka, zostawionym w IBL-u, napisała, komu ma przekazać jej meble, książki i sprzęt elektroniczny, napisała, co ma zrobić z samochodem, z kim jechać do notariusza do Hajnówki i jakie dokumenty pokazać w urzędzie skarbowym. Na końcu listu dodała: „Reszta Cię nie obchodzi". Niżej: „Do zobaczenia", obok narysowała czerwone serce i podpisała się: „Simona".

Jarosław Chyra pamięta, że Simona zadzwoniła do niego ze szpitala pod koniec 2006 roku i poprosiła, żeby zaopiekował się Leszkiem. „Zacząłem żartować: «Simona, co ty mówisz, Leszek nas wszystkich wykończy i wszystkich nas przeżyje». (Leszek jest urodzony pod szczęśliwą gwiazdą, mógł parę razy zginąć w wypadku samochodowym, nigdy nic mu się nie stało). Ona na to, że nie żartuje, że dzwoni ze szpitala i mówi to poważnie. Powiedziała to takim smutnym głosem, że przestałem się droczyć. W tym głosie Simony usłyszałem, że się pierwszy raz w życiu poddała, że spotkała wroga, z którym nie wiedziała, co zrobić. Nie wiedziała, czy wziąć szablę, karabin maszynowy czy rewolwer. Czy pióro, kamerę, czy może mikrofon.

Simona była zahartowana w walkach, ale nie w walkach o swoje. Nigdy nie walczyła o siebie, o swoje zdrowie, o swoje pieniądze, o swój dobytek. My żyjemy dzisiaj w takim świecie, w którym nie walczy się o sprawę, tylko o siebie.

To była nasza ostatnia rozmowa.

Mam wrażenie, że wtedy chciała się pożegnać. To był krótki rzeczowy telefon w jej stylu. Normalnie ludzie w takich sytuacjach oczekują opieki, wymagają uwagi, o coś proszą. Simona niczego ode mnie nie chciała, powiedziała swoje i tyle. Była niezależna do końca".

Dagmara Skałka nie wiedziała, że ciotka umiera w szpitalu. „Nie dopuszczała do siebie. Nigdy na choroby się nie skarżyła, przejmowała się chorobami wujka Leszka i bała się, co ona zrobi, jak zostanie bez niego. Kiedy trafiła do szpitala, nie chciała nikogo absorbować, umieranie było jej prywatną sprawą".

Był przy niej tylko jej partner — Lech Wilczek. Tak jak w szpitalu w Manchesterze przy jej ciotce Marii Pawlikowskiej-Jasnorzewskiej do końca był tylko jej partner.

Kiedy się dowiedziała od lekarzy, na co jest chora i w jakim stadium jest choroba, długo mu nie mówiła. On wiedział. Ona myślała, że on nie wie. On nie wiedział, czy ona już wie. W końcu powiedziała: „To może być poważna historia". „Wiem", usłyszała.

Nic więcej nie mówili. Stali, patrzyli na siebie i płakali.

Świerk z Dziedzinki, którego broniła Simona Kossak, runął w końcu ze starości w tym miejscu, gdzie siedziała przez godzinę. Na Dziedzince rosną dziś inne świerki, jesiony, olchy i dęby.

Gdy zaglądamy tu z Lechem Wilczkiem latem 2013 roku, leśniczówka stoi pusta, tak jak wtedy, gdy wprowadzała się do niej Simona Kossak.

Wokół domu jest cicho. Na ganku nikt nie czyta książek, nie biegają zwierzęta, nie ma krzyku pawi czy hepania oślicy. Nie ma porastającego ganek chmielu. Nikt tu już nie mieszka.

Gdy odeszła — tak jak chciała — wraz z nią umarła Dziedzinka.

Karolina Kudlewska, gość Dziedzinki, uważa, że „Simona z Leszkiem stworzyli na Dziedzince swój świat, taki raj. Pięknie przeżyli swoje życie. Nic im nie było potrzebne do szczęścia oprócz tego miejsca, siebie i swoich pasji. Wszyscy tak chcą, ale nie wszystkim się udaje. Simonie się udało, miała odwagę realizować swój model życia".

Dziś ogród, w którym się opalała i który był rajem dla motyli, zryły dziki. Na plaży wyrósł dąb, a gałęzie małych sosen podgryzły jelenie.

„Tu była plaża, czysty piasek — tłumaczy Lech Wilczek. — Głazy, które tu leżą, przywiozłem z Białowieży. Ten wielki płaski służył za stół. Waży pewnie ze dwie tony".

„Usunięcie nawłoci kanadyjskiej sfinansowano z funduszu leśnego", informuje tabliczka Lasów Państwowych przy wejściu do byłego ogrodu.

„Tu rosła jabłoń — pokazuje Wilczek. — Rodziła maleńkie kolorowe jabłuszka. A to hołubiona przez Simonę tuja, a tam podwójny świerk".

Kiedy się stąd wyprowadzał, Dziedzinka wyglądała trochę inaczej, pozostawili ślady, z których można było wyczytać, jakie tu toczyło się życie.

Były jeszcze wtedy stare ule z dorabianymi daszkami, garaż zrobiony z metalowo-drewnianych części, beczki, porośnięty mchem walec, którym można utwardzić drogę, kawałki papy, beczkowóz, fragment naczepy, zapas drewna na dłuższy czas, kawałki zarośniętych żelaznych urządzeń, plastikowa pomarańczowa miska, kanister, tabliczka z namalowanym napisem: „Proszę nie kraść roślin", stara klamka i dzwonki grające na wietrze.

Leżał szlauch, stały zepsute krzesła z drewna, ceramiczny okrągły stolik, plastikowa miska, folie, zbiornik na olej, koło od ciągnika, druty, okna, taczki, siatki metalowe, zardzewiałe metalowe części, kawałek przyczepy. Była też czarna folia w kawałkach oraz przedmiot do przechowywania zboża, w którym Simona Kossak trzymała kwiaty.

Wisiała czerwona tabliczka. „Uwaga. Zagrody doświadczalne IBL. Uprasza się nie hałasować, nie płoszyć zwierząt, nie palić ognisk, nie używać broni palnej", pozostałość z czasów, gdy Simona robiła doktorat i habilitację.

Została żaba z cementu z metalowymi oczami i wiele drewnianych „domków", budek dla ptaków, schronisk, w których mieszkały zwierzęta.

Teraz po tych rzeczach nie ma śladu. Teren został wysprzątany przez pracowników Białowieskiego Parku Narodowego.

Wstęp na Dziedzinkę bez aktualnej przepustki dyrektora BPN jest wzbroniony, obiekt jest monitorowany, na drzewach wiszą kamery.

Zaglądamy z Lechem Wilczkiem przez okno do środka. Wewnątrz pusto. W jego części stoi jeszcze seledynowa wanna, a naprzeciwko niej wisi oryginalna wielorurowa konstrukcja hydrauliczna. Deski w kuchni zgniły, zapada się część podłogi.

Przed gankiem leśniczówki urosła gigantycznych rozmiarów paproć.

„Tu stały skrzynki z kwiatami, a tu była Simony kanapka, pleciona z wikliny. Gdy tu siadała i czytała książki, opierała nogi o ścianę — opowiada, gdy siadamy na ławce na długim, krytym ganku. — Zawsze był kolorowy od kwiatów".

I tu możemy w końcu o nim i o Simonie Kossak porozmawiać.

Nareszcie.

W Białowieży i nie tylko na temat ich związku krążą różne legendy:

„Simona i Leszek to nie była para zakochana w sobie, tylko w tym, co robi".

„Simona z Leszkiem byli świetną parą, tylko o tym nie wiedzieli".

„Mówię to z całkowitą odpowiedzialnością, to była tylko para przyjaciół".

Nie zna odpowiedzi nawet dorożkarz, który wozi na Dziedzinkę turystów i o ludziach puszczy wie wszystko.

W Białowieży można usłyszeć tyle wersji odpowiedzi na pytanie: co ich łączyło, ile legend, skąd się wzięło imię Simona. Od plotki, że potajemnie wzięli na łonie przyrody ślub, po tę wersję, że w ogóle ze sobą nie byli.

Lech Wilczek, człowiek, którego jednym z najczęściej używanych słów jest „kurtuazja", opowiada o tym z galanterią:

„To był nierozerwalny, metafizyczny układ między mną, Simoną i Dziedzinką".

Dlaczego metafizyczny? „W sensie — trudny do wytłumaczenia, bo nie między dwojgiem, tylko trojgiem. Tak samo ważnym partnerem jak ja i Simona była Dziedzinka. Ona też miała swoją osobowość, była naszym swatem i opiekunem. Bez niej nigdy byśmy się nie spotkali i w takim niezwykłym stopniu nie scementowali, przy naszych mocnych buntowniczych osobowościach. Wciąż na swój sposób do nas przemawiała. A to szerszeniem we włosach Simony, małymi popielicami urodzonymi w pudełku z makaronem, głosami jaskółek. W swoim *Spotkaniu z Simoną Kossak* opisałem dwa charakterystyczne zdarzenia. W jednym zażartowałem sobie z Simony: «Jak ty sobie poradzisz, jak mnie szlag trafi». Spoważniała i odpowiedziała: «Nie mam zamiaru sobie radzić, w parę miesięcy mnie nie będzie». Innym razem było tak. Wracaliśmy późnym popołudniem z rezerwatu na Dziedzinkę. Wychodzimy z głębokiego cienia na polankę pełną słońca. Witają nas głośno zwierzęta. Ganek Simony cały w kwiatach. Mówi: «Wiesz, nie mogłabym już żyć bez Dziedzinki». Mało słów, więcej nie trzeba".

Człowiek, który nie przepada za kurtuazją, savoir-vivrem czy dyplomacją, powinien zrozumieć to tak:

Obydwoje mieli trudne charaktery, ale on uważa, że miał na pewno trudniejszy.

Były ciche dni z jego przyczyny, ona się nie gniewała. Nie obrażała się na niego, jak się pokłócili, za kilka godzin dla niej było już wszystko w porządku. On się w takich momentach zamykał. To taka jego cecha osobowości.

Dla obojga ważne było to, by być niezależnym. I do tego oczekiwali dużo tolerancji.

Każde z nich prowadziło własne życie. Nie świętowali nigdy niczego razem. Nie celebrowali świąt, imienin czy urodzin. Nie ubierali choinki. Żadne z nich czegoś takiego nie lubiło. Gdy dawał jej od czasu do czasu kwiaty, to ona się strasznie dziwiła i podejrzanie na niego patrzyła.

Nigdy nie usłyszała: Kocham cię.

„Omijaliśmy temat tego, co między nami było. Uczucia były tabu. Z mojej strony nigdy nie padło słowo «miłość» i z jej strony też nie padło. Nikt nie mówił: «kocham cię». Ja zresztą nigdy słowem «miłość» się nie posługiwałem. Nie wyznawałem tego żadnej kobiecie. Ani Simona nie nazywała tego tym terminem, ani ja nie nazywałem.

I czułem się skrępowany, jak ktoś mi to mówił.

Związek też mi nie pasuje. Jak ktoś mówi: «związek», to mi się z tym kojarzą związane ręce. Bardziej określenie to pasuje mi do ślubu, do czegoś, z czego czasem człowiek musi się wyzwalać, a ja z układu z Simoną nie musiałem się wyzwalać.

Nie wiem też, jak było ze strony Simony. Nie rozmawialiśmy o tym.

O uczuciach nie mówiliśmy, ale może tak jest lepiej, jak ta druga osoba nie wszystko wie? Tajemnica jest zawsze bardziej pociągająca w tej drugiej osobie".

On nigdy w żadnym uczuciu się nie spalał.

U niego nigdy nie było tak, że kompletnie kogoś zaakceptował, zawsze zdawał sobie sprawę z wad.

Jak on patrzy na człowieka, na jego rysy, na linię rąk, na oczy... rozbiera człowieka na części pierwsze i widzi wszystkie wady.

Gdyby ona była inna i chciała mówić o uczuciach, może on też byłby inny? Ona też była zamknięta, wyniosła to z dzieciństwa.

Lubiła czułość, ale miała z nią problem.

Na Kossakówce więcej serdeczności okazywano zwierzętom niż sobie nawzajem, to znaczy dzieciom, bo z tego, co on wie, to jej rodzice się podobno autentycznie kochali.

Nigdy też nie płakała, dusiła w sobie łzy. Nie mówiła też o swoich słabościach, kryzysach, gorszych momentach.

On też nie.

„To był sprawnie funkcjonujący układ metafizyczny.

Nasze trzydzieści pięć lat razem bardzo ważne było dla obojga. Wspaniała szkoła wzajemnej pomocy, umiejętności liczenia się z drugim człowiekiem, szacunkiem dla jego odmienności i zwyczajów. Pożyteczna wymiana informacji, żartów. Z nikim nie przegadałem tylu godzin. Czasem słyszałem: «Czy mogę to uznać za swoje?». Albo ona mnie w czymś inspirowała.

Wspaniała była świadomość, że ten nasz nigdy niepotwierdzony związek jest taki trwały, choć nikt nam stułą rąk nie wiązał i nie gwarantował go pieczątką. My sami też nigdy nie daliśmy sobie słowa, że będziemy nawzajem wierni albo na zawsze razem.

Tymczasem, co się dzieje, Simony nie ma już siedem lat, a ja wciąż mieszkam sam, jeżdżę jej legendarnym małym fiacikiem w kolorze zielonego groszku i wciąż nie mam zamiaru tego zmieniać.

Nie gloryfikuję jej, ona bywała nieprzyjemna i apodyktyczna, ale w stosunku do mnie (poza dwoma przypadkami) szybko jej to przechodziło. W tym naszym układzie na Dziedzince ważna była autonomia, wystrzegaliśmy się rządzenia. Byliśmy oboje uczuleni na punkcie swojej niepodległości, staraliśmy się też nie wchodzić sobie w drogę. Jak Simona zaczęła filmować, to mnie już takie plany przestały chodzić po głowie, ona z kolei nie myślała o ilustrowaniu swoich książek fotografią autorską ani o publikowaniu zdjęć moich zwierząt, ani o pisaniu o nich, choć nauczyła się to robić bardzo dobrze.

Te nasze dwie dusze nieujarzmione dogadywały się bez słów, choć nie zawsze, czasem mieliśmy różne koncepcje zrobienia czegoś, na przykład zagonienia pawi na nocleg. Ona po swojemu, ja po swojemu, choć lepiej by było we dwójkę.

Simona miała dar przekonywania. Udało jej się kiedyś przekonać samą siebie. Był to dzień morderczy, Simona zabrała się do ostrej selekcji we wspólnej szafie. Pomagał nam uczeń z Technikum Leśnego. Czatował na coś użytecznego dla siebie. Wtedy w rękach selekcjonerki znalazła się trochę wymięta kurtka z polaru. Taka jesienno-zimowa. Ja: «Nie wyrzucaj, ja ją noszę». «Nie, to moja, kupiłam ją kiedyś za dużą», i buch kurtkę na stos. Chłopiec na to: «Może na mnie będzie dobra?». Przymierzył. «Trochę za duża, ale wezmę» — powiedział. Przyszła jesień, szukam swojej kurtki, a tu nie ma. Na szczęście była jeszcze druga.

Był też wyraźny podział ról. Ja zajmowałem się odśnieżaniem, projektowaniem i wykonywaniem potrzebnych konstrukcji i pracami gospodarskimi. Simona, poza swoją pracą zawodową, robiła też zakupy, przywoziła z Białowieży obiady, miała na głowie sprawy urzędowe, robiła pranie w pralce napędzanej agregatem.

Rzadko robiliśmy cokolwiek wspólnie. Byliśmy jak dwa sprzężone pociągi, które jadą po dwóch torach".

Ona miała po matce to, że nie była wylewna, a potem tak jak jej matka stała się apodyktyczna. Uważała, że zawsze ma rację. I jak on próbował jej dawać jakieś rady, wychodziła ze skóry.

Gdy miał skomentować coś, co zrobiła, a to mu się nie podobało, to potem już nic nie mówił. To była troska o własne „ja", żeby nawzajem nie urazić tych swoich ambicji.

Ona w swoich konfliktach była konsekwentna, gdy ktoś jej zaszedł za skórę, to był koniec. Na śmierć i życie. Żałowała nawet czasem tej swojej zaciętości.

No, ale jeśli chodzi o niego, miała cierpliwość anielską.

Były kryzysy, wtedy już było gorzej.

Zanim pojawiła się choroba, był kryzys. Dlatego rzuciła się w wir pracy.

Wiało chłodem.

„Prawdziwa miłość to pełna akceptacja od mózgu po podeszwy. I jeśli się stawia dobro drugiej strony ponad swoje. Prawdziwa miłość jest silniejsza od zazdrości.

Pełnię uczuciowego zaangażowania wyzwolić może ostateczne zagrożenie drugiej osoby. Wtedy człowiek z autentyczną radością, bez wahania dałby sobie dla niej odciąć rękę czy nogę, oddać płuco czy serce. Wiem o tym doskonale, bo osiągnąłem taki stan siedem lat temu".

Ona czuła, że nie jest akceptowana, on ma sobie wiele do zarzucenia.

Wkładał ją czasem do „lodówki".

Zamrażał uczucia.

Dokuczał jej.

Terroryzował ją i chodziła po Dziedzince struta.

Ona nie miała takich skłonności.

Wielu znajomym powie: „Pokochałem Simonę po jej śmierci".

Dziś tego nie powtórzy, mówi tylko: „Coś w tym jest".

„Relacje między mną a Simoną nie były łatwe do rozszyfrowania przez osoby niewtajemniczone — opowiada. — Zdarzało się usłyszeć: «Biedny ten Wilczek, jak ktoś do Simony przyjdzie, to ona siada sobie po turecku na kanapie, a on jak kucharka i kelner w jednej osobie pitrasi i przynosi tę swoją sławną jajecznicę i jeszcze wekowany przez siebie winogronowy kompot na deser, a to kawkę, a to herbatkę, a jak zimno — to jeszcze dokłada do pieca, jak palacz. W dodatku podobno jeszcze jej kolację potem do łóżka przynosi». Ktoś inny, jeszcze bardziej zgorszony, powiedziałby: «Biedna ta Kossak, jak jakaś

służąca u Wilczka: pierze, sprząta, maluje ściany, utyka watą okna na zimę i jeszcze mu przywozi obiady z Białowieży». Ale były też osoby bardziej wtajemniczone, które się orientowały, że ten Wilczek, podkreślający, że jest feministą od urodzenia, czasem traktuje Simonę wręcz niehumanitarnie. Patrzę na siebie z tamtych lat i gryzie mnie sumienie.

Simona, wracając, zamiast otwartych ramion napotykała otwartą lodówkę, pełną oszronionej poprawności. Była zbyt ambitna, żeby chuchać, i zbyt wrażliwa, żeby nie cierpieć. Przypomina mi się to teraz, nie mogę sobie z tym poradzić. Szukam usprawiedliwienia w tym, że reagowałem spontanicznie. Mój cholerny buntowniczy charakter nie pozwalał mi pojednać się od razu. Widzę teraz wyraźnie, jak niszczycielskie było to okrawanie danego nam przez los wspólnego czasu w atmosferze ciepła".

Ma plamy na sumieniu.

Kochała, a zdarzało się, że nie była akceptowana. Widać było, że się z tym męczy.

On to tłamsił, bo taki był.

Dzisiaj inaczej by się wobec niej zachowywał.

Nie da się tego zadośćuczynić. Nie da się nic poradzić na te rozmowy, których nie było.

Dziś nie zachowywałby się tak jak ostatnia swołocz.

Popełnił błędy.

Nie wolno tak robić.

„Wciąż czuję dojmującą pustkę braku rozmów, którym wtedy nie było dane zaistnieć. I mojego serdecznego uśmiechu, który się karygodnie opóźniał.

Zdecydowałem się na te niełatwe wynurzenia, z myślą o wielu parach, dla których mogą być przestrogą. O magii życzliwego uśmiechu mówi najgłębsze, najcenniejsze wskazanie, jakie poznałem i do którego dojrzałem: Uśmiechnij się do człowieka, bo możesz go już nigdy więcej w życiu nie spotkać. (...) Warto to powiedzieć ludziom: jeśli uda się z kimś żyć serdecznie, to nie może być nic lepszego, co nas może na ziemi spotkać"[68].

PS

„Chciała wyjść ze szpitala i napisać książkę", mówi lekarz profesor Jan Władysław Długosz w wąskim gabinecie na czwartym piętrze oddziału Kliniki Gastroenterologii i Chorób Wewnętrznych Uniwersyteckiego Szpitala Klinicznego w Białymstoku. Profesor Długosz był jednym z jej ostatnich słuchaczy.

Zaprzyjaźnili się.

Profesor, miłośnik przyrody, przychodził do niej na chirurgię i słuchał jej ostatnich opowieści o życiu w środku puszczy. O lesie, o zwierzętach na Dziedzince.

Mówiła o kruku terroryście, o upartej oślicy i losze Żabie, dziku, który spał w jej nogach. I o ciężkim życiu bez prądu w lesie. Profesor słuchał, wyrażał swój podziw i myślał wtedy o tej krzepie, jaką trzeba było mieć, by tam przetrwać.

„Nie pytała o chorobę, godnie stawiła jej czoło. Cierpiała bardzo, ale była dzielna", przekonuje. Z ostatnich spotkań z Simoną Kossak zapamiętał też Lecha Wilczka i jego rybacki stołeczek turystyczny, stojący w izolatce obok jej łóżka, bo Wilczek całymi dniami warował przy niej jak wilk.

Tak jak w chorobie wspierał ją „towarzysz życia", tak w życiu i jego walkach towarzyszyła jej samotność. Nie miała chyba powiernika. Nie znalazł się nikt, kto był towarzyszem wojen, które prowadziła, a już na pewno tych, które toczyła ze sobą.

Tak było w Krakowie i wtedy, gdy walczyła o ochronę przyrody i zwierząt w Puszczy Białowieskiej.

Dlatego nie chciała, żeby Białowieża się nią chwaliła. I nie chwali się. Nie ma tu żadnej jej „figury": tablicy, ulicy, placu, czy pomnika[69].

W środku puszczy rośnie jej dąb, naturalna figura. Gdyby mogła patrzeć na to drzewo, na pewno byłaby szczęśliwa.

Pani Simono!

Kiedy zastanawiałam się, czy o Pani pisać i jakie ja mam właściwie do tego prawo, żeby wchodzić w Pani życie z butami, przyśniła mi się Pani.

To już było po tym, gdy zrobiłam pierwsze kroki i odwiedziłam kilka domów w Białowieży, ale jeszcze przed tym, gdy dowiedziałam się, że sama chciała Pani napisać książkę o Kossakach.

Zbierała Pani materiały, ale już jej Pani nie zdążyła napisać.

Pierwsza wizyta była jednak u Pani, w Porytem. Na Pani grobie było wtedy tylko Pani zdjęcie, przyklejone motyle, ale nie było liter. Zaczęłam się zastanawiać: To może to jest dla mnie jakiś znak, żeby poskładać te litery i o Pani napisać?

Ten sen był też po tym, jak dowiedziałam się, że mogłyśmy się minąć w szpitalu pod Warszawą. Pani mogła przebywać tam chwilę przed tym, jak na jednym z oddziałów ja się rodziłam. Ciarki mi wtedy przeszły po plecach.

I potem był ten sen, kiedy powiedziała Pani, że po co tak biegam po różnych chałupach w Białowieży, żebym przyjechała do Pani na Dziedzinkę, to więcej tam się o Pani dowiem i więcej zobaczę.

I po tym śnie na moje wątpliwości zaczęły odpowiadać już wszystkie znaki na ziemi i na niebie.

Z energią wysyłaną w świat jest jak z przyrodą, o której opowiadał mi Pani znajomy Jan Walencik: — Ona nigdy nie śpi, ona ciągle jest w ekspansji.

Następnego dnia zadzwonił Lech Wilczek, Pani towarzysz życia — i powiedział, że zmienił zdanie, że już nie mówi „nie" i zgadza się ze mną spotkać, żebym przyjechała. (Pół roku wcześniej spuścił mnie po brzytwie).

Tej pierwszej nocy, kiedy o Pani rozmawialiśmy, doszło do awarii światła i nie było go przez kilka dni. Taka „dzika heca". Siedzieliśmy więc przy lampie gazowej (niestety nie przy naftowej, bo Pani towarzysz życia mówi dziś: — Nigdy w życiu nafty — po tym, jak się jej nawoził na Dziedzinkę). I pomyślałam sobie wtedy, ale heca. Będziemy rozmawiać o Pani, jak w ciemni albo w czasie seansu spirytystycznego. Do prawdziwej „dzikiej hecy" doszło jednak dopiero którejś nocy przy wątku o potrzaskach. Spadła wtedy z półki ni stąd, ni zowąd należąca do Pani książka *Wróćmy do ziół* Klimuszki.

Z książki Klimuszki przygotowała Pani pewnie kiedyś zestaw ziół dla leśnika Wojciecha Niedzielskiego, Pani przyjaciela, a z czasem adwersarza. Tak jak wielu ludzi, z którymi utrzymywała Pani przyjacielskie relacje, a potem się Pani kłóciła i miała cały las nadelstichów.

Wiele z tych osób, z którymi miała Pani konflikt, zachowało się wobec Pani naprawdę *first class*.

I dzisiaj myślę, że chyba to jest jednak największa wygrana przez Panią bitwa, ze wszystkich, jakie toczyła Pani z innymi.

Bitwy, wojny i potyczki to była teraz moja sprawa, ta walka o spotkanie i rozmowę o Pani. Musiałam wysyłać listy, nachodzić ludzi bez uprzedzenia i wydzwaniać do nich do domu i do pracy. I przekonywać, żeby zgodzili się jednak o Pani porozmawiać.

Okazało się przy tym, że taka praca, jak każda wojna, może być niebezpieczna i może przy okazji niechcący wyjść na jaw na przykład kilka romansów. I to już nie jest „dzika heca". (To już jest czyste kino).

Ktoś z Pani rodziny zapytał mnie, co chcę w ten sposób załatwić, pisząc o Pani, i po co w ogóle to robię. To, co mogłam Pani dać w tym wszystkim od siebie, to opowiedzieć o Pani w kontekście tradycji rodziny, której chciała być Pani częścią. I mogłam pokazać Panią w relacjach z innymi. Wiele osób opowiadając o Pani, mówiło, że chyba miała Pani i jednego, i drugiego trochę mało.

Prosiłam ich, by mi o Pani opowiedzieli i jak Pani widzi, niektórzy w tej książce wyznają Pani miłość.

Wielu mężczyzn płakało, opowiadając o Pani, momentami czułam się skrępowana, ale byli i tacy, którzy byli wściekli. Musiałam Panią czasem tłumaczyć: że do nikogo nie przyjeżdżała Pani w odwiedziny, że nikomu (oprócz w pewnym okresie Joannie) nie odpowiadała Pani na listy, że do nikogo Pani nie dzwoniła, że nikomu nie wysyłała Pani kartek na święta, że z kolejnymi stopniami naukowymi i z wiekiem miała Pani coraz mniej czasu.

Jak im o tym powiedziałam, to się uspokoili.

Najgorzej było w Krakowie. Pojechałam tam w Pani sprawie i dopadł mnie krakowski spleen. Dowiedziałam się, że nie mam tam czego szukać, bo to, co najważniejsze w Pani życiu, wydarzyło się po wyjeździe z Krakowa, i żebym naprawdę już przestała węszyć, bo nic ciekawego tam nie znajdę.

To właśnie w Krakowie jest moim zdaniem odpowiedź na to, dlaczego była w Pani życiu dzicz, Dziedzinka i białowieskie życie. I tu jest odpowiedź dla tych, którzy Pani nie rozumieli.

Nie rozumieli, bo nie znali.

Zawsze mi się wydawało, że żeby rozumieć, trzeba wiedzieć, a żeby wiedzieć, trzeba pytać, dlatego pytałam innych także o Kraków i szukałam Pani śladów w tym mieście.

Odwiedziłam Pani dom przy placu Kossaka. Jest po remoncie, nie sypie się. W środku jest jasno, nie ciemno. Nie ma plam na ścianach. Nie trzeba ich zasłaniać żadnym „kossakiem". Po wnętrzach, w których się Pani wychowywała, zostały drewniane schody, po których Pani biegała. W Pani pokoju jest cały czas wnęka, w której była Pani szafa. Nikt nie słyszy tam już w nocy głosów, jak mówią domownicy. Jerzówka dostała nowe życie.

W miejscach, dla których zostawiała Pani Kraków (w Puszczy Białowieskiej, w Bieszczadach czy w Zakopanem i tych, gdzie ma się pod stopami ziemię, a nie bruk), to były już zupełnie inne rozmowy o Pani.

Takie dwa różne światy, na jakie było podzielone Pani życie.

Interesowała mnie Pani droga do puszczy i życie, które doprowadziło Panią na Dziedzinkę, bardziej niż Pani jako przyrodnik i Pani zasługi dla puszczy, ale nigdy bym się nie dowiedziała tylu rzeczy o przyrodzie, gdyby nie Pani.

Nigdy nie wpadłabym może na to, że jedna z mrówek nazywa się mrówka krzęsławka dręczypupa, a wokół nas mnóstwo takich krzęsławek. Tak jak ubiorków wiecznie zielonych, polatuch nocnych, fałszywych czarnych wdów, wałęsaków ogrodowych czy zyzusiów tłuściochów.

Jak dotknęłam kiedyś Pani kremowego szlafroka, to zrozumiałam, dosłownie, że musiała mieć Pani delikatną skórę i o co chodzi z tą wełną, a w przenośni z tymi kolcami, które musi sobie zorganizować każde delikatne zwierzątko, żeby przeżyć.

Musiałam „dotknąć" wielu rzeczy, żeby Panią zrozumieć.

Mam nadzieję, że nie chciałaby mnie Pani po tym wszystkim zastrzelić. O wielu rzeczach nie napisałam z szacunku do osób, które mogłyby na tym coś stracić, i z szacunku do Pani. Może zrzuci to ze mnie etykietkę hieny.

Z mojej strony nie wypali już na pewno żadna strzelba, to już koniec.

Nie chciałam „malować" Pani nago — tworzyć Pani aktu, chciałam spróbować sportretować Pani siłę.

Żałuję, że Pani osobiście nie poznałam. Podziwiam Panią za siłę, nonkonformizm, odwagę mówienia prawdy i talent w kreowaniu własnego życia.

„Kossaków postrzega się retro, jak epokę, która minęła, a ona nie minęła, o nie, nie, nie. Wszystko zaczyna się od nas" — powiedziała Pani kiedyś w jednym z wywiadów[1].

Wierzę, że tak jak całe Pani życie w puszczy, przeżyte według Pani scenariusza, to ostatnie zdanie może być inspiracją dla innych. O tak, tak, tak.

Dziękuję za spotkanie.

A.K.

O KSIĄŻCE

Historia Simony Kossak została oparta na faktach, dokumentach, materiałach prasowych i wspomnieniach osób, które się z nią zetknęły. Dołożyłam wszelkich starań, by sprawdzić informacje przekazywane przez moich rozmówców.

Kierowałam się zasadą potrójnego potwierdzania informacji i pisałam o tym, co zawierają dokumenty przechowywane w zbiorach archiwalnych urzędów, szkół i innych instytucji.

Nazwiska niektórych rozmówców pozostały w tekście anonimowe.

Chciałam napisać prawdę.

Starałam się zrobić wszystko, by rzetelnie zebrać informacje i potwierdzić fakty. Wzięłam sobie do serca prośbę większości moich rozmówców, którzy oczekiwali, że nie będę ani tworzyć hagiografii, ani niszczyć pomnika, tylko opiszę prawdziwie historię Simony Kossak.

Podziękowania

Dziękuję Elżbiecie Szajrych, psychoterapeutce i psycholożce za poświęcony czas i rozmowy o Simonie Kossak oraz wszystkim moim rozmówcom i osobom, które pomogły mi w pracy, a są to m.in.: Wojciech Gąsienica Byrcyn, Irena Chyra, Jarosław Chyra, Adam Kardasz, Janusz Korbel, Joanna Kossak, Karolina Kudlewska, Łukasz Ławrysz, Paweł Malinowski, Elżbieta Malzahn, Stanisław Myśliński, Anna Kleszczyńska-Lenda, Wojciech Niedzielski, Henryk Okarma, Eugeniusz Pudlis, Lidia Radziwanowicz, Kazimierz Rykowski, Bożena Wajda, Jan Walencik, Jolanta Wątek, Lech Wilczek, Magdalena Wiśniewska-Krasińska, Krzysztof Zamojski oraz z Radia Białystok: Dorota Niebrzydowska, Irena Spiczko, Jarosław Dobrowolski i Jarosław Iwaniuk. Dziękuję też dyrekcji i pracownikom Białowieskiego Parku Narodowego, pracownikom archiwum Radia Kraków, Małgorzacie Brzozowskiej z warszawskiego Instytutu Badań Leśnictwa. Janowi Chwaszczewskiemu za dach nad głową w Białowieży.

Dziękuję także moim bliskim.

Przypisy

Kraków

1 Magdalena Samozwaniec (właśc. Magdalena Kossak, primo voto Starzewska, secundo voto Niewidowska), siostra Jerzego Kossaka; w książce o ich siostrze Marii Pawlikowskiej-Jasnorzewskiej, wspominając, jak jeden z mężów poetki uderzył ją w twarz, pisze: „To wydaje nam się wszystkim podobnym świętokradztwem, jakby ktoś strzelił do ryngrafu z Matką Boską (co zresztą zdarzyło się wiele lat później naszemu bratu Jerzemu, gdy urodziła mu się trzecia córka, kiedy on, i cała rodzina tak pragnęli «czwartego Kossaka,). Za: Magdalena Samozwaniec, *Zalotnica niebieska*, Szczecin 1988, s. 88. Dr hab. Piotr Mikietyński, znawca II wojny światowej z Wydziału Historycznego UJ, na moje wątpliwości, czy to możliwe, by w środku wojny ktoś użył w domu broni, odpowiada, że nie jest to wykluczone ze względu na uprzywilejowaną pozycję rodziny Kossaków, o czym w kolejnych rozdziałach. Nie wiadomo zresztą, czy Jerzy Kossak strzelił np. z dubeltówki, z którą przed wojną i po wojnie polował na zające, kaczki, dzikie gęsi, a której mógł nie oddać Niemcom we wrześniu 1939 r., czy z procy, z której strzelał do wróbli, kiedy Simona Kossak była dzieckiem.

2 Dziunią nazywano przed II wojną światową we Lwowie ładną, atrakcyjną dziewczynę; z czasem znaczenie nabrało bardziej ekspresyjnego wyrazu, a nawet stało się pejoratywne. Tu kobieta o wyjątkowej urodzie, zwracająca uwagę mężczyzn.

3 Halina Kwiatkowska, *Porachunki z pamięcią*, Kraków 2002, s. 38.

4 Andrzej Chwalba, *Okupacyjny Kraków*, Kraków 2011, s. 223.

5 Kazimierz Olszański, *Jerzy Kossak*, Wrocław–Warszawa–Kraków 1992. W przekazach dotyczących rodziny zachowała się informacja, że Jerzy Kossak nazywał żonę Bobusiem lub Bubusiem.

6 Listy Marii Jasnorzewskiej-Pawlikowskiej do R. Jędrzejowskiego z 27 VII 1936 i 31 XII 1937 — zbiory prywatne, [w]: K. Olszański, *Jerzy Kossak*, jw.

7 List Wojciecha Kossaka do żony z 12 I 1938, [w:] jw.

8 Wojciech Kossak, *Listy do żony i przyjaciół (1883–1942)*, oprac. K. Olszański, t. II, Kraków 1985, s. 682.

9 Informację taką podaje też Rafał Podraza w przypisach do książki *Moich listów nie pal. Listy do rodziny i przyjaciół* oraz sama autorka listów Magdalena Samozwaniec w liście do Marii Pawlikowskiej-Jasnorzewskiej z 6 II 1940, Warszawa 2014, s. 19.

10 Anna Balicka, *Opowieści z Kossakówki*, rozmowa z Simoną Kossak [program radiowy], Polskie Radio Kraków, emisja 1991.

11 Włodzimierz Szczepański, *Ludzie, upiory i Kossakówka*, „Tygodnik Kulturalny" 1986, nr 4, s. 8.

12 Chodzi o reklamę zamieszczoną 30 maja 1943 r. z rysunkiem matki, przewijającej niemowlę w „Ilustrowanym Kurierze Polskim".

13 A. Balicka, *Opowieści z Kossakówki*, rozmowa z Simoną Kossak.

14 Jw.

15 *Gender Disappointment*, GD (z ang. rozczarowanie płcią dziecka), syndrom, uważany czasem przez psychologów jeden z elementów depresji poporodowej.

16 „Dziennik Polski", 10 czerwca 1943, Rok IV, Nr 530, s. 1.

17 O wynikach spisu ludności informowały konspiracyjne „Aktualne wiadomości z Polski i ze świata", 4 czerwca 1943, s. 2, z zastrzeżeniem, że: „Spis ten nie obejmuje oczywiście policji niemieckiej, wojska, policji ukraińskiej, więźniów (...)".

18 Używam tu nomenklatury z książki *W okupowanym Krakowie* Stanisława Dąbrowy-Kostki, Warszawa 1972.

19 Sztuka białego płótna, jakie przynosili niemowlakowi rodzice chrzestni tuż przed sakramentem chrztu.

20 Napis umieszczany w miejscach publicznych w okupowanej Polsce: „Tylko dla Niemców".

21 Adam Kamiński, *Diariusz podręczny 1939–1945*, oprac. Anna Palarczykowa i Janina Stoksik, IPN Warszawa 2001, s. 270. Historyk i archiwista Adam Kamiński zanotował dowcip, krążący po Krakowie, w swoim diariuszu we wrześniu 1943 r.

22 Juliusz Solecki, *Portret podpatrzony*, „Gazeta Krakowska" 25 stycznia 1987, nr 34, s. 4.

23 J. Solecki, *Ukłon w stronę ułana*, „Dziennik Polski", 24–25 września 1967, s. 3.

24 *Dlaczego w trawie piszczy? Gawędy Simony Kossak* [cykliczny program radiowy], ze zbiorów fonoteki Polskiego Radia Białystok, emisja 2001–2006.

25 Zygmunt Niewidowski, *30 lat życia z Madzią. Wspomnienia o Magdalenie Samozwaniec*, Warszawa 2011, s. 19.

26 Jerzy Kossak, Ewa Müllerowa, „Kurier Stanisławowski", 5/7/8 grudnia 1936.

27 List do Zofii Kossak z 11 IV 1967, List do Heleny Pawlikowskiej z 4 IV 1946 i List do Anny Kruczkiewicz 8 III 1972, [w:] M. Samozwaniec, *Moich listów nie pal. Listy do rodziny i przyjaciół*, Warszawa 2014.

28 Jak pisze (we wstępie do albumu *Jerzy Kossak*) „kossakolog", znawca rodziny Kossaków, historyk sztuki, dr K azimierz Olszański i potwierdza Joanna Kossak, Magdalenie Samozwaniec kategorycznie zakazała pisania w książkach o Jerzym Kossaku i jego o rodzinie, Elżbieta Kossak.

29 Z. Niewidowski, *30 lat życia z Madzią. Wspomnienia o Magdalenie Samozwaniec*, s. 18.

30 Gloria Kossak, *W rodzinnej Kossakówce*, „Kraków. Magazyn Kulturalny" 1984, nr 1, s. 40.

31 Jw.

32 Jw.

33 Jw.

34 Włodzimierz Szczepański, *Ludzie, upiory i Kossakówka*, s. 8.

35 G. Kossak, *W rodzinnej Kossakówce*.

36 Księgi kancelarii parafii św. Mikołaja w Bochni, t. 26, 1902–1912, s. 396, nr aktu 261.

37 „Ritter" — przynależność do stanu rycerskiego.

38 W. Szczepański, *Ludzie, upiory i Kossakówka*.

39 G. Kossak, *W rodzinnej Kossakówce*.

40 A. Balicka, *Opowieści z Kossakówki*, rozmowa z Simoną Kossak.

41 G. Kossak, *W rodzinnej Kossakówce*.

42 *Dlaczego w trawie piszczy? Gawędy Simony Kossak*.

43 Angielskie przysłowie: Mój dom jest moją twierdzą.

44 G. Kossak, *W rodzinnej Kossakówce*.

45 Maria z Colonna Walewskich Wielopolska, *Obyczaje towarzyskie*, Lwów 1938.

46 Leszek Konarski, *Koniec Kossaków?*, „Kontrasty" 1985, nr 4, s. 85.

47 Edward Kubalski, *Niemcy w Krakowie. Dziennik 1 IX 1939–18 I 1945*, Kraków–Budapeszt 2010, s. 357. *Arbeitsamt* — tu w znaczeniu wysyłki na roboty do Niemiec.

48 L. Konarski, *Koniec Kossaków?*

49 O Marii Pawlikowskiej-Jasnorzewskiej powiedziała tak Zofia Starowieyska-Morstinowa w książce *Lilka. Wspomnienia o Marii Pawlikowskiej-Jasnorzewskiej*, które zebrała i opracowała Mariola Pryzwan, Warszawa 2010, s. 160.

50 Wspomina o tym m.in. Halina Auderska w książce R. Podrazy *Córka Kossaka. Wspomnienia o Magdalenie Samozwaniec*, Warszawa 2012, s. 196.

51 Mówi o tym m.in. Henryk Vogler w książce *O Magdalenie Samozwaniec. Wspomnienia*, pod red. Gracjany Miller-Zielińskiej, Kraków 1979, s. 197.

52 Z franc. *enfant terrible* — okropne dziecko, osoba uchodząca za nietaktowną i łamiącą wszelkie reguły.

53 *Dlaczego w trawie piszczy? Gawędy Simony Kossak*, gawęda *Okazujmy radość spontanicznie*.

54 Simona Kossak — jak sama stwierdziła — jest „z pochodzenia krakowianką, z wyznania góralką, a z wyboru białowieżanką" — napisano w „Gazecie Współczesnej", w relacji ze spotkania Simony Kossak z uczniami bielskich szkół. (jan), *Bądźcie idealistami*, „Gazeta Współczesna" [on-line], 14 listopada 2002, www.wspolczesna.pl [dostęp: 8 maja 2013]. Według zakopiańczyka Wojciecha Gąsienicy-Byrcyna, zaprzyjaźnionego z Simoną Kossak, jej sentyment do Tatr wynikał nie tylko z miłości do przyrody tatrzańskiej, którą przejawiała w czasach studenckich, ale też z tradycji rodzinnej Kossaków. Wojciech Kossak chodził po górach i malował w Tatrach, w Zakopanem miał swoją pracownię malarską (drewniana willa stoi w Zakopanem do dziś w pobliżu dworca PKS, przy ul. Kościuszki; na budynku widnieje tablica: „Tu powstało wiele obrazów art-malarza Wojciecha Kossaka"). W Zakopanem mieszkała też jakiś czas Maria Pawlikowska-Jasnorzewska.

55 Ukłuć, zadziorów, drażliwych kwestii. Z niem. *nadelstiche* — wsadzać komuś szpilę.

56 Dorota Sawicka, *Spotkanie z prof. Simoną Kossak* [audycja radiowa], archiwum Polskiego Radia Białystok.

57 M. Samozwaniec, *Zalotnica niebieska*, s. 50.

58 Z. Niewidowski, *30 lat życia z Madzią. Wspomnienia o Magdalenie Samozwaniec*, s. 32–33.

59 A. Balicka, *Księżna Powojów,* audycja o Marii Pawlikowskiej-Jasnorzewskiej, archiwum Polskiego Radia Kraków.

60 A. Balicka, *Opowieści z Kossakówki*, rozmowa z Simoną Kossak.

61 Zenitówka, czyli działo przeciwlotnicze, które umożliwia ustawienie lufy pod kątem prostym do powierzchni ziemi. G. Kossak, *W rodzinnej Kossakówce.*

62 Ewa Michałowska, *Pani na Dziedzince*, reportaż o Simonie Kossak, Polskie Radio SA Program 1, emisja 03 maja 2002.

63 *Pierwsza miłość*, „Gazeta Wyborcza Białystok" 2000, nr 37. *Walentynki*, s. 7, www.gazeta.pl [dostęp: maj 2012].

64 Jarosław Iwaniuk, Jerzy Leszczyński, *I pokochałam puszczę*, reportaż o Simonie Kossak, Polskie Radio Białystok.

65 *Dlaczego w trawie piszczy? Gawędy Simony Kossak*, gawęda *Gawrony*.

66 G. Kossak, *W rodzinnej Kossakówce.*

67 Jw.

68 J. Solecki, *Ukłon w stronę ułana.*

69 (jan), *Bądźcie idealistami.*

70 Jw.

71 A. Balicka, *Opowieści z Kossakówki*, rozmowa z Simoną Kossak.

72 G. Kossak, *W rodzinnej Kossakówce.*

73 Jw.

74 L. Konarski, *Koniec Kossaków.*

75 A. Balicka, *Opowieści z Kossakówki*, rozmowa z Simoną Kossak.

76 L. Konarski, *Koniec Kossaków.*

77 Jw.

78 Jak informuje mnie w SMS-ie Antoni Woźniakowski, obecny właściciel Jerzówki i dokumentów związanych z domem, Kossakówka została wpisana 15 maja 1960 na listę zabytków.

79 *Dlaczego w trawie piszczy? Gawędy Simony Kossak.*

80 G. Kossak, *W rodzinnej Kossakówce.*

81 A. Balicka, *Opowieści z Kossakówki*, rozmowa z Simoną Kossak.

82 Jw.

83 Jw.

84 Jw.

85 Dr Jekyll and Mr Hyde — dwa sprzeczne ze sobą oblicza jednego człowieka, dobre i złe, ujawniające się na przemian, podwójna osobowość psychopatologiczna czy po prostu dwulicowość. Odniesienie do tytułowego bohatera powieści Roberta L. Stevensona.

86 A. Balicka, *Opowieści z Kossakówki*, rozmowa z Simoną Kossak.

87 *Dlaczego w trawie piszczy? Gawędy Simony Kossak.*

88 J. Iwaniuk, J. Leszczyński, *I pokochałam puszczę.*

89 A. Balicka, *Opowieści z Kossakówki*, rozmowa z Simoną Kossak.

90 E. Michałowska, *Simona z zielonego lasu*, reportaż, Polskie Radio SA, Radio BIS, emisja 6 sierpnia 2002.

91 A. Balicka, *Opowieści z Kossakówki*, rozmowa z Simoną Kossak.

92 E. Michałowska, *Simona z zielonego lasu*, reportaż.

93 A. Balicka, *Opowieści z Kossakówki*, rozmowa z Simoną Kossak.

94 A. Balicka, *Gloria Kossak. Pasje i profesje* [program radiowy], Polskie Radio Kraków, emisja 1988.

95 Bezet („były ziemianin", „bez ziemi") — określenie nadawane przez urzędników i władze PRL-u przedwojennym/byłym właścicielom ziemskim, piętnowanym w PRL-u. Skrót „b.z" zaznaczany na dokumentach skutkował czasem np. odmową pracy, przydziału mieszkania lub utrudnieniami w otrzymaniu paszportu czy dostaniu się na studia.

96 *Dlaczego w trawie piszczy? Gawędy Simony Kossak.*

97 Jw.

98 Cyt. za: M. Samozwaniec: *Lilka. Wspomnienie o Marii Pawlikowskiej--Jasnorzewskiej*, s. 52.

99 *Dlaczego w trawie piszczy? Gawędy Simony Kossak.*

100 Marya Ochorowicz-Monatowa, *Uniwersalna książka kucharska*, Lwów 1926, wyd. 3.

101 A. Balicka, *Opowieści z Kossakówki*, rozmowa z Simoną Kossak.

102 Pełna nazwa: Instytut Fizyki i Techniki Jądrowej.

103 *Dlaczego w trawie piszczy? Gawędy Simony Kossak.*

Białowieża

1 E. Michałowska, *Pani na Dziedzince.*

2 Jw.

3 J. Iwaniuk, J. Leszczyński, *I pokochałam puszczę.*

4 D. Sawicka, *Spotkanie z prof. Simoną Kossak.*

5 Alina Niedzielska, *Simona Kossak. Na swobodzie* „Twój Styl", lipiec 1994, s. 12–15.

6 E. Michałowska, *Pani na Dziedzince.*

7 Jw.

8 D. Sawicka, *Spotkanie z prof. Simoną Kossak.*

9 Lech Wilczek, *Opowieść o kruku*, Warszawa 1996.

10 J. Leszczyński, *Absolutna bajka* [reportaż radiowy], archiwum Polskiego Radia Białystok.

11 Gloria Kossak urodziła dwie córki: w 1965 r. Joannę Krzemińską oraz w 1971 r. Dagmarę Wiśniewską.

12 Z relacji znajomych Simony Kossak ze studiów wynika, że między Jerzym Kossakiem a Elżbietą Dzięciołowską-Śmiałowską została zawarta intercyza. Simona Kossak nie została uwzględniona w testamencie matki, ale po śmierci ojca Jerzego Kossaka, była właścicielką części nieruchomości w Krakowie.

13 Zbigniew Święch, *Raj zwany Dziedzinką*, „Przekrój", 22 grudnia 1974.

14 L. Wilczek, *Spotkanie z Simoną Kossak*, Białystok 2012, s. 68.

15 Alicja Zielińska, *W puszczy odnalazła swój raj*, „Kurier Poranny" [on-line], www.poranny.pl, 23 marca 2007 [dostęp: maj 2011].

16 Simona Kossak, *Saga Puszczy Białowieskiej*, Warszawa 2001, s. 171.

17 Z. Święch, *Mit szlachetnych łowów*, „Życie Warszawy" 19–20 grudnia 1987.

18 Jw.

19 Wycinek prasowy ze zbiorów Simony Kossak, autor tekstu: Kazimierz Koźniewski, tytuł prasowy nieznany.

20 Simona Kossak: „Jasno więc mówię: łowiectwo jest w dzisiejszym świecie potrzebne i choć może jest przykrą, lecz jednak niepodważalną koniecznością". Z. Święch, *Mit szlachetnych łowów.*

21 Simona Kossak używała także określenia: „impotent udowadniający swą męskość zabijaniem niewinnych zwierząt".

22 (jan), *Bądźcie idealistami.*

23 A. Balicka, *Gloria Kossak. Pasje i profesje.*

24 K. Olszański, *Kossakówka*, „Krzysztofory. Zeszyty Naukowe Muzeum Miasta Krakowa" 1991, nr 18, s. 159. Gloria Kossak o tym,

że nie chciała mieć na ścianie żadnego Kossaka, opowiadała Annie Balickiej w wywiadzie *Gloria Kossak. Pasje i profesje.*

25 L. Konarski, *Koniec Kossaków?*

26 A. Balicka, *Gloria Kossak. Pasje i profesje.*

27 Gloria Kossak wyrecytowała swój wiersz Annie Balickiej, dziennikarce Radia Kraków, cyt. za: jw.

28 Janusz Miliszkiewicz, *Polskie gniazda rodzinne*, Warszawa 2003, s. 352.

29 A. Balicka, *Gloria Kossak. Pasje i profesje.*

30 List Simony Kossak do siostrzenicy Joanny z 15 września 1983 r.

31 Data listu trudna do ustalenia. W przytaczanych fragmentach listów zostały rozwinięte skróty. Na przykład: „D-ce" — Dziedzince, „1-szy" — pierwszy, „po t-cie" — po trzecie, „B-ża" — Białowieża.

32 A. Balicka, *Opowieści z Kossakówki*, rozmowa z Simoną Kossak.

33 Z franc. *noblesse oblige* — szlachectwo zobowiązuje, obliguje do szlachetnego postępowania, zachowania.

34 A. Niedzielska, *Simona Kossak. Na swobodzie*, s. 12–15.

35 Janusz Korbel, *Zew lasu*, [w:] *Pochwała niepokory*, pod red. Beaty Jankowiak-Konik, Warszawa 2012, s. 282.

36 Katarzyna Tomaszewicz, *Humanitarna szczęka badacza*, „Gazeta Wyborcza", 8 sierpnia 1994, s. 12.

37 S. Kossak, *Śmierć puszczy*, „Gazeta Wyborcza", 10 czerwca 1992, s. 12.

38 E. Michałowska, *Pani na Dziedzince.*

39 Jw.

40 (jan) *Bądźcie idealistami* .

41 L. Wilczek, *Spotkanie z Simoną Kossak*, s. 177.

42 *Simona z rodu Kossaków* [film], reż. Joanna Wierzbicka, Roman Wasiluk, scen. Joanna Wierzbicka, wg pomysłu Macieja Faflaka, prod. Agencja Filmowa Malwa, rok produkcji 2009.

43 Cezary Gwizdon, *Profesor dr hab. Simona Gabriela Kossak* [on-line], www.lplomza.pl [dostęp: maj 2012].

44 J. Iwaniuk, J. Leszczyński, *I pokochałam puszczę.*

45 *Dlaczego w trawie piszczy? Gawędy Simony Kossak.*

46 W 2004 r. na III Międzynarodowym Festiwalu Filmów Przyrodniczych im. Braci Wagów *Opiekun* został uhonorowany nagrodą Wielkiego Słonia, ufundowaną przez przewodniczącego INFTFO

(International Nature Film and Television Festival Organisations). Dwa lata później na tym samym festiwalu *Motyle* otrzymały Nagrodę Specjalną za „osobiste, oryginalne potraktowanie tematu".

47 *Żubry Puszcz Imperatory* — wybór felietonów prof. Simony Kossak z 2005 roku, www.radiobialystok.pl, informacja Jerzy Dackiewicz [dostęp: 28 stycznia 2014].

48 Fragment gawędy *Zboczenia kaczora*, fonoteka Polskiego Radia Białystok.

49 Fragment gawędy *Dewiacje kaczek i gęsi*, fonoteka Polskiego Radia Białystok.

50 *Dlaczego w trawie piszczy? Gawędy Simony Kossak*, gawęda *Pogoda według nietoperzy*.

51 TVP3, 16 marca 2007, cyt. za: *Media o Pani Simonie Kossak* [on-line], www.lplomza.pl [dostęp: 28 stycznia 2014].

52 Wszystkie cytaty w tym fragmencie pochodzą z *Dlaczego w trawie piszczy? Gawędy Simony Kossak.*

53 Katarzyna Połeć, *Dlaczego w trawie piszczy? Jubileusz Przyrodniczych Opowieści*, „Gazeta Wyborcza Białystok", 23 czerwca 2004, s. 2.

54 J. Iwaniuk, J. Leszczyński, *I pokochałam puszczę.*

55 M. Raizer, *Lech Wilczek i jego menażeria przy Długiej.*

56 Tak opisywała Simona Kossak pierwsze wrażenie, jakie zrobił na niej Lech Wilczek. A. Niedzielski, *Simona Kossak. Na swobodzie*, s. 12–15.

57 W. Kossak, *Listy do żony i przyjaciół (1883–1942)*, tom I, s. 104.

58 Jw., s. 106–107.

59 Jan Kulka, *Romanse z historią*, Warszawa 1997, s. 62–63.

60 M. Samozwaniec, *Maria i Magdalena*, Kraków 1956, s. 36.

61 Zofia Kossak, *Dziedzictwo*, cz. I/II, Kraków 1974, s. 732.

62 Jw., s. 559.

63 Jw., s. 560.

64 A. Zielińska, *Ona kochała puszczę*, „Kurier Poranny", 17 marca 2007.

65 Według koleżanki Simony Kossak z Białowieży Simona podjęła decyzję o miejscu pochowania już kilka lat wcześniej. Powiedziała: „Nie będzie się Białowieża mną chwaliła". „Czczono ją w okolicach Łomży, tu w Białowieży tak nie miała, dlatego chciała być tam pochowana", powiedział pewien mieszkaniec Białowieży.

66 Simona Kossak miała portret Sai Baby, hinduskiego mistrza duchowego, w swoim pokoju w pracy w IBL-u i uważała się za jego wyznawczynię. Mówiła, że ma w domu proszek wibhuti, który mistrz sypie ludziom na rękę, i wierzyła, że może nawiązać z nim kontakt duchowy.

67 *Potrójnie nieśmiertelna*, „Gazeta Współczesna" [on-line], 23 marca 2007, www.wspolczesna.pl [dostęp: 16 stycznia 2013].

68 *Dlaczego w trawie piszczy? Gawędy Simony Kossak.*

69 W Białymstoku jest ulica Simony Kossak — nadała ją Rada Miejska w kwietniu 2008 r. na osiedlu Wygoda — oraz Rumiankowe Przedszkole im. Simony Kossak.

[List]

1 A. Balicka, *Opowieści z Kossakówki*, rozmowa z Simoną Kossak.

Informacje o autorach i źródłach fotografii oraz dokumentów

s. 6–7 — fot. Marek Pawłowski

s. 10, 32, 64, 280 — fot. Anna Kamińska

s. 14, 16, 19, 25, 26, 31, 206, 207 — archiwum rodziny Kossaków

s. 36–37, 58–59 — fot. Janusz Wojtusiak

s. 71, 78, 122 — archiwum Uniwersytetu Jagiellońskiego, BNZ-149, Kraków

s. 73, 75 — archiwum VII Liceum im. Zofii Nałkowskiej w Krakowie

s. 96 — prywatne archiwum Urszuli Batyckiej

s. 98–99, 116, 118 — prywatne archiwum Antoniny Cebulskiej-Wasilewskiej

s. 107 — prywatne archiwum Małgorzaty Makomaskiej-Juchiewicz

s. 110–111 — prywatne archiwum Andrzeja Kukawskiego

s. 115 — prywatne archiwum Joanny Wątek

s. 120–121 — zbiory Muzeum Ogrodu Botanicznego UJ, Kraków

s. 124–125, 138–139, 142, 146, 151, 152, 156, 158–159, 163, 166, 170–171, 175, 188–189, 192, 194, 196, 197, 218, 228 — fot. Lech Wilczek

s. 148, 236–237, 250–251, 256, 293, 304–305 — fot. Janusz Korbel

s. 155, 173, 182 — prywatne archiwum Lecha Wilczka

s. 201 — archiwum Instytutu Badań Leśnictwa, Białowieża

s. 205 — archiwum Muzeum Lubelskiego, Lublin

s. 272, 273, 285 — fot. Grzegorz Gwizdon, archiwum Liceum Plastycznego im. Wojciecha Kossaka w Łomży

Indeks nazwisk

Andersen Hans Christian 63
Antczak Jerzy 61
Asnyk Adam 114

Bajko Piotr 144, 145
Balicka Anna 20
Balzac Honoré de 77
Bardot Brigitte 96
Batycka Urszula 55, 90, 94–97, 115, 117, 244
Bauder Theodor 30
Bednarczyk W. 56
Benatzky Ralph 12
Berdziakiewiczowie, rodzina 38
Bezet, pseud. 85–88
Bieńkowski Władysław 24
Bismarck Otto von 30
Borkowska Krystyna 294
Borowski Stanisław 141, 143
Brockhaus Friedrich Arnold 34, 216
Budzyń Józef 137

Cebulska-Wasilewska Antonina 95, 101
Chełmoński Józef 114
Chopin Fryderyk 30
Chudoba Antoni 23
Chwalba Andrzej 13
Chwistek Leon 115
Chyra Jarosław 147, 203, 294
Cousteau Jacques-Yves 102
Czubówna Krystyna 233

Ćwierciakiewiczowa Lucyna 51

Dąbrowa-Kostka Bogusław 214
Dietrich Marlena 31
Długosz Jan Władysław 307
Dyjakowska Jadwiga 92
Dzięciołowska-Śmiałowska Anna, z domu Biesiadecka 18, 38
Dzięciołowska-Śmiałowska Elżbieta zob. Kossak Elżbieta
Dzięciołowski Ryszard 141, 191, 199, 200, 282
Dzięciołowski Wiktor 15, 17, 18

Felczak Wacław 77
Ferens Bronisław 103
Fragonard Jean-Honoré 60
Frank Hans 13, 21, 30, 31, 41
Frankowska Sabina 10
Frisch Karl von 102
Frycz Karol 115

Gałczyńska Zofia zob. Kossak Zofia
Gąsienica Byrcyn Wojciech 199, 231
Giżyńska-Matecka Marta 66, 67, 80
Gogh Vincent van 168
Gucwińska Hanna 112, 113, 176, 177
Gucwiński Antoni 112, 113, 176, 177, 229
Gutowski Jerzy 243
Gwizdon Cezary 271, 272, 283, 285

Habsda Helena 71
Hanczakowska Ewa 84
Hanczakowski Piotr 84, 115, 118
Has Wojciech Jerzy 61
Hitler Adolf 20, 22, 220
Horowitzowie, rodzina 16

Iwaniuk Jarosław 244–248, 255, 259
Iwaszkiewicz Jarosław 96, 115

Janczak Zofia 53
Jarczyk Lucjan 90, 91
Jędrzejowski Rudolf 15

Kaplińska Ewa zob. Kossak Ewa, z domu Kaplińska
Karczewski Andrzej 289, 290
Kawenczyński Krzysztof 290
Kisielniccy, rodzina 275–277
Kisielnicka Józefina 277
Kisielnicka Maria zob. Kossak Maria
Kisielnicki Kazimierz 276
Kisielnicki Stanisław 276
Kleszczyńska-Lenda Anna 81–83
Klimuszko Czesław 292, 310
Kluczkiewicz, muzyk 56
Klupa, handlarz obrazów 28
Kłaput Aleksander 52, 66
Kołatkówna Helena 47, 115
Konarski Leszek 212
Korbel Janusz 134, 227, 233
Kossak Dagmara 215, 223, 274
Kossak Elżbieta, z domu Dzięciołowska-Śmiałowska 9, 11, 13, 14–18, 20, 22, 23, 26, 29–35, 38–40, 43, 51–53, 57, 61–69, 85–88, 94, 117, 118, 128, 129, 145, 149, 161–163, 215, 216, 219, 267
Kossak Ewa, z domu Kaplińska 9, 13, 15–18
Kossak Georg Ritter von 30
Kossak Gloria 9, 15, 17, 18–20, 28, 30, 32, 33, 35, 38, 40, 47, 48, 51–54, 56, 57, 62, 64–67, 69, 77, 78, 80, 85–87, 88, 97, 107, 118, 119, 161, 163, 211–217, 267
Kossak Jerzy 9, 11, 13, 15–18, 20–34, 40, 44, 46–48, 50–57, 61, 63, 66, 114, 115, 147, 169, 204, 206, 207, 211, 215, 218, 235, 277, 286
Kossak Joanna 17, 18, 34, 68, 78, 119, 154, 157, 183, 200, 214, 215, 222–224, 231, 243, 274, 289, 310
Kossak Juliusz 9, 12, 24, 27, 40, 44, 46, 48, 60, 114, 147, 169, 204, 207, 208, 210, 235, 276, 286
Kossak Magdalena 275, 277
Kossak Maria, córka Jerzego 9, 275, 277
Kossak Maria, z domu Kisielnicka 48, 162, 274–279, 286, 287, 290
Kossak Wojciech 9, 15, 16, 24, 27, 30, 31, 40, 44, 46, 48, 56, 60, 78, 114, 115, 147, 167, 169, 202, 235, 271, 272, 274, 275–277, 280, 285–287
Kossak Zofia, z domu Gałczyńska 48, 60, 114, 117, 147, 276
Kossakowie, rodzina 5, 9, 11, 17, 22–24, 29, 30, 34, 42, 44, 49, 62–65, 69, 88, 118, 145, 167, 190, 199, 204, 211, 222, 225, 267, 270, 277, 279, 286, 312
Kossak-Szczucka Zofia 78, 79, 278
Kossewski Janusz 276, 290
Kotowski Janusz 224, 276, 278, 283, 287, 289

Krasińska Małgorzata 135, 140
Krüger Friedrich 20, 21
Krukowski Stefan 174
Krzanowska Halina 92
Krzyżak Mieczysław 24
Kubalski Edward 40
Kudlewska Karolina 177, 296
Kukawski Andrzej 107, 108, 115
Kulczycki Adam 123
Kuźmowa T. 56
Kwaśniewski Aleksander 240

Lang Fritz 150
Leicht, handlarz obrazów 28
Lensing Bart 176
Leszczyński Jerzy 245–247, 257
London Jack 267
Lorenz Konrad 102
Lubomirska Krystyna 38

Łubieńska Celina, pseud. Duda 38

Makomaska-Juchiewicz Małgorzata 106, 109
Malczewski Jacek 115, 275
Malinowska Barbara 232
Malzahn Elżbieta 135, 147, 191, 193, 199, 203, 257
Malzahn Przemysław 147
Marszałkówna A. 56
Mazan Leszek 100, 101
Mech David 227
Medek Jakub 287
Mieczkowski Antoni 271, 283,
Miliszkiewicz Janusz 213
Miłkowski Lech 142, 208
Modrzejewska Helena 114
Müller Ewa 27
Myśliński Stanisław 77, 153, 177–179, 199

Niechoda Tomasz 291
Niedzielska Alina 135
Niedzielska Urszula 243, 292, 295
Niedzielski Wojciech 174, 292, 310
Niemiec Barbara 70, 71, 74, 76, 79
Niewidowski Zygmunt 27, 28, 47
Nowak Edmund 23

Ogiński Michał Kleofas 60
Okarma Henryk 226–228, 230
Olszański Kazimierz 217
Olszewski Jerzy 134

Paderewski Ignacy 61, 114
Pawlikowska-Jasnorzewska Maria, z domu Kossak 15, 17, 27, 28, 43, 47, 78, 79, 145, 147, 234, 277, 287, 295
Perzanowski Kajetan 172
Piasecki Leszek 24, 56
Piotrowska Małgorzata 172, 193, 199, 239, 293
Pogan Eugenia 90
Pol Wincenty 204, 207, 208
Potempa W. 56
Prokopiuk Ireneusz 238, 280, 282
Przewłocki Ryszard 68, 100
Pucek Zdzisław 130, 140, 144
Pudlis Eugeniusz 211
Puttkamer Joanna 30
Puttkamer Olga 30

Rachwald Aleksander 44, 150, 180, 202, 241, 257
Radziwanowicz Lidia 271, 282–285
Radziwiłłowie, rodzina 80, 81
Raizer Maria 266
Rembrandt Harmenszoon van Rijn 25
Ridinger Johann Elias 60
Rodziewiczówna Maria 277
Ronikier Irena 101
Rubens Peter Paul 25
Rykowski Kazimierz 176, 199, 200, 241, 288

Samozwaniec Magdalena, z domu Kossak 17, 27, 28, 43, 47, 78, 79, 277, 287
Schwarzenberg-Czerny-Stefańska Halina 9, 10
Sienkiewicz Henryk 114
Skałka Dagmara 295
Słotołowicz Karol 26
Smarzyński Henryk 55
Smreczyński Stanisław 90
Sokołowski Aleksander 193, 202, 210
Sokorski Włodzimierz 62
Solecki Juliusz 24, 26, 56
Solska Irena 60, 115
Stajniak Józef 200
Stalin Józef 22
Stanküsch Franz 11
Starzeński Oskar 39
Stefanek Stanisław 276
Stengl Anna 72
Stolarski Marek 289
Stypa R. 56
Swinarski Artur Maria 115
Szancer Jan Marcin 50
Szarski Jacek 90, 123
Szczęsny Tadeusz 128
Szumilas Jerzy 92, 105, 106, 115
Szymański, dyrektor szkoły 71

Śmiałowska Anna zob. Dzięciołowska-Śmiałowska Anna, z domu Biesiadecka
Święch Zbigniew 153, 269

Tołstoj Lew 77

Wajda Bożena 147, 154, 178, 187, 195, 289
Walencik Bożena 42
Walencik Jan 42, 228, 309
Waszkiewicz Mirosław 164, 168
Wątek Jolanta 32, 92, 115, 117, 121, 123, 212
Werkowski Tomasz 169, 210
Wielopolska Maria, z domu Colonna Walewska 39
Wilczek Lech 43, 137, 149, 150, 152, 155, 157, 160–163, 167, 174, 176, 179, 180–186, 190, 193, 202, 208, 223, 229, 234, 238, 240, 242, 258, 261–269, 282–284, 288, 291, 293–298, 303, 306, 307, 309
Witkiewicz Stanisław 114
Wojtusiak Andrzej 92–95, 102, 103, 115
Wojtusiak Anna 103, 104, 118
Wojtusiak Janusz 103
Wojtusiak Roman 102–104, 121, 123, 257
Wojtysiak-Zossel Władysława 204, 205
Wolski Eugeniusz 10
Woźniakowska Maria 80
Woźniakowski Antoni 16, 66
Wysmułek Ewa 32, 132, 136, 150, 172, 174, 199, 210
Wysmułek Jacek 136, 145, 174
Wyspiański Stanisław 275

Zakrzewska Maria 23
Zakrzewski Tadeusz 23
Zakulski W. 56
Zamojski Krzysztof 238
Zapiór Bronisław 90

Żeleński Adam 18
Żeleński-Boy Tadeusz 18, 115
Żmichowska Narcyza 277, 278

Spis treści

Kraków

Ryngraf 9
Dziunia 11
Kompleks 18
Fabryczka 23
„Nocniki” 29
Kindersztuba 33
Zmora 40
Czwarty Kossak 41
Amona 46
Preparatka 50
Depesza 55
Jerzówka 57
Gwiazdka 62
Doktor Jekyll i pan Hyde 66
Joteyczanka 70
Artystka 74
Pęd do zwierząt 80
Diabeł 85
Kariera 88
Dzicz 92
Cocktail 95
Mamut 101
Konie 105
Finezja 112
Garden party 114
Prezerwatywa 119

Białowieża

Rekonesans 127
Syberia 129
Piwo 131
Getto 134
Żubr 136
Asystentka 140
Cyrkówka 144
Menażeria 151
Awantura 161
Hipiska 164
Komar 169
Życie towarzyskie i uczuciowe 172
Matka 178
Małpy 180
Hordy 187
Mamka 190
Automobil 202
Sim(s)onka 204
Gloria 211
Macica 215
Batalistka 225
Chuć 233
Ego 240
Radio 244
Świerk 260
Wilczek 261
Rodzina 270
Skandalizowanie 274
Freak 280
Amok 282
Królowa 286
Film 288

Figura 291
Tabu 296
PS 307

[List] 309
O książce 313
Podziękowania 314
Przypisy 315
Informacje o autorach i źródłach fotografii oraz dokumentów 325
Indeks nazwisk 326

Opieka redakcyjna
Katarzyna Krzyżan-Perek

Opracowanie redakcyjne
Maria Rola, Jan Strzałka

Indeks nazwisk
Ewelina Korostyńska

Korekta
Wojciech Adamski, Ewa Kochanowicz,
Paulina Orłowska-Bańdo, Anna Rudnicka

Opracowanie graficzne
Olgierd Chmielewski, Marek Pawłowski

Projekt okładki
Olgierd Chmielewski

Fotografie na okładce i wyklejkach
© *Lech Wilczek*

Printed in Poland
Wydawnictwo Literackie Sp. z o.o., 2015
ul. Długa 1, 31-147 Kraków
bezpłatna linia telefoniczna: 800 42 10 40
księgarnia internetowa: www.wydawnictwoliterackie.pl
e-mail: ksiegarnia@wydawnictwoliterackie.pl
fax: (+48) 12 430 00 96
tel.: (+48) 12 619 27 70
Skład i łamanie: Infomarket
Druk i oprawa: Drukarnia Zapolex, Toruń